기나긴 승리

Grace & Grit

기나긴 승리

골 리 앗 과 투 쟁 한 한 여 성 노 동 자 의 이 야 기

릴리 레드베터·러니어 스콧 아이솜 지음

글항아리

: 차례 :

프롤로그

누군가의 가슴앓이를 달랠 수 있다면
내 삶은 결코 헛되지 않으리
만일 누군가의 아픔을 쓰다듬어줄 수 있고
괴로움 하나 어루만져줄 수 있고
지친 작은 새 한 마리
둥지로 넣어줄 수 있다면
내 삶은 결코 헛되지 않으리

– 에밀리 디킨슨Emily Dickinson

굿이어Goodyear에서 지내는 동안 나는 어떤 땐 심각하고, 어떤 땐 유쾌한 익명의 쪽지를 꽤 받았다. 한번은 내 차 앞 유리에 남겨진 데이트 신청을 하는 쪽지도 있었다. 하디스Hardee's에 갔을 때 차 안에서 음식을 시키고 기다리는 동안 그곳 광대가 내 차 유리창을 노크하더니 자기가 보낸 쪽지를 봤는지 물었다. 또 한번은 "우리 형도 백인 여자랑 결혼했어요. 우린 어떨까요?"라고 쓴 쪽지도 받아봤다. 그 당시 앨라배마는 다른 어떤 지역보다도 시민

권리 투쟁에 열심이었지만 흑인과 백인이 데이트하는 장면은 볼 수 없었다. 그 쪽지 덕분에 나는 조금 신이 나기도 했다. 언젠가는 어떤 직원이 컴퓨터에 저장된 데이터를 바꿔서 우리 팀원이 한 일을 가로채려고 한다는 걸 알려주는 쪽지를 받았다. 그리고 다른 사람의 잘못으로 바닥에 고무 조각이 널려 있는데 이것이 근무 교대 시간이 바뀌면 내 잘못으로 보일 수 있다고 알려주는 쪽지도 받았다.

20년 넘도록 굿이어에서 일하면서, 아마도 열두어 개의 쪽지를 받은 것 같다. 낮 근무를 하는 사람들이 보냈다는 것은 알았지만, 누가 썼는지는 한 번도 정확하게 알지 못했다. 누가 그런 고마운 쪽지를 보냈는지 모르지만, 그들이 내 경력을 망치지 않도록 도왔다. 경영진이나 노동조합 직원들은 그런 쪽지를 받은 적이 없을 것이다. 적어도 나는 그런 이야기를 들은 적이 없다. 내게 쪽지가 온 것은 내가 사람들 앞에 나섰기 때문이고, 또한 조금의 과장도 없이 굿이어의 여성 관리자 중 유일하게 도움 되는 사람이기 때문이었다고 믿는다.

○

내 삶의 방향을 바꾼 쪽지를 발견한 그날은 다른 날과 다름없이 시작되었다.

와본 사람은 알겠지만, 앨라배마의 봄은 세상에서 가장 아름답다. 그날은 배나무가 무성하고 벚꽃 역시 분홍 꽃봉오리를 피우기 시작한 늦은 봄이었다. 나는 여느 때와 다름없이 운전하여 완만한 언덕에 구불구불 나 있는 2차선 고속도로를 지나 일하러 가는 길이었다. 도로에는 차 몇 대만이 지나가고 있었는데, 아마도 개즈던 Gadsden에 있는 공장으로 일하러 가는 사람들이었을 것이다.

굿이어에서 보낸 내 삶에서 가장 좋았던 것은 다른 사람들이 집으로 돌아가는 그 시간에 일종의 의식처럼 일하러 가는 일상이었다. 날이 저물며 변해가는 하늘빛을 바라보는 것이 정말 좋았고, 또 내가 고요하게 천천히 뷰익을 모는 동안 맞은편에 보이는 잭슨빌Jacksonvile로 끝없이 이어지는 헤드라이트 불빛도 사랑했다. 나는 언제나 그 길이 정말 좋았다.

그날 저녁 남편 찰스는 내가 떠나기 전까지, 회사에 갈 준비를 하는 내내 쉴 새 없이 나를 따라다니며 회사에 가지 말라고 설득했다. 무릎을 쉬게 해야 한다는 것이었다. 그때 나는 무릎이 좋지 않았다. 일주일 전 직장 동료가 유압식 문을 닫을 때 내 다리가 문에 끼이는 사고가 있었다. 무릎에 야구공만 한 혹이 생겼지만 병원 진료 예약 날까진 이틀이 남아 있어서 그 전까지 결근하지 않으려고 했다.

하지만 남편은 걱정을 사서 하는 편이다. 내가 욕실에서 마스카라를 바르는 동안 내 뒤에 서서는 자신의 충고를 듣지 않는다고 난리였다. 남편은 내가 무거운 타이어를 들어야 한다는 사실에 불같이 화를 내며 자기 말을 듣지 않으면 무릎에 좋을 것이 하나 없다고 했다. 얼마 전 군 기지 주택을 감독하는 매클렐런부대 Fort McClellan에서 퇴직한 남편은 내가 자기 곁에 붙어 있길 바라는 눈치였다. 저녁도 함께 먹고 남편이 가장 좋아하는 TV 프로그램을 보면서 저녁 내내 함께하길 바랐다.

남편도 물론 굿이어가 어떤 이유로든 결근을 반기지 않는다는 것을 알긴 했지만 그때가 얼마나 걱정스러운 상황이었는지는 이해하지 못했다. 지난 몇 년 동안 해고와 공장 폐업에 관한 루머가 여기저기 떠돌았다. 불량 타이어들이 쌓여 있고, 400여 개의 조각난 타이어는 내가 책임져야만 했다. 관리자들과 노동조합원들 모두가 내몰린 상황이었다.

남편이 늘어놓는 잔소리는 내 심기를 거스를 뿐이었고, 결국 마스카라로 눈을 찔렀을 때 나는 다른 일에나 신경 쓰라며 화를 내고 말았다. 그러고는 욕실 문을 닫아버리고 찜질을 하며 평온을 찾으려 했다. 쫓겨난 남편은 닫힌 문에 대고 내가 저녁으로 먹을 음료를 사러 맥도날드에 다녀오겠다고 소리를 쳤다. 나는 남편이 서두르면서 재킷과 신발을 던지는 장면이 눈에 선하여 웃음이 났다. 그는 언제나 그랬다. 얌전히 앉아 있지 못했고, 심지어 TV를 볼 때도 가장 좋아하는 프로그램이 아닌 이상 집중하지 못하고 끊임없이 움직였다. 퇴근하면 커피를 만들어놓고, 빨랫감을 세탁기에 던져놓고, 낙엽을 치우러 가거나 잔디를 깎았다. 남편은 집을 정리하고 치우는 동안 행복해 보였고, 그의 파란 눈에서는 빛이 났다.

잠시 뒤 나는 집을 나섰다. 남편이 사온 음료를 한 손에 들고 그에게 작별인사를 했다. 남편에게 화난 감정은 언제나 금세 사라졌다. 걸어 나올 때 쪽독새 울음소리가 들렸다. 서두르는 중에도 잠시 멈춰 귀를 기울였다. 우리 할머니가 저 소리를 듣는다면 곧장 앓아누우실 텐데. 할머니는 쪽독새 소리가 들리면 누군가 죽을 거라 생각하셨다. 나는 도로에 서서 그 소리를 들으며 어릴 때 느낀 그런 공포감을 떨치려고 했다.

구도로를 타고 잭슨빌을 지날 무렵, 일에 대해 생각을 해봤다. 내가 가진 문제들을 정리해보는 이 시간이 나는 언제나 기다려졌다. 수천 번도 넘게 스친 교회와 쓰레기장을 지나면서 타이어실이 얼마나 그리운지 생각했다. 타이어를 쌓는 일은 공장에서 가장 힘든 일이었다. 나는 그 일을 정말 좋아했고 다른 고참자들도 그랬다. 그 사람들은 그들의 아버지들이 그러했듯 십대에 타이어를 쌓기 시작해서 벌써 오십 대, 육십 대가 되었다. 나는 최근에 품질검사부서로 이동했는데 그곳은 내가 있을 곳이 아닌 것처럼 느껴졌다. 나의 새 파트너는 주로 혼자 일했는데, 그래서 내가 뒤따라간다는 걸 깜빡하고는 유압식 문을 닫아버린 것이다. 그 사건은 마치 신호 같았다. 그리고 모두들 그 인사이동이 강등이자 앙갚음임을 알고 있었다. 내가 감독관의 불공정한 업무평가를 지적했기 때문일 것이다.

지나온 길을 뒤로하고 공장에 점점 가까워지면서 내 아이들과 남편에 대한 걱정을 묻어두는 일에 내가 얼마나 익숙한가 생각했다. 타이어실에서 나를 기다리는 문제들을 생각해야 하기 때문이었다. 남자 직원들이 어찌나 일을 안 하는지, 준비해야 할 재고들과 생산 일정을 꼼꼼히 훑어봐야 했다. 공장 문을 들어설 때 나는 일할 태세를 갖추며 내 감정을 덮어두었다.

비로소 새 부서에 관한 나의 걱정거리를 살필 기분이 들었다.

일단 철제문으로 들어서면 어깨에 힘이 들어갔다. 사교댄스 선생인 헥터는 언제나 "어깨를 뒷주머니까지 쭉 펴세요"라고 말하며 시범을 보여주지 않았던가. 숨을 크게 들이켜고 손가락으로 핸들을 톡톡 두드리며 "배드 배드 리로이 브라운Bad Bad Leroy Brown"을 흥얼거렸다. 내가 가장 좋아하는 곡을 부르며 댄스 무대에 선 내 모습을 그려봤다. 그게 조금은 도움이 되곤 했다.

그날 공장에 도착했을 때는 평소보다 약간 늦고 무릎도 욱신거렸다. 편지를 확인하기 위해 복사실 맞은편 위층에 있는 내 아지트인 빈 사무실로 갔다. 나는 회사 알림들을 휙휙 넘겨보았다. 곧 있을 안전 훈련 교실에 관한 소식지, 주차장에서 열릴 다음번 차 콜렉터 쇼에 대한 광고지 등 대부분이 찢어진 복사 용지에 까만 손 글씨로 쓰여 있었다.

갈겨쓴 글들을 읽다가 어느 순간 심장이 쿵 내려앉고, 온몸에 전기가 흐르는 것 같았다. 나는 조용히 서 있었지만 속은 부글거리고 뒤틀렸다. 재빨리 그 쪽지를 주머니에 집어넣고 서둘러 화장실로 달려갔다. 그리고 의자에 앉아 호흡을 가다듬으려 애썼다. 내가 그렇게 서두르는 것을 복사실에 있는 사람들이 눈치채지 못했기를 바랐다.

한 번도 본 적 없는 쪽지였다. 그 쪽지에는 나와 타이어실의 관리자 세 명의 이름이 있었고, 그 옆에 각각의 임금이 적혀 있었다. 내 임금은 한 푼의 오차 없이 정확했다. 몇 년 동안 같은 일을 하는 남자들보다 내 임금이 적을까 봐 나는 줄곧 걱정해왔지만 어떠한 증거도 없었다. 나는 구체적 증거도 없이 남편이 바람피운다

고 계속 의심하는 부인 같았다. 하지만 이제 내가 언제나 두려워
하던 그것이 까만 잉크로 쓰여 내 손에 있었다. 모든 남자들, 다
른 관리자들은 내가 받는 것보다 많은 돈을 받고 있었다.

훨씬 많았다.

여전히 마음이 어지러워 나는 일어나 화장실 안을 서성거렸다.
남편의 말대로 집에 있었으면 좋았을 것이란 생각이 머릿속을 떠
나지 않았다. 그러다 나는 갑자기 멈춰 서서 구겨진 종이를 주머
니에서 꺼냈다. 종이에 쓰인 세 명의 남자들은 나처럼 1979년에
처음 일을 시작했다. 원래 나와 같은 팀에 있던 다섯 중 또 다른
여자 직원 한 명은 그만둔 지 오래였고, 지난 몇 년 동안 관리자로
승진했던 몇 안 되는 여자 직원들도 오래 버티지 못했다. 1998년
엔 전체 1400명의 관리자들이 어떻게 일하는지 궁금했다. 그들과
이야기할 기회는 단 한 번도 없었다. 공장은 매우 컸고, 업무 외에
사회적 관계를 맺은 적은 전혀 없었다. 그렇다고 나는 남자들 모
임에 끼지도 않았다. 그건 오히려 다행스러운 일이었지만 말이다.
그곳은 내가 속하고 싶은 곳이 아니었으며, 나는 끊임없이 그들과
명확하게 선을 그었다.

얼굴을 찌푸린 채 숫자들을 살펴보는 동안 화장실 형광등이
낮게 울리는 소리가 내 귀를 채웠다. 어쩌면 내가 잘못 보고 있는
지도 모른다. 어쩌면 이 쪽지는 심각한 실수이거나 웃기지도 않는
농담인지 모른다. 하지만 직감적으로 그게 아니라는 걸 알고 있
었다. 만약에 도로로 내려온 동물을 차로 친다면 쿵 하는 소리와
함께 온몸에 소름이 돋을 것이다. 그런 기분이 확 들었다.

그 숫자들을 읽고 또 읽으면서 내가 어떻게 일을 시작했는지 생각이 났다. 거의 마흔 살이 된 그때의 나는 순진함과는 거리가 멀었다. 나 스스로를 증명해 보이기 위해서는 남자들보다 더 오래, 더 똑똑하게 일해야 한다는 것을 시작할 때부터 알고 있었다. 그런데 어째서 내가 더 적은 돈을 받고 있는가? 왜 그들과 다른 임금을 받아야 하는가?

나는 꼼짝도 하지 못하고 서 있다가 마침내 눈을 들어 천장을 바라보았다. 하얀 천장 타일들 사이에 퍼져가는 갈색 물 얼룩을 바라보았다. 두꺼운 회색 먼지층이 철제 환풍기를 덮고 있었고, 죽은 바퀴벌레 그림자가 정확히 내 머리 위의 형광등을 통해 드러나 보였다. 나는 눈을 감아야 했다. 그것은 실수였다. 갑자기 두려운 감정이 나를 덮쳤고, 그 느낌은 요즘 내가 꿈에서 느낀 것과 같았다. 꿈에서 나는 출구를 찾지 못하고 공장 안을 헤매거나 정말 커다란 타이어에 쫓겨 다니곤 했다. 하지만 이 느낌이 훨씬 더 불쾌했다.

몇 분 뒤, 정신을 차리지 않으면 정말로 늦을 거란 생각이 들었다. 그때 나는 결코 잊지 못할, 뼛속 깊은 부끄러움과 굴욕감을 느꼈다. 그 숫자들을 반복해서 보는 동안, 열심히 일하면 그것을 보상받을 수 있으리라 생각한 나 자신이 바보 같다는 생각을 떨쳐 낼 수 없었다. 인정받기를 간절히 원했고, 그렇게 해왔으며, 동료들은 나의 성실함과 충실성을 가치 있게 여겨주었고, 나 역시 그들을 그런 생각으로 대했다.

하지만 착각이었다. 나는 나를 둘러싼 적개심을 반대로 생각해왔다. 나 자신이 얼마나 바보 같은지. 내가 굿이어에서 힘을 가진 여자 직원이라고 여기다니 정말 오만한 생각이었다. 그 숫자들은 내가 아무리 열심히 일을 해도, 내가 아무리 성공하기를 바라도, 어떤 옳은 일을 해도 그러한 일들이 전혀 중요하지 않음을 확실하게, 강렬하게 가르쳐주었다. 내가 여자로 태어난 것이 잘못이었다. 그것이 전부였다.

조금도 움직일 수 없었지만 시계를 쳐다보고는 주머니에 쪽지를 다시 구겨 넣었다. 얼굴을 문지르고, 그것은 단지 짧은 절망감일 뿐 아무것도 아니라고 내 감정을 묻어두려 애썼다. 손을 씻고 나서 나는 큰 거울에 비친 내 얼굴을 물끄러미 바라보았다. 내 안의 나는 요동치고 있었지만 보기에는 변한 게 없었다. 하지만 분명 창밖의 하늘을 봤다면 섬뜩하리만치 잿빛으로 변해 있었을 것이다. 내 삶을 둘러싼 무언가가 무너져 완전히 달라져 있었다. 태풍이 나를 향해 다가오고 있었다.

01 포섬트로트

꿈을 이루는 쥐에 대해 들어본 적 있니?
그는 자신의 꿈을 신뢰하고 충실하게 믿는단다.
_마조리 아인스버로 데커 「친절한 거위 아줌마의 전래 동요집」
The Christian Mother Goose Book of Nursery Rhymes

앨라배마 주 포섬트로트Possum Trot에 산다는 건 난폭한 이웃들과 더불어 지내야 함을 의미한다. 심지어 그들이 친척인 경우라도 마찬가지다. 사실 굿이어에서 흔히 볼 수 있던 거친 남자들은 어릴 때 루실 고모네 농장에서 소젖 짜는 걸 돕거나 목화를 따면서 보고 들었던 사람들과 크게 다르지 않았다.

외할아버지는 어느 날 정오에 우리집 개 버즈를 죽이겠다고 결심했다. 단지 그러고 싶다는 이유에서였다. 그는 자신을 아일랜드인으로 여기며 살았다. 하지만 파리한 낯빛 때문에 그는 꼭 유령처럼 보였다. 그에게도 좋은 면이 있었을지도 모르지만 어쨌든 외할아버지는 내 주변에 있던 대부분의 남자들과 별로 다르지 않았다.

다섯 살 때지만 나는 그날 정오를 어제 일처럼 선명하게 기억한다. 할아버지가 버즈를 쫓아왔다. 나는 앞뜰에서 소꿉놀이를 하고 있었다. 맥 할머니가 준 금이 간 컵으로 흙을 퍼 담았고, 버즈는 내 손님이었다. 버즈 앞에 컵을 놓았을 때, 나는 길 아래쪽에서 할아버지가 고함지르는 소리를 들었다. 나는 집 쪽을 돌아보았다. 엄마가 부엌에서 여전히 저녁을 짓고 있기를, 그래서 저 소리를 듣고 늦지 않게 나오기를, 나와 버즈를 지켜주기를 바랐다. 엄마는 없었다. 할아버지의 거대한 그림자가 우리를 향해 다가왔고, 나는 움직일 수가 없었다. 그는 곡괭이처럼 생긴 것을 손에 쥐고 있었다.

나는 동물과 함께 살아본 적이 없었다. 나를 쫓아다니던 수탉들을 빼면. 그러던 어느 날 버즈가 나타났다. 우리는 곧장 서로를 좋아하게 되었다. 버즈는 작고 재밌는 개였다. 몸은 갈색과 흰색이 섞여 있고 이마 꼭대기에는 호박씨처럼 생긴 까만 점이 하나 있었다. 나는 부적처럼 그 점을 문지르곤 했다. 나는 버즈의 모든 부위를 그림으로 그렸다. 사냥개의 눈, 광대의 신발 같은 커다란 발과 조각보 이불처럼 아무렇게나 맞춰진 무늬들.

할아버지는 내가 그의 말을 들을 수 있을 만큼 가까이 다가왔다. 버즈는 이미 집 아래쪽으로 도망간 뒤였다. "이런 망할, 똥개 새끼 어디 갔어?" 그가 소리 질렀다. "죽여도 시원찮을 놈!"

말을 할 수도 움직일 수도 없었다. 컵에 담긴 흙을 삼킨 것처럼 입이 바싹 말랐다. 할아버지가 훈제실에서 돼지들을 도축하는 장면이 머리에서 떠나지 않았다. 언제나 나는 그들 가운데 한 마리에게 정이 들곤 했고, 도축해야 할 때가 오면 되도록 멀리 떨어져 있으려 했다. 뜨거운 물을 대야에 채우거나 고기를 매달고 자르고 싸는 일 가운데 어떤 것에도 관여하고 싶지 않았다. 그러다가 나는 새까만 냄비에 소시지가 구워질 때쯤 슬며시 다시 나타나곤 했다.

"젠장, 빌어먹을, 릴리! 내 말 들어. 그 개 데려와." 할아버지의 두 눈은 축축했고 거의 감겨 있었다. 마치 눈에 바셀린이라도 바른 것 같았다. 그는 버즈를 찾겠다며 돌고 또 돌다가 거의 넘어질 뻔했다. 할아버지는 만취해 있었다. 그가 내 쪽으로 휘청거렸고 나는 놀라서 벌떡 일어섰다. 버즈는 할아버지가 나를 공격한다고 느꼈는지 갑자기 현관 아래에서 뛰쳐나와 우리를 맴돌며 짖기 시작했다. 할아버지는 버즈에게 달려들었고 곡괭이가 허공을 갈랐다. 나는 할아버지를 막아섰다. 곡괭이에 내가 맞을지도 모른다는 걱정 따위는 조금도 하지 않았다.

서로 대치한 채로 시간이 흐르고, 드디어 집 문이 열렸다. 엄마가 할아버지에게 소리를 지르며 뛰어나왔다. 아래위가 붙은 작업복 아래 하얀 셔츠는 단추가 끝까지 채워져 있었고, 그 위로 할아버지의 얼굴과 큰 코가 빨갛게 상기되어 있었다. 그는 엄마에게 조금도 주의를 돌리지 않았다. 할아버지와 버즈와 나는 왈츠라도 추듯 서로 빙빙 돌았다. 곡괭이가 땅을 칠 때마다 퍽 하는 소리가 났다.

"그만해요, 토트."

엄마는 나 빼고 모두가 부르는 대로 할아버지를 토트라고 불렀다.

"릴리 겁먹게 하지 말고, 그거 내려놔요."

그는 들으려 하지 않았다. 더 미쳐 날뛰며 곡괭이를 휘둘렀다. 곡괭이 날이 점점 버즈에게 가까워지고 있었다.

그때 엄마가 현관 계단으로 달려가더니 긴 도살용 칼을 손에 들고 왔다. 할아버지가 수퇘지를 도살하기 전에 엄마는 그 칼을 갈아두곤 했다. 하지만 그 칼도 할아버지를 막을 수 없는 것 같았다. 할아버지는 엄마 몸집의 세 배만 했고 키도 더 컸다.

"릴리, 집으로 들어가! 어서."

엄마가 외쳤다. 순간 엄마의 눈을 보았다. 두려움과 증오로 가득 차서 미친개처럼 사납게 할아버지를 노려보고 있었다. 내가 현관으로 뛰어가자 다행히 버즈도 나를 따라왔다.

창밖으로 본 할아버지는 나에게 화가 잔뜩 나있는 것 같았고, 나는 숨이 가빠왔다.

"어서 방에 들어가, 개는 놔두고."

손에 쥔 도살용 칼을 할아버지에게 겨눈 채로, 엄마가 말했다. 그가 다시 미친 듯이 화를 내면 엄마는 할아버지가 있는 방향으로 칼을 휘둘렀다. 결국 그가 곡괭이를 떨어뜨렸고, 엄마는 할아버지를 가파른 비포장도로로 밀어냈다. 그제야 그는 비틀거리며 느릿느릿 집으로 돌아갔다.

나는 그 모든 것을 목격했다. 누군가 내 머리에 목화자루를 뒤집어씌운 것같이 숨이 죄어왔다. 언젠가 엄마가 아빠에게 말하는 걸 들었다. 엄마가 아이였을 때 할아버지가 어떻게 그녀를 때렸는지에 대한 이야기였다. 어느 날 할아버지는 술을 마시러 나갔는데, 할아버지 친구가 집에 찾아와 할머니에게 할아버지가 집으로 오고 있으니 조심하라고 말했다. 할머니는 곧바로 삼촌들과 엄마를 곳간으로 피신시켰고 그들은 밤새 건초 더미 사이에 숨어 있어야 했다. 하지만 누구도 경고해주지 않은 밤에는, 손에 몽둥이를 들고 나타난 할아버지에게 밤새도록 맞아야 했다.

그날이 지나고 나는 전과 다름없이 그의 화물차 꼭대기에 올라타고 그를 도와 소와 암탉들에게 먹이를 주곤 했지만, 두 번 다시 그를 믿지 않았다. 나는 내가 사랑하는 사람들을 경계하는 게 좋을 거라고 스스로에게 타일렀던 일을 기억한다. 그들이 언제고 돌변해 공격할 수도 있으니까 말이다. 또한 가능하다면 언제든 작은 칼을 곁에 두는 것이 좋다는 사실을 그때 깨달았다.

얼마 지나지 않아, 버즈는 사라졌다. 나는 그저 버즈가 어딘가를 돌아다니고 있을 것이라고 생각했다. 다행이었다. 그렇지 않았다면 할아버지는 결국 버즈를 다치게 했을지도 모른다.

◐

수년이 흘러 내가 굿이어에서 처음 일하기 시작했을 때, 남자 노조원들은 그들이 우리를 "뽑을 것"이라고 즐겨 말했다. 우리를 잡아서 우리 몸에 있는 음모를 뽑을 것이라는 의미였다. 거기서 일어났던 많은 일들에 대해 당신이 듣거나 읽는다면 말도 안 된다고 생각할 것이다. 하지만 그들은 언제나 그런 식의 장난을 쳐댔고, 그렇지 않으면 우리를 일부러 위험에 빠뜨리곤 했다.

어느 날 한 여성 노동자가 끊임없는 희롱과 말들에 진저리가 나, 실제로 바지를 내리고 그들에게 해보라고 소리쳤다. 그녀의 바지가 발목 주변에 구겨져 걸렸다. 그녀는 무늬 없는 하얀 속옷만 입고 거기에 서 있었다. 남자들은 그녀를 더이상 건드리지 않았지만 우리에게는 여전히 되도 않는 소리를 해댔다. 나는 그녀처럼은 결코 할 수 없었다. 하지만 그들이 종종 그 허튼소리를 실행에 옮긴다는 것도 알았다. 언젠가 그들은 새로 온 남자 신입 중 한 명을 꼼짝 못하도록 잡은 다음 그를 "뽑았다". 나는 집으로 돌아와 찰스의 칼 하나를 찾아서 주머니에 넣었다. 그들이 언제 나를 붙잡을지 알 수 없었으니까. 딱딱한 가죽 칼집이 내 허벅지를 찔렀다.

굿이어에서 일하는 동안 셀 수 없이 많이, 나는 용기를 내야 했다. 그럴 때마다 나는 그 여름의 정오를 기억했다. 엄마가 결국에는 할아버지를 제압했던 모습을 떠올렸다. 그날 상황이 더 나빠졌다면 엄마가 나를 보호하기 위해 칼을 휘둘렀으리라는 걸 확신한다. 두려움과 분노가 나를 휘감을 때, 나 역시 필요하다면 내 칼을 휘둘렀을 것이다.

1940년대 내가 자란 곳은 앨라배마 북쪽 끝 초콜로코Choccoloc-co 산자락을 따라 난 도로 위쪽의 작은 마을이었다. 소나무 숲을 돌아다니며 사는 고약한 얼굴의 회색 주머니쥐처럼, 애팔래치아 산맥 기슭에 위치한 작은 마을 안에서 사람들은 살기 위해 할 수 있는 한두 가지 일만을 알고 있었다. 그들은 목화밭이나 제철소에서 일했다. 아니면 하루 벌이로 근근이 생계를 이어갔다. 몇몇은 주물공장이나 인근 애니스턴Anniston에 있는 육군보급창에서 일했다. 물론 운 좋은 사람들은 개즈던에 있는 굿이어에서 보수가 높고 안정된 일자리를 얻기도 했다. 내가 알던 그곳 사람들은 이 웃을 돕기 위해서라면 유리 파편 위를 맨발로라도 걸어갈 사람들 이었다. 만약 당신이 그들의 이웃을 괴롭혔다면 그들은 기꺼이 당 신을 죽일 수도 있다.

1946년에 나는 2학년이었다. 아빠가 해군에서 제대하고 집으 로 돌아오자, 부모님은 할아버지 집 맞은편에 약간 더 큰 집을 지 으려고 할아버지에게서 땅을 샀다. 비로소 삶이 우리 가족에게도 너그러운 빛을 보내기 시작했다. 가스등의 부드러운 불빛을 오래 사용해온 내게는, 천장의 가느다란 줄에 달린 갓도 없는 전구에 서 쏟아지는 불빛에 익숙해지는 데 꽤 시간이 필요했다. 몇 년이 지나, 집 안에 화장실이 생겼고 사는 건 더 나아졌다. 이제 칠흑 같은 밤에 집 밖에 있는 화장실에 갈 때마다 방울뱀을 밟을까 봐 젖은 잔디 위를 까치발로 노심초사 걷던 날들은 지나갔다.

새집에 볼 만한 건 별로 없었지만 우리집은 운 좋게도 포섬트 로트에서 유일하게 텔레비전이 있는 집이었다. 아빠는 애니스턴 육군보급창에서 주 6일 야간 교대로 일했다. 거기서 그는 한국과 나중에는 베트남과 중동에서 되돌아온 손상된 탱크 엔진을 수리 했다. 텔레비전을 사기 전, 아빠가 없는 저녁이면 엄마와 나는 갈 곳도 할 일도 없었다. 물론 「그랜드 오우 아프리Grand Ole Opry」●를 하는 토요일 저녁만 빼고 말이다. 그날을 위해 한 주 내내 라디오

●　매주 미국 테네시 주 내슈빌에서 공연하고 라디오로 방송되는 컨트리뮤직 행사.

건전지를 아껴두었다. 텔레비전이 생기자 동네 주민들은 저녁 뉴스를 보려고 거의 매일 저녁 우리집에 모였다. 현관과 창문, 모든 모퉁이가 사람들로 가득 찼다.

낮 동안 나는 놀 거리를 찾아 마구 뛰어다녔다. 나무에 기어오르거나 숲을 탐험한다며 몇 시간씩 사라지곤 했다. 사촌 루이스와 나는 하루 종일 동굴을 찾으러 다니거나 인디언 공동묘지를 돌아다니며 화살촉을 주웠다. 또 길 아래 교회 야영지에서 보았던 예배 율동을 흉내 내는 걸 좋아했다.

그리운 것이 많지만, 사실 내 어린 시절의 대부분은 끝없는 노동으로 이루어져 있다. 엄마와 나는 여름 한낮의 햇빛을 피해 안개 낀 아침에 콩과 오크라를 땄다. 집에 돌아와 씻고 옷을 갈아입은 다음에는 온종일 콩 껍질 까기, 토마토 껍질 벗기기, 야채 데치는 일을 했다. 겨울에 대비해 음식들을 통조림으로 만들어두는 것이다. 우리는 잘 때만 잠깐 일을 멈췄다. 주말이면 수풀을 헤치며 잼과 파이를 만들 베리들을 따러 다녔다. 보이지 않는 진드기에 물리면 참을 수 없이 가려웠기 때문에 물린 자리에 약을 뿌리면서 다녀야 했다.

나는 자라면서 별다르게 부족함을 느끼지는 않았다. 배를 곯은 적도 없다. 작은 마을에서 우리는 형편이 그나마 나은 편이었다. 물론 또 어떤 사람들, 그러니까 나의 가장 친한 친구 샌드라처럼 부유하지 않다는 것을 인지하는 건 괴로웠지만 말이다. 그녀와 나는 초등학교 1학년 때부터 친구였다. 내가 집에서 만든 고무줄 바지를 입을 때 샌드라는 실크로 된 바지를 입었다. 그녀는 매일 스웨터와 치마를 잘 차려입고 등교했는데 언제나 옷에 딱 맞는 진주목걸이를 하고 다녔다. 선생님들은 심지어 샌드라를 "작은 공주님"이라고 불렀다.

샌드라의 가족은 뉴 리버티New Liberty에 살았는데, 그곳에서는 누구도 나무에 회칠을 하거나 앞마당에 닭을 풀어두지 않았다. 거기 아이들은 나처럼 할머니와 방을 함께 쓸 필요도 없었다. 샌드라의 우아한 화장대에 있는 커다란 거울 앞에 앉아 그녀의 손거울에 나를 이리저리 비춰 보면서 나는 내 옆모습이 좀 더 나아졌으면 좋겠다고 생각했다. 하지만 언제나 그대로였다. 내 코의 가운데 부분은 너무나 명백하게 튀어나와 있었다. 할머니와 아빠와 똑같이 생긴 이상한 인디언 코.

샌드라의 집에 다녀올 때마다 나는 열등감을 느꼈다. 낡고 때가 탄 집과 더럽고 먼지투성이인 마당 꼴이 나를 창피하게 했다. 물론 우리 가족이 여기까지 얼마나 노력해왔는지 알고 있었다. 그러니 나의 실망을 누구에게도 말할 수 없었다. 나는 부모님이 얼마나 힘들게 일해왔는지, 누구보다도 잘 알고 있었다. 하지만 커갈수록 샌드라와 내 삶의 차이들이 여실히 드러났다. 낭패감이 내게서 떠나지 않았다. 그건 마치 태어날 때부터 운명처럼 정해져 있어서 결코 메워지지 않는 간격 같았다. 그리고 나는 이 모든 차이가 굿이어 때문이라는 것을 강렬히 의식하고 있었다. 샌드라의 아버지는 굿이어에서 일했고, 뉴 리버티는 굿이어에서 일하는 사람들이 모여 살던 곳이었다. 때문에 내가 속하고 싶었던 곳은 다른 어떤 곳도 아닌 바로 그곳이었다.

해마다 여름이 되면 개즈던에 있는 매티 숙모와 호이트 삼촌 집에 가곤 했는데, 개즈던 행 버스 안에서 나는 굿이어 공장을 볼 수 있었다. 공장은 쿠사 강을 따라 난 마을 입구에 있었다. 창문 들로 둘러진 거대한 빨간 벽돌 건물이 숲처럼 서 있는 강철 울타 리 너머로 펼쳐져 있었다. 커다란 공장 굴뚝들이 검은 연기를 내 뿜었다. 공장을 지나면서, 나는 샌드라처럼 몇 년마다 새로 나오 는 최신형 자동차를 탄다는 건 어떤 것일지 상상했다. 아니면 샌 드라가 하듯이 봄방학 동안 멕시코 만에서 수영하는 건 어떤 기 분일까 생각했다. 아빠가 굿이어에서 일한다면 내 손도 정말로 부 드러워질 텐데. 물론 아빠가 그곳에서 일하게 되면 가장 좋은 건, 다시는 목화를 따지 않아도 된다는 것이었다.

○

내 삶은 끝도 없는 목화밭 안에서 벗어날 줄 몰랐다. 초등학교 에 입학하기 전부터 나는 줄곧 목화를 따야 했다. 그것이 내가 할 수 있는 유일한 일이었기 때문에, 주말마다 사촌 루이스와 함께 목화를 따며 집에 보탤 돈을 벌었다. 좀 더 자라서는, 우리가 쓸 돈을 마련하려고 여름 동안 덜 익은 목화송이를 잘랐다. 우리는 목화나무들 사이에 추문처럼 퍼져 있는 잡초들을 향해 곡괭이를 집어 던지면서 말 못한 불만들을 서로에게 쏟아내며 흥분하기도 했다. 목화만이 아니었다. 옥수수를 딸 때면 줄줄이 서 있는 옥수 숫대에 목이 부딪치고 손을 긁히기 일쑤였다. 이때도 똑같이 곡 괭이를 내던지며 욕을 했다.

일을 마칠 즈음에, 어깨에 장대 하나를 서로 걸쳐 멘 두 남자가 마치 할아버지가 내 위로 서서히 나타날 때처럼(그들 모두 키가 176cm 정도였다) 다가와서는 P자 모양의 고리에 우리가 목화를 담은 자루를 걸었다. 그런 다음 가시투성이 줄기에서 얼마나 많은 목화를 땄는지 측정하기 위해 묵직한 금속 공을 막대기에 굴렸다. 가늘고 긴 자루를 채우는 데 보통 며칠씩 걸렸다. 때때로 내가 지금 채우고 있는 건 구름인지도 모른다고 생각했다.

P자 고리가 내 자루의 무게를 잴 때마다, 나는 공이 더 멀리 가기를 바라면서 숨을 꾹 참았다. 내 하루 노동의 무게를 예상해보는 건 즐거웠다. 돈을 받는다는 건 엄마가 내게 "안 돼"라고 말하는 걸 더이상 듣지 않아도 된다는 것을 의미했다. 허드슨 백화점에 걸려 있는 원피스를 살 돈을 모을 수 있었다. 그때 나는 엄마가 바느질한 목화자루 옷에 정말 완전히 신물이 나 있었다. 그랬다. 그 시절 내 관심사는 오직 옷이었다. 어쨌든 나는 십 대였던 것이다.

9학년 가을에 나는 무엇인가에 완전히 빠져 있었다. 단 한 가지에 나는 애를 태웠는데, 바로 치어리더들이 입는 옷이었다. 샌드라와 함께 응원단에 지원했지만 나는 결국 들어가지 못했다. 내 삶 전체가 나아질 것이라는 생각에 설레며 몸을 떨었었다. 그러니까 내가 어떻게 해도 야간 농구 경기에 갈 수 없고, 응원단복이 25달러나 한다는 것을 깨닫기 전까지 말이다.

엄마는 운전을 못했다. 하지만 어차피 아빠가 매일 밤마다 일하러 가는 데 차가 필요했으므로, 그건 별 상관이 없었다. 어쨌든 중요한 것은 그게 아니었다. 나의 부모님은 학교 일에는 관여하지 않았다. 심지어 학교에 와본 적도 없었다. 그러니 이제 와서, 단지 내가 응원단에 들어갔다는 이유로, 그들이 나를 경기장에 데려다줄 의무는 없는 것이다. 나는 결국 농구 코치님에게 경기장에 데려가달라고 부탁했다. 저녁을 먹으며 부모님에게 응원단복을 살 돈이 필요하다고 말했을 때, 엄마는 나와 아빠를 죽일 듯이 노려보았다.

엄마는 숟가락을 내려놓고 나무 식탁을 손으로 친 뒤 말했다. "하나만 말할게, 어린 아가씨. 내 옷 중에 제일 좋은 옷이 얼만지 아니? 바로 25달러야! 넌 그런 돈을 그딴 옷 사는 데 쓰려는 거니?"

내가 어떤 것을 원할 때마다 엄마가 내게 보여준 행동을 어떻게 잊을 수 있을까. 엄마는 우리가 생활을 유지하는 데 행여 돈이 부족하지 않을까 언제나 전전긍긍했다. 엄마가 하는 말을 듣고 있으면 우린 그대로 망할 것만 같았다. 엄마는 늘 몇 주 뒤 우리가 먹을 음식들을 계산하고 있거나 아니면 전쟁 동안 설탕 한 숟가락 또는 버터를 쌀 종이 한 장 없었던 일을 곱씹고 있었다. 그것은 루스벨트 탓이다. 엄마는 두 가지 이유로 루스벨트를 탓했는데, 첫째는 대공황이고 둘째는 아빠가 벽돌공장에서 하루에 1달러 받으며 일할 때 2센트를 꼬박꼬박 연금으로 떼어갔다는 것이다.

그날 밤, 자꾸만 눈물이 났다. 판매원이 응원단에 스웨터를 가져오면 우린 정말 기절할지도 몰라. 우린 그렇게 멋진 옷은 본 적도 없겠지, 어두운 금색 스웨터야. 가슴 가운데 보라색 글자로 "로

이 웹"의 이니셜 RW가 새겨져 있어. 명주실로 짠 금색 치마는 어떻고, 우리가 돌면 자줏빛이 날 거야, 거기다 머리를 고정해줄 곱고 우아한 비니까지. 나는 이 치어리더 의상만큼 뭔가를 간절히 원해본 적이 없었다.

나중에 코를 골며 주무시는 맥 할머니 곁에 누워 마음을 진정시키자니, 치어리더 의상을 입든 못 입든, 엄마의 삶과 비교하면 그래도 내 삶은 장밋빛이지 싶었다. 그녀의 삶은 늘 고단했다. 엄마로 살아가는 것. 물론 엄마 스스로 자신의 과거에 대해 말하는 일은 거의 없었다. 그녀는 그런 것을 시간 낭비라 여겼을 것이다. 나는 거의 매일, 무엇이 엄마를 저토록 인색하게 만들었을까 생각했다. 그녀가 간직하고 있는 유일한 것은 낡을 대로 낡은 성서한 권뿐이었다. 표지 안쪽에 연필로 휘갈겨 쓴 듯한 웃긴 철자의 이름과 오래된 날짜가 희미하게 보였다.

아빠의 엄마, 맥 할머니만이 유일하게 살아온 이야기를 들려주는 것을 좋아했다. 하지만 할머니가 아빠의 가족 이야기를 할라치면 언제나 엄마는 그녀를 말렸다. 내가 아는 것은 할머니가 조지아Georgia에서 고아로 자랐다는 것뿐이다. 평온히 잠든 할머니의 얼굴을 보면서, 할머니가 일어나 내 울분과 가슴 아픈 꿈에서 나를 구해주길 바랐다.

할머니는 자신만의 이야기하는 방법을 가지고 있었다. 바깥이 캄캄해져오면 할머니의 이야기가 시작되었다. 방 안에서 할머니의 까만 눈이 빛나고 낮 동안 쪽을 져두었던 그녀의 검고 긴 머리카락이 느슨하게 풀어지면, 할머니는 귀신 이야기를 들려주었다.

그 이야기들은 거의 언제나 나를 잠 못 들게 했다. 살해당한 남자 이야기도 있었는데, 비가 오면 그 남자의 피가 벽을 타고 집 안으로 스며드는 이야기였다. 하지만 그중에 가장 무섭고 할머니가 가장 좋아했던 이야기는 돼지가 우리집 밑에 아기를 물어와 잡아먹었다는 이야기였다. 내가 무서워하며 이불 속에 숨어도 할머니는 묵묵히 이야기를 이어나갔다. 방 밑에서 아기 우는 소리를 듣지 못했느냐고? 나는 그것이 누구의 아기인지, 혹은 누군가 그 아이를 찾으러 오지 않았는지 결코 묻지 않았다.

나는 그 이야기가 싫었다. 어른들이 쉬쉬하긴 했지만, 아마도 이야기의 어느 부분이 내가 속한 가족의 이야기와 기묘하게 닮았기 때문이다. 태어날 때 나는 거의 엄마를 둘로 찢고, 나 역시 거의 죽은 채로 나왔다. 처음에 그 이야기를 들은 것은 앨라배마 주 알파인Alpine에 있는 농장에서 다른 아이들과 함께 잠을 자려고 조그마한 침대에 누워 있을 때였다. 루실 고모가 머스캣 포도의 일종인 머루를 따기 위해 우리를 그곳으로 부른 것이다. 주방과 침실을 가르는 얇은 천 뒤에서 루실 고모가 누군가에게 하는 말을 들었다. 엄마는 3일이나 진통이 계속되었다고 했다. 아빠는 아무것도 할 수 없어서 곳간에서 담배를 피우며 울었다고 했다. 의사 두 명과 간호사 한 사람이 함께 도왔지만 소용이 없었다. 내 얼굴에는 멍이 있고, 몸은 뒤틀려 있었다고 루실 고모는 말했다. 몇 년이 지난 뒤 엄마에게 나를 낳을 때 일을 물어보았다. 엄마는 분만 중에 골반 뼈가 벌어지지 않았다고만 말했다. 루실 고모에 따르면 엄마는 그때 몸을 많이 다쳤고 그래서 아이를 더이상 가질 수 없게 되었다. 내가 외동인 건 그런 이유였다.

가끔 엄마가 그날 저녁처럼 냉정한 눈으로 나를 볼 때면, 나는 어쩌면 엄마가 나 때문에 아기를 못 낳게 되어서 나를 용서할 수 없는지도 모른다고 생각했다. 엄마의 상처는 어떻게 아물어갔을까. 나는 알 수 없다. 나 때문에 그녀가 죽을 뻔한 적이 또 있었다. 내가 아기였을 때 나는 까만 석탄 한 조각을 찾아냈고 엄마는 그것을 빼앗아 손에 쥐고 있었다. 그때 엄마의 치마가 벽난로에 있는 검게 탄 석탄에 스쳤다. 엄마의 등에서 갑자기 불길이 타올랐다. 아빠는 불을 끄려고 했지만 엄마의 등 전체가 타버렸다. 우리는 의사에게 갈 형편이 안됐기 때문에 붕대를 감는 것 말고는 할 수 있는 일이 없었다. 그 상처를 볼 때마다, 나는 그녀의 등에서 우그러진 껍질을 벗겨내 그 아래 다치지 않은 살을 드러내고 싶었다. 분명 그 살은 플라타너스 줄기처럼 깨끗하고 부드러울 것이다.

드문 일이었지만 엄마가 자기 가족에 대해 말할 때면, 그녀가 얼마나 버거운 어린 시절을 보냈는지 알 수 있었다. 그녀의 어머니, 나와 이름이 같은 외할머니는 체로키계Cherokee●로 자그마한 몸집을 가진 여자였다. 그녀는 자신만의 약초 치료법으로 유명했는데, 특히 목화 뿌리를 섞은 차는 여성들의 분만을 수월하게 하는 데 효험이 있었다. 하지만 할머니는 암에 걸려 쓰러졌고 자신

● 북아메리카 남동부, 애팔래치아산맥 남부에 주로 거주하던 북아메리카 원주민 부족.

을 치료하지 못하고 젊은 나이에 돌아가셨다. 그때부터 엄마는 할머니의 빈자리를 채워야 했다. 남은 동생들을 돌보느라 6학년을 마친 후 학교를 그만두었다.

엄마는 자신이 감당해야 했던 일들에 대해 아무런 불평도 하지 않았지만, 그녀는 세상을 불신했고 다른 사람들에 대해 가혹하게 판단했다. 아빠는 늘 셔츠 주머니에서 담배를 꺼내 물고 불붙이기 전에 엄마에게 한숨 쉬듯 말했다. "이제 그만해, 에드나. 그건 우리가 상관할 일이 아니야."

엄마는 강낭콩에 대해 빠삭했다. 맛있는 코코넛케이크를 구울 줄도 알았고, 이불 꿰매는 법, 소젖 짜는 법, 닭목을 비트는 법까지도 훤히 알았다. 할머니가 저녁을 차릴 때마다 엄마는 옆에서 고구마가 너무 달다느니 고기가 너무 짜다느니 참견했다. 매일 밤, 저녁 식사가 끝난 뒤에 할머니가 부엌을 청소하고 나면 어김없이 엄마가 다시 부엌을 치웠다. 누구도 엄마의 성에 차지 않았다.

성격 좋은 할머니는 엄마가 하는 잔소리를 못 들은 체하며 자신은 귀가 어둡다고 말했다. 할머니는 결코 엄마에게 화내는 일이 없었다. 그저 자신이 해온 대로, 사람들을 있는 그대로 받아들이며 웃었다. 아마도 할머니는 다시 혼자가 되고 싶지 않았던 것이리라.(물론 할머니는 혼자가 아니었다. 몇 년 뒤 할머니가 병을 앓다 돌아가시기 전까지, 엄마는 자신의 어머니에게 하듯 대소변을 받고 머리부터 발끝까지 씻기며 할머니를 돌보았다.)

다시, 엄마가 언제나 그랬듯 내 바람을 거절했던 그날 밤 나는 여전히 내가 가질 수 없는 치어리더 의상 때문에 가슴이 아팠고

억울하고 분한 감정에 휩싸인 채 침대에 누워, 엄마가 저렇게 냉정한 사람이 된 이유를 떠올리려 애쓰고 있었다. 정말 어려운 일이었지만, 어쨌든 엄마가 상냥했던 때를 기억해보려 했다. 내가 학교에서 오염된 물을 마시고 황달에 걸려 누워 있었을 때, 엄마는 정말로 따뜻하게 나를 대해주었다. 몸이 언제나 으슬으슬 춥고 떨리면 좋을 텐데. 그러면 엄마는 내가 감기에 걸렸다고 생각해서 밤마다 난로에 덥힌 담요를 부드럽게 내 발에 감싸줄 텐데. 때로 일이 끝나면 엄마는 내 침대에 와서 꽁꽁 싸맨 내 발에 손을 얹은 채 아무 말 없이 한동안 앉아 있곤 했다. 하지만 엄마는 내가 그때 느낀 것들을 결코 이해하지 못했다. 나는 정말 간절히 내 삶에서 벗어나 환호와 우승과 아름다운 옷이 기다리는 새로운 세계로 가고 싶었다. 그러나 그 모든 것은 부자들을 위한 것이었다. "원한다"는 말은 엄마의 사전에는 그저 없는 말일 뿐이었다.

○

그리하여 그다음 주부터 나는 치어리더 의상을 위해 루이스와 함께 목화를 땄다. 목화자루 끈이 차라리 내 목을 기어오르는 뱀이라면 더 나을 것 같았다. 아무도 없는 곳에서 루이스에게 말했다. "내가 크면 난 목화 근처에 얼씬도 하지 않겠어." 루이스는 웃었다. 그때 그녀의 얼굴은 태양빛에 붉어지고 땀에 젖어 있었다. 이미 말한 것 같지만 그 가을날, 모든 것이 다르게 느껴졌다. 목화를 따다 말고 매 한 마리가 날아올라 사라져가는 걸 바라보았다. 저 매와 함께 이 목화밭을 떠나버렸으면. 강렬한 무언가가 나를 휘감았다.

목화밭 저쪽에서 엄마가 나를 부르는 소리에 몽상에서 깨어났다. 그리고 나는 다시 목화씨가 든 꼬투리를 주워서 자루에 쑤셔넣었다. 꼬투리에 이리저리 긁혀 피가 난 손에는 붉은 점들이 생겼다. 루이스는 구부정한 모습으로 나보다 앞서 나무들 사이에서 움직이고 있었다. 루이스 뒤로 어쩌다 한 번씩 그녀가 놓친 목화가 매끈한 줄기에서 흔들렸다. 몸을 앞으로 숙여 햇볕에 등이 타는 것을 느낄 때면, 나는 이를 악물며 결심했다. 나는 엄마처럼 되지 않을 거야, 여기에 갇혀 있지 않을 거야. 영원히 이렇게 살 수는 없다, 나는 특별한 곳으로 갈 것이다. 보이지 않아도 바람이 불어오는 것을 알듯이, 나는 그렇게 확신했다.

마침내 치어리더 의상을 살 방법을 찾았다. 응원단에서 핼러윈 축제 때 빵을 팔아서 번 돈을 서로 나누어 갖기로 했기 때문이다. 꿈을 이어가는 법을 찾게 되었을 때, 나는 원하는 게 무엇이든 내가 그것을 실현시켜가야 함을 깨달았다. "안 돼"라는 답에 순응하지 않는 것이, 불가능해 보였던 꿈을 이룰 수 있게 한다는 것도.

찰스와 결혼하다

여자가 한번 마음을 주면, 당신은 결코 그 여자에게서 벗어날 수 없다.

_존 반브루Sir John Vanbrugh

내가 찰스를 처음 본 건 9학년 때였다. 그날 학교 버스에 올라탔을 때 내 눈길을 사로잡은 사람은 선명한 푸른 눈에 부드럽고 환한 미소를 지닌 잘생긴 버스 기사였다. 찰스 아버지가 목수 일을 하게 되자, 고등학교 졸업반이던 찰스가 아버지를 대신해 그 해의 남은 기간에 버스를 몰게 된 것이다. 나는 그에게 홀딱 반했고 그때부터 등하굣길은 내게 사랑이라는 완전히 새로운 탐구의 장이 되었다. 우리집은 버스 노선에서 첫번째 정류장에 있었기 때문에 나는 언제나 버스의 첫번째 손님이었다. 어느 날 버스 문이 닫혔을 때 나는 자리에 앉지 않고 운전석 옆 손잡이에 몸을 기댄 채 찰스와 이야기를 나누었다. 이른 아침 울퉁불퉁한 비포장도로 위에서 우리는 덜컹거리며 흔들렸다.

대화는 자주 끊겼다. 농담 섞어 내가 외친 말 때문이었다. "조심해, 저기 도로가 파였어!"

찰스는 이미 몇 달 전부터 나를 알고 있었다고 말했다. 발꿈치 부분이 끈으로 된 빨간 구두를 신고 처음으로 교회에 간 날 나를 보았다고 했다. 나의 가족은 교회에 다니지 않았지만, 내가 엄마에게 동네에서 가장 가까운 교회에 보내달라고 졸랐다. 나는 일요일마다 집 밖으로 나가고 싶었고, 그날을 위해 엄마를 졸라서 산 화려한 구두를 신으면 정말 황홀했다.

물론, 나는 구원을 받기보다는 친구들을 만나러 교회에 갔다. 딱딱한 나무 의자에서 몸을 뒤틀며, 설교를 듣는 대신 나는 내 앞에 앉아 있는 여자의 모자를 살폈다. 찰스는 언제나 나보다 훨씬 더 신실했다. 그는 자기 할아버지인 홀더 목사가 인근 마을의 농부들과 함께 단단한 바위를 뚫고 그 속에 스컬 마운틴Skull Mountain, 드라이 본 할로Dry Bone Hollow, 앤트 힐Ant Hill 같은 작은 교회를 세웠다는 사실에 굉장한 자부심을 가지고 있었다.

데이트를 시작한 지 얼마 되지 않았지만, 개구리 우물같이 작은 동네에서는 할 수 있는 것이 많이 없었다. 대부분 우리는 자동차극장에 갔다가 햄버거를 먹으러 데어리 퀸Dairy Queen에 들렀다. 때때로 우리는 공동묘지에서 시간을 보냈다. 무덤들 사이를 걸어 다니다가, 마치 남북전쟁 때로 거슬러 올라간 것처럼, 묘비들 한가운데 서 있는 커다란 오크나무 아래 앉아 있곤 했다.

하지만 내겐 찰스 못지않게 좋아했던 또 한 남자가 있었다. 나의 삼촌 조니였다. 그는 할아버지의 세번째 부인인 벨루아의 아들이었다. 조니는 공군 조종사였고 나보다 약간 나이가 많았다. 내가 열네 살이 되었을 때 그는 내가 자기가 본 사람 중에 가장 예쁜 소녀로 자랐다며 편지를 보내왔다. 그의 사탕발림은 내 상상력을 자극했다. 사실 나는 내가 정말로 예쁘다고 느껴본 적이 없었다. 1학년 때 나는 너무 파마를 하고 싶은 나머지 울었다. 결국 엄마는 당신이 1년에 한 번 파마하러 가는 루스의 뷰티 미용실에 나를 데려갔다. 철로 된 롤러를 내 머리에 말면 롤러의 뾰족한 부분이 두피를 파고들었다. 미용사가 내 머리에 희뿌연 녹색 샴푸를 두껍게 바른 다음, 은색 문어 같은 기계에 연결시켰다. 문어의 전기 다리들이 밋밋했던 내 머리를 완벽한 셜리 템플Shirley Temple 스타일로 바꿔놓았다.

조니의 편지에 들뜬 나는 그와 함께 세계를 여행하는 꿈을 꾸기 시작했다. 매일 학교에서 돌아오면 엄마에게 "편지 왔어요?"라고 인사했다. 옷장을 열어 벨루아가 내게 준 액자용 사진을 바라보며 시간을 보냈다. 그의 매끈한 얼굴, 매우 진지한 표정……. 나는 한국에서 전투기를 몰고 있을 그를 상상했다. 내 몽상 속에서, 나는 장교 부인이 되어 다른 장교 부인들을 접대하곤 했다.

찰스가 집에 놀러 오기라도 하면 그가 내 방으로 들어오는 것도 아닌데 나는 괜히 조니의 사진을 서랍 맨 윗칸에 숨겼다. 사실 조니에 대한 환상은 나에게 일종의 위안이었다. 나는 찰스가 첫사랑을 여전히 그리워하는 게 아닐까 걱정했다. 찰스의 첫사랑이었던 여자의 어머니는 결혼하지 않고 아이를 가졌다고 했다. 그래서 그녀의 아빠는 딸에게 똑같은 일이 일어날까 두려워한 나머지 찰스를 무척이나 괴롭혔고, 찰스는 그것을 견뎌낼 수 없었다. 슬픈 예감은 틀리지 않는다. 찰스가 잭슨빌 대학에 입학해 나와 잘 만날 수 없었을 때 다시 그녀와 만나기 시작했다. 그래도 결국 찰스는 그녀를 정리한 뒤 내게 왔다.

그러는 사이에, 나는 조니에 대한 마음을 접었다. 대부분의 시간을 그는 바다 한가운데에서 보냈고, 조니의 여동생들이 말하기를 그는 세계 곳곳의 아름다운 여자들과 데이트를 즐긴다고 했다. 사실 나는 그에 대해 거의 아는 것이 없었다. 우린 단지 어린 시절을 함께 보냈을 뿐이다. 내가 사랑한 건 조니가 아니라 그라는 환상이었고 여기가 아닌 다른 곳에서 살고 싶은 나의 욕망이었다. 결국 나는 사랑에 대해 아무것도 몰랐던 것이다.

시골에서 자란 나는 세상 물정을 몰랐다. 섹스에 대해 내가 아는 것이라고는, 루실 고모 농장에서 삼촌이 킬킬대며 하는 말을 우연히 듣거나 탈의실에서 친구들이 해준 이야기가 다였다. 첫 생리를 했을 때 나는 경악했다. 한마디 말도 없이 엄마는 이불을 찢어 내게 건넸다.

모르는 것투성이였지만, 내 깊은 곳에서는 비밀스런 열망이 끓고 있었다. 결혼하지 않은 대부분의 여자아이들이 목화 방적공장에 다니거나 졸업 후에 비서(정말 똑똑한 아이들은 선생님이나 간호사가 되는 공부를 했다)가 되었지만, 고등학교에 다닐 때 나는 변호사가 되고 싶었다. 이런 내 열망은 도대체 어디서 나온 것이었을까? 우리는 책 한 권 살 형편도 안 되었는데 말이다.

그다음에는 셀프 선생님에게 자극받아 엔지니어가 되겠다고 결심했다. 특히 학생들이 칠판에 적힌 방정식을 다 풀기도 전에 그녀가 실수를 잡아내는 모습은 그저 경이로울 따름이었다. 나는 수학 시험을 잽싸게 치르곤 했다. 언제나 자주색 잉크로 축축했던 시험지에서는 인쇄기의 지독한 냄새가 났지만, 내게는 숫자를 계산하는 일이 세상에서 가장 아름다운 음악을 듣는 일처럼 느껴졌다.

셀프 선생님은 또한 내가 아는 가장 똑똑한 사람들인 그레이 부부와 브리지(카드 게임)를 하는 사이였다. 토요일마다 그레이 부부는 신선한 버터를 사려고 잭슨빌에서 우리집까지 차를 몰고 왔다. 내가 바깥에서 나는 차 소리에 창밖을 내다보면, 나비넥타이를 말쑥하게 맨 그레이 아저씨가 지붕이 여닫히는 자신의 빨간 자동차 바퀴 뒤편에 서 있었다. 그는 화학과 교수로 재직하다가 은퇴했다. 나는 그가 잘 때도 나비넥타이를 하고 잘지도 모른다고 생각했다. 어쨌든 그는 나의 삼촌들과는 너무도 달랐고 우리 학교 역사 선생님과 더 비슷했다. 선생님은 호리호리하고 에너지가 넘쳤는데, 아이들은 그가 이모 두 명과 함께 살며 우산을 들고 학교에 걸어온다고 놀리곤 했다.

가끔 나는 시내에 있는 그레이 부부 집에 초대받았다. 만찬장에서 저녁을 먹을 때, 장미 문양이 그려진 섬세한 자기에 담긴 아스파라거스 캐서롤 같은 이름도 낯선 음식이 나오면 나는 어떤 포크를 사용해야 하는지 몰라 허둥댔다. 불현듯 예전에 아빠가 마호가니 탁자에서 저녁을 먹을 때 어떻게 모든 것을 제대로 해낸 뒤 크리스털 유리잔에 술까지 마셨는지 맥 할머니가 이야기했던 일이 떠올랐다. 내 아버지의 아버지는, 서던 철도Southern Railroad 의 감독관이었다. 그는 철로를 수리하는 흑인 노동자들을 감독했 고 대단한 부자였다. 할아버지는 팀원들과 조지아 전역을 돌아다 닐 때 호신용으로 할머니에게 총을 빌려갔다가 사고로 사타구니 에 총을 쏘고 말았다. 총이 철로에 부딪치면서 그에게 발사된 것 이다. 그는 괴저로 죽었다. 할아버지가 죽은 후 맥 할머니는 화려 한 가구들과 멋진 자기들을 모두 싸서 나의 아버지 편으로 앨라 배마에 있는 루실 고모에게 보내버렸다. 할머니 침대 아래에 둘 가방 하나만 빼고 말이다. 그 안에는 할머니가 가장 아끼는 다기 세트가 들어 있었다. 루실 고모는 그 모든 것을 농장에 고스란히 간직하고 있었다.

내가 진학할 때가 되었을 때 내게서 가능성을 본 사람은 셀프 선생님이었다. 선생님은 그레이 부인에게 도움을 요청했다. 선생 님은 내가 잭슨빌 대학의 강의를 들을 수 있게 그레이 부인이 엄 마를 설득해주었으면 한다고 말했다. 사범대학은 잭슨빌 고등학 교에서 언덕 너머 바로 가까이에 있었고 나는 그곳에서 졸업하기 전까지 하루에 반나절만 수강하면 되었다. 당연히 엄마는 안 된 다고 말했다. 돈이 너무 많이 들었고, 어쨌든 여자에게는 고등학 교까지의 교육이면 충분하다는 것이었다. 엄마의 주장대로 나는 졸업하기 전까지 학점을 따는 대신 집안일을 거들었다. 바느질하 는 건 엉망진창이었지만 말이다.

졸업하기 전 어느 날, 복도에서 교장 선생님이 나를 불러 100명 가운데 우등생이 된 것을 축하해주었을 때, 내가 느낀 아품을 결코 잊을 수 없을 것이다. 교실로 돌아갈 때는 피마자기름이라도 삼킨 듯 위가 쓰라렸다.

　엄마의 숱한 반대에도 나는 내 꿈을 잊지 않았지만, 이런 현실적인 문제 앞에서 어떻게 해야 하는지는 몰랐다. 나는 자주 상상해보곤 했다. 내가 8마일 떨어진 잭슨빌 주립대학에 갔더라면 어떤 다른 삶을 살고 있을까. 나중에 그곳에 일하러 갔을 때 나는 모든 세미나와 주어진 수습 과정을 다 거쳤지만 그 내용은 전혀 다른 것이었다.

◉

　대학에 갈 수 없다는 걸 깨닫고 얼마 지나지 않아서, 나는 조니의 사진을 받았고 그것을 벨루아에게 되돌려주었다. 그리고 그에게 마지막 편지를 썼다. 나는 찰스를 하나하나 알아갔다. 가령 그는 성실히 일하고 교회에 다니는 사람이다. 하지만 결코 그런 방식으로 조니를 알지는 못했다. 그는 내가 만들어낸 상상 속 인물이었다. 나는 찰스가 언 다리 위에서 미끄러지는 버스를 침착하고 능숙하게 모는 것을 보았다. 찰스는 내게 운전을 가르쳐준 사람이기도 하다. 우리는 찰스의 쉐보레를 타고 학교 주차장을 뱅뱅돌았다. 우리집 앞 하얀 자갈길을 달릴 땐, 우리가 뒤로한 길 위로 희미하고 뿌연 먼지 자국이 일곤 했다. 우리에게 중요한 건 무엇을 하느냐 어디에 가느냐 하는 게 아니었다. 같이 있다는 게 즐거울 뿐이었다. 찰스와 함께 있을 때면 나는 외동으로 자라면서 느낀 외로움을 잊었다. 사람들이 말하지 않아도 가슴 깊은 곳에서 알게 되는 것처럼, 나는 찰스가 내가 찾던 사람이라는 것을 느끼고 있었다.

내가 고3 시절을 보내는 동안, 찰스는 제너럴 일렉트릭사GE에 정규직 자리를 얻기 위해서 잭슨빌 주립대학을 관뒀다. 그 회사는 포섬트로트에서 20마일 정도 떨어진 곳에 있었다. 그곳에서 일하게 되면 그는 정기적으로 급여를 받을 수 있다. 그는 생계를 꾸리기 위해 결코 그의 아버지 윌리스처럼 농장 일을 하고 싶어 하지 않았다. 찰스의 아버지는 사생아로 태어났다. 친척들은 그에게 농장 한구석에 살 곳을 마련해준 대신 그를 함부로 대했다. 다른 가족들이 모두 저녁을 먹을 동안, 찰스의 아버지는 소와 돼지에게 먹이를 주어야 했다. 훗날, 그는 찰스에게 무자비하게 농장 일을 시켰다. 찰스는 나의 아버지가 농부가 아니며 디젤유 저장탱크 정비공으로서 당신의 직업을 자랑스러워한다는 사실에 감탄했다.

꽤 괜찮은 보수와 수당을 받는 일을 하게 되자, 찰스는 우리집에서 몇 마일 떨어진 곳에 있는 자기 고모의 땅을 샀다. 그런 다음 즉시 우리가 살 집을 짓기 시작했다. 그해 12월에 벽이 세워졌다. 찰스가 내게 정식으로 청혼을 했는지는 기억이 잘 나지 않는다. 우리는 다른 이야기를 하듯이 결혼에 대해 이야기했을 뿐이었다. 어쨌든 우리가 결혼을 결심한 이유 중 하나는 우리에게 살 집이 있다는 사실이었다.

찰스와 결혼하겠다고 엄마에게 말한 그날, 나는 그녀가 엄청 화를 낼 것이라고 확신했다. 내가 원할 때 엄마가 긍정적인 대답을 하는 일은 거의 없었다. 이번 경우에도 그녀는 화를 내야 했다. 어쨌든 나는 미성년자였으니까. 나는 진심으로 찰스와 결혼하고 싶었다. 그래, 희망은 있다. 그는 몇 안 되는 내 데이트 상대 중에 엄마가 마음에 들어한 유일한 사람이었다. 특히 그녀는 찰스가 매우 성실하게 일한다는 사실을 좋아했다.

나는 부엌 입구에 서서 용기를 내려 애쓰고 있었다. 엄마가 애플파이를 기름에 튀길 때를 잠자코 기다렸다. 그래야 엄마 눈을 보지 않아도 되기 때문이다. 그 순간이 왔고 나는 엄마에게 단도직입적으로 말했다.

엄마가 검은 냄비에서 몸을 돌려 나를 보며 한마디 했다.

"정말이니?"

나는 고개를 끄덕였다. 나는 열일곱이었고, 준비가 되었다.

엄마는 파이를 마저 튀긴 다음 나무 식탁을 사이에 두고 나와 마주 앉았다.

"있잖니, 네가 보고 있는 게 바로 네가 하려는 결혼 생활이야. 지금 네가 테이블 너머로 보는 것들은 네가 결혼해서 사는 것과 결코 다르지 않을 거다. 그러니 다른 사람이 될 수 있을 거라는 생각은 버려라."

엄마가 말했다.

나는 아무 말도 하지 않고 앉아 있었다. 주방의 열기에 땀이 흘렀다. 가스레인지에 얹은 냄비 바깥쪽으로 기름이 흘러내렸다. 나는 마땅히 눈을 둘 곳이 없어 엄마 눈을 똑바로 쳐다보았다.

"너에게 나와 아빠 말고 믿을 수 있는 누군가가 생긴 것 같구나."

엄마가 말했다. 그러고 그녀는 일어섰다.

"네가 원하는 거라면, 나는 서류에 사인을 할 거다."

엄마는 돌아서더니 더 튀길 사과를 자르기 시작했다.

그것은 정말로 사무적인 반응이었다. 엄마는 심지어 아빠와 상의하지도 않았다. 어리둥절함 그 이상이었다. 나는 싸울 준비까지 했던 것이다. 벌떡 일어서서 춤추고 싶었지만, 나 자신을 억누르면서 엄마에게 어떻게 고맙다고 말할지 생각했다. 엄마가 사과를 다시 튀기기 시작했을 때, 나는 그녀 옆에 서서 고맙다는 말 대신에 남은 사과들을 잘랐다. 사과를 자르는 내내 나는 나만의 부엌은 어떤 모습일지를 그려보았다.

크리스마스 연휴가 시작되던 날의 쌀쌀한 오후에, 나는 결혼을 했다. 찰스가 학교에 와서 나를 태우고 결혼식 준비를 위해 급히 집으로 갔다. 그 주 초에 엄마는 나를 데리고 나가 내가 드레스 고르는 것을 도와주었다. 드레스는 완벽했다. 내 방에 올라가, 반짝이는 감청색 드레스로 갈아입는데 몸이 약간 떨렸다. 머리에 모자를 고정시키며 화장대 거울로 내 모습을 보았다. 모조 다이아몬드가 뿌려진 면사포 안으로 얼굴이 흐릿하게 보였다. 한 땀 한 땀 진주를 엮은 옷깃을 만져보았다. 비로소 내가 어른이 된 것 같았다. 침대에 놓아둔 지갑까지 챙겨 들고, 찰스에게 나의 아름다운 모습을 보여줄 준비를 끝냈다. 그때 엄마가 생각났다. 그녀에게도 내 모습을 보여주고 싶었다. 내가 다 자랐다는 것을 인정해주길 바랐다. 엄마 목소리를 들으려고 부엌 쪽으로 귀를 기울이며, 나는 계속 서 있었다. 아무런 소리도 들리지 않았다. 찰스는 차에서 나를 기다리고 있었다. 마지막으로 한 번 더 나 자신을 거울에 비춰 보았다. 엄마가 나를 배웅하러 나오지 않았다는 실망감을 떨쳐내려고 애썼다.

내 가족 중의 누구도 결혼식에 오지 않았다. 사실 부모님이 결혼식에 올 것이라고는 기대도 하지 않았다. 엄마는 그렇게 하는 것이 최소한의 비용으로 결혼을 치를 수 있는 방법이라는 것을 내게 강조했다. 찰스의 부모님도 같은 생각이었던 모양이다. 그들 역시 결혼식에 오지 않았다.

주례를 서줄 목사님 집으로 가는 길에, 우리는 사촌 루이스와 내 친구 캐럴린을 태웠다. 그들은 가는 내내 킬킬대며 웃었다. 겉으로 보면 그냥 친구들과 놀러가는, 여느 일상적인 하루 같았다. 내가 지나치게 화려하게 차려입고 들떠 있다는 것만 빼면. 문이 열렸다. 목사님은 평소 그가 밀가루와 씨앗을 팔려고 트럭을 몰 때 입는 먼지투성이 작업복 차림이었다. 그는 찰스와 내게 거실 소파에 앉으라고 했다. 나는 우리가 기다리고 있으면 그가 옷을 갈아입고 올 줄 알았다. 하지만 그는 그대로 우리 앞에 서서 주례를 시작했다.

"자, 서로 눈을 바라보고 내가 하는 말을 들으세요."

루이스와 캐럴린은 거의 나만큼 함박웃음을 지으며 목사님 뒤쪽에 서 있었다. 곧 우리는 웃음기를 거두었다. 어쨌든 그것은 결혼식이고 경건해야 했으니까. 나는 친구들 눈을 보다가 고개를 돌려 나무가 늘어선 뜰을 바라보았다. 나무들이 하늘로 팔을 들어 올린 채 서 있었다. 갑자기 어렸을 때 루이스와 함께 교회 야영장 근처에 가곤 했던 일이 떠올랐다. 우리는 나무로 된 교회 안에서 하는 예배 율동을 구경하고 흉내 내는 걸 좋아했다. 교회 겉면에는 교회를 둘러싸고 있는 콘크리트 숙소처럼 우중충한 흰색 도료가 발려 있었다. 루이스는 토네이도에 뿌리 뽑힌 소나무 위에 올라서서 목사님처럼 행동했고 나는 허공에 두 손을 모은 채 "예수 사랑하심은"을 부르곤 했다.

목사님의 질문이 나의 공상을 깨버렸다.

"결혼에 대해 충분히 생각해봤나요?"

그는 말을 멈추고 우리의 대답을 기다렸다. 어떤 충격이 내 몸을 뚫고 지나갔다. 마치 팔꿈치를 딱딱한 곳에 부딪쳤을 때만큼 강력한 느낌이었다. 우리가 바로 대답을 하지 못하자 그가 말했다.

"결혼은 인륜지대사라고 합니다. 일단 결혼을 하면, 그것은 영원한 결합입니다. 그 말은 앞으로 여러분이 세상을 다르게 바라봐야 할 거란 말입니다. 결혼을 하고 나면, 당신은 더이상 한 개인이 아닙니다. 전체의 부분이지요. 언제나 당신 자신보다 결혼이 우선합니다."

갑자기 찰스의 눈을 피하고 싶었다. 내가 푹 빠졌던 저 파란 눈, 편안함과 신뢰가 가득 담긴 눈. 하지만 그 순간 나는 그 눈으로부터 도망쳐야 한다고 생각했다. 목사님의 강력한 말들이 나를 흔들었다. 면사포가 내 얼굴을 가려주어서 다행이었다. 서약이나 성찬과 같은 목사님이 쓰는 말이 불길하게만 들렸다. 갑자기 아까 거울 속에서 보았던 드레스를 입은 다 자란 어른은 사라지고, 교장 선생님한테 꾸중을 듣고 있는 말썽꾸러기 아이가 서 있었다.

주례가 계속되고 나는 불안한 마음을 찰스에게 들킬까 봐 면 사포를 괜히 만지작거렸다. 그는 정말 나를 사랑하는 걸까, 그가 내게 했던 말들과 보여주었던 행동들이 모두 진심이긴 할까. 내가 임신했을 거라고 가족들이 수군거리는 것을 들었다. 그렇지 않고서야 고등학교도 졸업하기 전에 결혼할 리 없다는 것이었다. 고모들 가운데 누군가는 달력에 표시를 해가며 내 몸에 변화가 생기기를 기다리기도 했다. 목사님의 가라앉은 목소리에 나는 내가 너무 서두른 게 아닌가 하는 생각이 들었다. 갑자기 내게 생각할 시간이 더 필요할지도 모른다는 느낌이 강렬하게 밀려왔다. 그래, 그는 지난 3년간 내게 가장 좋은 친구였지. 그래서 나는 찰스를 잘 알고 있다고 생각한 거야. 지금까지는 그랬지. 그런데 정말 내가 그와 영원히 함께할 만큼 충분히 그를 잘 알고 있는 걸까? 만약 찰스에게 같은 것을 묻는다면 그는 주저하지 않을 것이다. 그 사실이 나를 조금은 안심시켰지만, 나는 계속 안절부절못하며 그의 눈을 피하고 있었다. 내 머리는 모자에 눌려 모기떼에게 물린 것 같은 자국이 남았다.

목사님이 공식적인 식을 진행하려고 우리에게 자리에서 일어서라고 했을 때, 나는 기절할 것만 같았다. 나는 애를 써서 겨우 사랑의 맹세를 따라 했다. 만약 목사님의 말을 어제 들었더라면 내가 결혼을 취소했을 것이라는 생각이 머리에서 떠나지 않았다. 하지만 이미 늦었다. 나는 드레스를 입었고, 우리는 이미 거기 있었다. 나는 어찌되었든 결혼식을 잘 마무리하고 우리가 앞으로 잘 살기를 바라는 수밖에 없다고 마음을 추슬렀다.

차에 타자, 찰스도 목사님 말에 감정이 동요된 듯이 보였다. 신혼여행지인 애틀랜타로 가는 내내, 우리는 아무 말도 하지 않았다. 심지어 휴게소에 들러 화장실에 가자는 말조차도 꺼내지 않았다. 모텔에 도착했을 때 체크인도 하지 않고 접수대 쪽은 눈길도 주지 못한 채, 둘 다 곧장 화장실로 달려가야 했다. 하지만 그런 분위기가 오래가진 않았다. 리치 백화점 앞에는 크리스마스 캐럴이 울려 퍼지고 있었고, 산타 부부가 사람들에게 손을 흔들고 있었다. 우리는 동화 속 겨울나라 풍경에 감탄하며 서 있었다. 마침내 기분이 한결 나아졌다.

○

찰스가 여전히 우리의 새집을 짓고 있었기 때문에, 우리는 일주일간의 신혼여행에서 돌아와 내 부모님 집에서 지내야 했다. 아침이면 내 곁에서 대자로 뻗어 있는 사람이 맥 할머니가 아니라 찰스인 것을 보고 놀라서 눈을 깜박거렸다. 할머니는 루실 고모와 함께 예전에 살던 곳으로 이사를 갔다. 여전히 근처에 사셨지만, 왠지 푸르스름한 새벽빛 속에서 길고 짙은 머리를 쪽 찌려고 부산스럽게 움직이던 할머니의 소리가 그리웠다. 할머니가 내 물건을 뒤질 때마다 내가 얼마나 짜증이 났었는지 하는 것들을 다 잊고, 대신에 엄마 때문에 속상할 때마다 할머니가 나를 달래던 일들을 떠올렸다. 할머니는 침대 밑에 밀어 넣어두었던 나무로 된 큰 가방을 끄집어낸 뒤, 거기에 들어 있던 금팔찌나 오팔 반지를 껴보라고 내게 건넸다. 그것들은 할아버지가 떠나기 전에 할머니가 보낸 젊은 시절의 흔적들이었다. 할머니는 차 마시기 놀이를 하자고 누비이불 위에 그녀가 직접 칠한 찻잔을 올려놓으면서 미소 지으며 흥얼거리고 있었다.

다시 눈을 뜨자, 내가 일곱 살 때부터 자던 침실에는 찰스가 누워 있다. 내가 진저 로저스Ginger Rogers와 프레드 아스테어Fred Astaire의 사진들로 온통 벽을 도배한 이 방을 나와 함께 쓰고 있다. 그의 거대한 몸집이 작은 침대를 거의 뒤덮고 있었다. 주말이면 찰스와 나는 그의 집에 가서 그가 어릴 때부터 쓰던 침실에서 잠을 잤다. 그의 어린 동생들은 마치 옥수수밭에 막 착륙한 화성인을 보듯 우리를 쳐다보며 따라다녔다.

결혼하고 나는 학교로 되돌아갔다. 내 일상에서 달라진 점은 집에 돌아왔을 때, 찰스와 아빠와 삼촌들이 우리의 새집을 짓고 있는 것을 도와야 한다는 것밖에 없었다. 일을 할 수 없는 밤이 되면 나는 숙제를 했다.

그해 4월, 내가 열여덟 살이 된 바로 그날, 우리는 새집으로 이사했다. 엄마는 현관 앞에 있는 의자에 앉아 몸을 들썩이며 울었다. 나는 그녀의 눈물에 놀랐다. 나는 엄마가 우는 것을 거의 본 적이 없었다. 수년간 그렇게 많은 소란이 있었음에도, 엄마는 내가 떠나기를 원하지 않았다. 가더라도 그녀의 근처에 살기를 바랐다. 엄마가 엄마의 아버지를 떠날 때 그러했던 것처럼. 나는 마지막으로 주변을 둘러보았다. 루이스의 집으로 연결된 내가 만든 숲길은 이제 곧 무성해질 등나무와 옻나무, 포도넝쿨 속으로 사라지고 말 것이다. 그곳에서 루이스와 나는 아무도 보지 않을 때

서로 목화 꼬투리를 던지며 놀았었다. 아빠, 아빠도 정말 그리울 것이다. 그는 어떤 상황도 특별하고 즐겁게 만드는 것을 좋아했다. 토요일이면 시내로 가는 짧은 여행길에서 아빠는 가장 좋은 옷을 입고 색이 짙은 중절모를 쓰곤 했다. 나는 아빠가 왕 같다고 생각했다. 집을 나서기 전에, 아빠는 언제나 내게 25센트를 던져주면서 왓슨스Watson's에 가서 만화책과 허쉬 초코바를 사라고 말했다. 엄마가 크리스마스 선물을 사줄 돈이 없다고 했을 때 아빠가 사과 상자로 만들어줬던 아주 작은 인형 침대(나는 거기에 버즈를 누여놓곤 했다)는 어디로 갔는지 모르겠다.

많지 않은 짐을 찰스의 차에 실으면서, 나는 길 건너에 있는 외할아버지의 집을 잠깐 바라보았다. 내가 그리워하지 않을 유일한 사람.

차가 출발했고, 씨뿌리기 준비를 거의 마친 밭들을 지나쳤다. 나는 핸들을 잡은 찰스의 손을 바라보았다. 그의 팔은 몇 년간의 농장일과 지난 몇 개월간의 집짓기로 팽팽해져 있었다. 깨질까 봐 무릎 위에 올려둔 할머니의 다기 세트 상자를 껴안고 있자니, 나는 찰스의 팔을 움켜잡고 차를 세우고 싶었다.

◉

찰스가 억지를 부리던 날 아침, 나는 옷을 갈아입고 학교 갈 준비를 끝낸 채 침대에 덩그러니 앉아 있었다. 불안감에 위가 쓰라렸다. 찰스가 일하러 가는 길에 나를 학교에 데려다줄 것이다. 그는 여전히 부엌에서 내가 차린, 나는 입도 대지 않은 햄과 비스

기나긴 승리

킷을 먹고 있었다.

나는 일어나서 창밖으로 나의 정원을 위해 찰스가 준비해둔 흙더미를 내다보았다. 그날 아침 찰스에게 졸업여행 이야기를 꺼냈다. 그는 마치 처음 듣는다는 듯이 놀란 척했다. 2주간의 졸업 여행을 마치면 졸업이었다. 나는 친구들과 헤어지기 전에, 내 어린 시절을 함께 보낸 그들과 함께 있고 싶었다.

"계속 말했잖아, 나는 꼭 가고 싶어."

내가 강하게 말했다. 셀프 선생님의 수학여행은 재밌기로 유명했다. 백악관과 뉴욕을 볼 수 있다는 생각에 일 년 내내 고대하고 있었다.

"그리 좋은 생각은 아니야."

찰스가 아무런 감정 없이 말했다.

너무나도 익숙한 좌절감이 밀려왔다. 그건 그의 생각이고 기준일 수 있다. 하지만 그것은 내 생각도 기준도 아니다. 그 여행을 위해 내가 얼마나 준비해왔는데. 몇 주 동안이나 아빠 차를 타고 칼훈 카운티Calhoun County의 모든 길들을 다니며 우리 학교 잡지를 판 끝에 나는 여행 경비를 마련할 수 있었다. 찰스에게도 몇 달 전부터 가겠다고 말했다. 찰스는 여전히 식지도 않은 음식을 먹으려고 애쓰며 나와 이런저런 말을 하고 있었다. 그의 이 말이 내 심기를 자극하기 전까지는 말이다.

"넌 이제 결혼했잖아. 결혼한 사람들은 혼자 여행 가는 거 아니야."

그러니까 그의 말은, 결혼한 여자에게만 해당되는 말이었다.

확실히 그는 내 주변의 남자들, 주말마다 조지아에서 파는 술을 사려고 주 경계선을 넘는 철없는 남자애들을 신경 쓰는 것은 아니었다. 여행을 가도 그애들은 여전히 평소처럼 뭔가를 저지르겠지만, 하지만 그게 나와 무슨 상관이란 말인가. 문득 그애들 중 한 명이 오래전에 내게 준 바보 같은 목걸이를 찰스가 버리도록 했던 일이 기억났다. 그는 목걸이를 버릴 때 내 반응을 확인하려 했었다. 우울한 내 기분과 너무도 다른 아침 햇살이 창문으로 비쳐 들었다. 나는 한숨을 내쉬었다. 찰스는 분명히 내가 '좋은 아내'가 되리라 기대했을 것이다. 좋은 아내, 즉 내가 속한 가정에만 머무르는 사람 말이다.

하지만 이번 일은 담요나 온도조절장치 같은 일상적인 다툼이 아니었다. 가령 한밤중에 찰스는 자다가 담요를 자기 쪽으로 홱 끌어당겼다. 그는 깊이 잠들어 깨지도 않기 때문에 나는 벌벌 떨어야 했다. 그가 내 등 뒤에 있는 온도조절장치를 바꿔놓아서 얼어 죽을 뻔한 적도 있다. 그때도 그는 18도에 맞춰 놓았다고 우겼다. 하지만 그런 일들은 아무것도 아니다. 나는 이제 정말로 추운 곳에 혼자 서 있는 듯한 기분이 들었다. 나는 이를 해결할 방법을 찾고 싶었다. 찰스도 나도 지각이라는 것을 알았지만, 나는 침대보를 계속 매만지면서 생각하고 또 생각했다. 더 가슴 아팠던 건 이 일과 관련해서 엄마가 옳았음을 인정해야 했기 때문이다. 그녀는 나와 드레스를 사러 갔을 때 찰스가 절대로 여행을 보내주지 않을 것이라고 말했다. 나는 그녀를 믿지 않았다. 왜, 어째서 그가 허락해야 하는 거지? 나는 그레이 부인 집에서 살림 잘 꾸리기에

기나긴 승리

관한 조언이 담긴 글을 읽은 적이 있다. 거기에는 이런 구절이 있었다. "좋은 부인은 남편의 판단에 의문을 제기하지 않는다. 왜냐하면 그가 집안의 가장이기 때문이다." 하지만 그건 내게는 통하지 않는 소리였다. 아빠는 한 번도 엄마에게 어떻게 하라고 말하지 않았다. 나는 아빠와 함께라면 모든 걸 다 할 수 있을 것만 같았다. 아빠가 주머니에 1달러밖에 가지고 있지 않을 때라도 내가 스테이크를 먹고 싶어하면, 아빠는 그것을 사주었을 것이다.

엄마가 사주지 않겠다고 한 코트를 사고야 말겠다고 결심했던 때가 생각났다. 늦은 오후였고, 아빠가 일하러 나가기 직전이었다. 거실에서 내 만화책을 휙휙 넘기고 있는 아빠를 보았다. 엄마가 빳빳하게 풀을 먹인 데님 바지에 하얀 작업복 셔츠를 입은 아빠에게서 경유 냄새가 났다. 나는 그 냄새를 좋아했다. 아빠에게 주뼛주뼛 다가가 코트를 사줄 수 있는지 물어보았다. 아빠 주머니에는 깔끔하게 접힌 돈이 들어 있었다. 그는 나를 올려다보지 않고 책장을 넘겼다. 아빠의 손바닥 군데군데 나무껍질같이 단단한 굳은살이 박혀 있고 손톱의 하얀 부분은 엔진 기름을 만지느라 까매진 자국들이 지워지지 않은 채 물들어 있었다.

"사랑하는 딸, 네가 그 코트가 가지고 싶다면, 나는 언제든 네게 그 코트를 사줄 거야."

바깥이 지옥같이 타오르던 8월이었다. 하지만 나는 매일 그 코트를 입고 다녔다. 몇 달 동안 엄마는 화를 풀지 않았고, 한동안 나는 더 많은 일로 시달려야 했다.

결국 침대에서 일어나 그 코트를 찾으려고 옷장 문을 열었다.

우리 사이에 허락을 받고 말고 할 게 뭐가 있나? 두툼한 갈색 양털이 느껴졌다. 스스로 여행 경비까지 다 마련했는데도, 내 삶은 내 것이 아닌 것 같았다. 결혼에 대한, 특히 '아내가 되는 것'에 대한 찰스와 내 생각은 잘못 마주친 자석처럼 서로를 밀어냈다. 갑자기 내가 바보같이 느껴졌다. 우리가 살아온 서로 다른 배경이 우리 사이에 문제가 되리라는 사실을 알았어야 했다. 찰스의 가족이 매우 중대하게 생각하는 종교나 전통적인 가치관 같은 것들. 찰스는 종종 일요예배가 끝나고 가족끼리 소풍갔던 일을 그리워하며 내게 말했다. 어른들은 수다를 떨고 아이들은 말굽 던지는 놀이를 하며 오후를 보냈다고 했다. 덧붙여 찰스의 여동생은 그들이 일요일이면 현관에 어떻게 앉아 있었고 언제 목사님이 왔는지, 그때 찰스가 더러운 그릇들은 오븐에, 더러운 옷들은 세탁기에 쑤셔 넣느라 난리도 아니었다는 이야기도 해주었다.

찰스에게 가장 좋았던 기억에는 언제나 교회가 있다. 교회는 그에게 두번째 집이었다. 반면 교회라고 하면 내게는 목사님이 자신의 가스비를 내기 위해서 교회 헌금을 걷었을 때 엄마가 했던 불평이라든가, 또는 뱀 만지는° 목사들을 몸서리치게 싫어하던 엄마의 표정, 그런 것이 대부분이다.

30분이 더 흘렀고 나는 여전히 침실에 있었다. 손에 쥔 코트를 놓을 수 없었다. 그와 학교까지 차를 함께 타고 가는 것은 물론이

° 신심을 확인하는 방법으로 독사를 만지는 관습이 있다.

기나긴 승리

고, 그를 보고 싶지도 않았다. 그는 나를 참고 기다렸다. 아마도 내게 시간을 준다면 내가 그의 결정을 받아들일지도 모른다고 생각했을 것이다. 그가 내린 결정은 분명했으니까. 우리가 새로 산 식탁에 앉아서, 찰스는 단호하게 말했다.

"네가 나를 사랑한다면, 넌 집에 남아야 해."

"네가 나를 사랑한다면, 넌 나를 보내줘야 해."

내가 되받아쳤을 때, 그의 눈이 믿을 수 없다는 듯 커졌다.

벽장에서 아빠가 사준 코트를 꺼내면서, 나는 찰스가 뭐라고 하든, 그가 얼마나 화를 내든 상관없이 워싱턴에 가겠다고 다짐했다. 따뜻한 봄날에 입기에는 너무 더웠지만 그 코트는 수많은 봄 동안 엄마를 견딜 수 있게 해준 내 보호막이었다. 코트를 걸치고 학교에 갈 준비를 마쳤다. 여전히 피가 끓어올랐다. 차에서 찰스는 부부는 한 몸이므로, 부인은 남편에게서 떨어질 수 없다는 것을 내게 상기시켰다.

비로소 나는 주례사의 의미를 진정으로 이해했다. 결혼이 무엇보다도 우선한다는 것, 그것은 찰스를 의미했고, 내가 그 말을 받아들이지 않을 때 어떤 비용을 치르게 될 것이라는 경고였다.

결국 나는 워싱턴에 하루도 채 머무를 수 없었다. 워싱턴에 도착해 공중전화로 찰스가 일하는 GE에 전화를 걸었을 때, 그의 동료가 찰스가 구급차에 실려 병원에 갔다고 내게 말했다. 무슨 일이 일어난 건지 아무도 몰랐다. 나는 어쩌면 그에게 심장마비가 일어난 걸지도 모른다고 생각했고, 바로 다음 기차를 타고 집으로 돌아왔다.

그 당시 찰스는 용광로에서 관들을 정비하고 있었다. 그 안은 상상할 수 없을 정도로 온도가 높고 더워서 탈수를 막기 위해 소금 알갱이를 먹어야 했다. 찰스는 그날 소금을 먹지 않았거나 물을 충분히 마시지 않았다. 그는 일부러 그랬음을 인정하지 않았지만, 직감적으로 알 수 있었다. 그는 나를 집으로 오게 하려고 일부러 그렇게 한 것이다.

그의 그런 멍청한 행동을 이해하는 데는 오랜 시간이 걸렸다. 수천 번도 넘게 집을 나갈까 생각했다. 내가 가장 싫어하는 것은, 내가 할 수 있는 일이 없다고 말하는 것이었다. 이제 두번째로 싫어하는 것이 생겼는데, 속임에 넘어가고, 교묘하게 조종당하는 일이다. 이 모든 것은 결혼하고 몇 달도 안 되는 동안 찰스가 내게 했던 일들이다.

그 일이 있은 후 얼마 지나지 않아 우리는 내가 여행 경비로 남겨둔 돈을 병원비로 써야 하는 것 때문에 싸웠다. 밤이면 찰스가 성서를 읽는 동안, 나는 자는 체했다. 그에게 잘 자라는 인사도 하고 싶지 않았기 때문이다. 화로 가득 찬 내 속엔 그를 받아들일 조그만 자리도 없었다. 내 마음은 완전히 닫혀버린 것 같았다.

그 일이 있고 한 주쯤 지난 어느 밤에 나는 머리끝까지 이불을 당겨 쓰고는 찰스에게 도대체 언제쯤 불을 끌 거냐고 거칠게 물었다. 그가 한숨을 쉬었다. 그건 훨씬 더 나를 짜증나게 했다. 결국 그가 침대 옆 테이블, 언제나 성서를 놓아두는 곳에 책을 놓는 소리가 들렸다. 방은 적막했다. 우리는 아무 말도 하지 않고 누워 있었다. 창밖에서 매미 울음소리만 커져갔다. 우리가 일 년 안에 헤어질 거라던 삼촌의 말이 생각났다. 슬픔이 온몸을 감싸자 화가 누그러졌다. 이것을 어떻게 풀어야 할지 알 수가 없었다. 화를 내며 지내는 것도 지겨웠다.

찰스가 이불을 내리고 내 얼굴을 보았다. 몸을 내 쪽으로 기울였고 나는 그를 밀어내지 않았다. 우리는 어둠 속에서 다시 서로를 만났다.

"네가 더이상 화를 내지 않으면 좋겠어. 내 가장 좋은 친구를 잃고 싶지 않아."

잠시 후 그가 속삭였다.

우리는 잠들기 전에, 앞으로 서로 의견이 다를 때에는 그 문제에 대해 끝까지 이야기 나누기로 약속했다. 결혼 생활을 하면서 이 약속은 우리에게 정말 도움이 됐다. 그날 밤 이후 우리는 서로에게 아무리 화가 났을 때에도, 우리 중 누가 한 발 물러나 우리가 가장 좋은 친구라는 사실을 상기시키면 싸움을 진정시킬 수 있었다.

어떤 결혼 생활도 완벽할 수 없음을 깨달았다. 물론 누군가는, 당신은 성공할지도 모르겠지만. 내 졸업여행 전에도 후에도 찰스는 억지를 부릴 때가 많았다. 그의 종교를 근거로 그는 자신을 신이자 주인처럼 생각했고, 내가 한 사람의 독립적인 인간임을 잊었다. 하지만 나는 찰스가 정말로 나를 사랑한다는 것도 알았다.

◉

졸업을 얼마 앞두고 나는 찰스가 일하는 GE에 면접을 봤다.

졸업 후 맞은 첫 월요일에 찰스와 나는 차를 몰고 그의 친구 집으로 갔고, 옥스퍼드의 작은 마을까지 16마일을 찰스의 친구나 다른 이들과 카풀을 했다. 나는 내가 일을 빨리 더 시작했다면 그렇게 내가 벗어나려 했던 그 삶에서 조금 더 빨리 떠날 수 있었을 거라고 생각하며 GE를 다녔다. 나는 로비 숙모처럼 되고 싶었다. 제2차 세계대전 당시 많은 여성처럼 그녀도 남자들이 전장에 나가 있던 동안 굿이어에서 일했다.

GE에서 일하는 젊은 여성 가운데 한 사람으로서, 나는 주눅 들지 않으려고 애썼다. 나이가 어느 정도 있고 경험이 많은 여성들은 컨베이어 벨트 위쪽에서 일했다. 내가 있던 아래쪽 자리에서는 텔레비전과 라디오에 사용될 관들의 마무리 손질을 했다. 여성들은 모두 하얀색 유니폼을 입었고, 따라서 관들을 손상시킬 수 있는 모든 파편을 찾아낼 수 있었다.

페달을 밟으면서 나는 실처럼 생긴 필라멘트들을 용접으로 이었다. 수백 개의 관이 벨트를 따라 내려올 때면 이야기할 새도 없었다. 휴식 시간이 되어야 화장실에 갈 수 있었다. 처음에는 내가 「왈가닥 루시I love Lucy」• 이야기 속에 들어가 있는 것처럼 느껴졌다. 그녀는 초콜릿 공장에서 일했는데 벨트가 점점 더 빨라지면, 그녀는 속도를 따라잡지 못해 쌓인 초콜릿을 입과 모자와 브래지어에 쑤셔 넣는다. 하지만 금속 파편을 브라에 넣을 순 없다. 게다

• 　1950년대 미국의 인기 TV 시트콤.

가 우리가 공장을 나서기 전에, 관리직 직원들이 우리 지갑 속 아스피린부터 립스틱까지 샅샅이 뒤져서 조그마한 파편 조각 하나까지 찾아내고 말았을 것이다.

처음에는 내가 발판을 너무 세게 밟는 바람에 매우 많은 파편이 생겼다. 기계를 다룰 수 있게 된 후에도 나는 기계가 너무 뜨거워 필라멘트를 태우기도 했다. 하지만 나는 다른 생각들을 멈추고 발판을 가볍게 밟는 일에 정신을 집중하는 법을 배웠다. 기계의 온도는 어찌할 수 없었지만 말이다.

우리는 일한 분량에 따라 수당을 받았고, 일정 숫자 이상 관을 만들고 나면 상여금이 나왔다. 제품 수를 초과하면 우리는 재빨리 일을 끝마쳤다. 일이 하나라도 틀어지면, 우리는 추가 수당을 받지 못할 것이다. 하지만 이 작업장에 남자들이 올 때면, 종종 여자들은 자신들에게 불리한 일들을 하곤 했다. 마치 어린 여학생들이 하듯 터무니없는 일들을. 내가 결혼을 해서 그런 말도 안 되는 일에 휘말리지 않아도 되는 것을 다행이라 생각했다.

한 관리자는 한 사람을 콕 집어 괴롭히는 나쁜 버릇이 있었다. 그가 마침내 나를 찍었을 때 나는 좌절해서 실제로 다른 직업을 알아보기 시작했다. 시어스Sears 백화점과 근처의 병원에도 면접을 봤다. 하지만 다른 곳에서는 한 주에 40달러를 버는데 이곳에서는 꿋꿋이 견디기만 하면 150달러를 벌 수 있다는 것을 알게 되었고, 나는 도망가지 않기로 결심했다. 나는 계속 돈을 벌었고 할부로 산 식당용 탁자와 의자 비용을 지불할 수 있었다.

일한 지 일 년쯤 되었을 때, 찰스는 주 방위군이 되어 워싱턴 바로 바깥에 있는 벨부아Belvoir 주둔지에서 6개월 동안 근무해야 했다. 나는 일주일 정도 그를 만나러 가고 싶었다. 사실 지금이라면 6개월은 그렇게 긴 시간도 아니지만, 그때는 달랐다. 나는 찰스가 너무 그리웠고 마치 내 몸의 일부가 잘려나간 것같이 느꼈다. 내가 휴가를 달라고 말했을 때, 주임은 안 된다고 말했다. 우리는 보통 공장이 문을 닫는 7월, 또는 생산이 지연되는 크리스마스 무렵에 휴가를 냈다. 그러니 노조 위원장은 내게 별수 없다고 말했다.

나는 어쨌든 다음 주에 그를 만나러 갈 거라고 주임에게 말했다. 해고를 각오했다. 나는 다른 곳에서 직업을 구할 수 있을 것이다. 더 책임감을 가질 수 있고 더 좋은 대우를 받는 곳. 급료만 좀 적게 받으면 되는 일이다. 나는 기꺼이 위험을 감수했다.

아빠가 샌드라와 나를 애틀랜타 공항으로 데려다준 날 밤, 나는 거의 비행기를 놓칠 뻔했다. 샌드라의 남편도 그곳에서 근무하고 있기 때문에 그녀에게 나와 함께 가자고 설득했다. 우리는 돈을 아끼고 아껴 가장 싼 야간 비행기 티켓을 구했다. 샌드라는 비행기 창가 쪽을 꺼려했다. 그녀와 마찬가지로 나 역시 비행기의 작은 문으로 들어가고 싶지 않았다. 샌드라는 그냥 집에 있겠다고 말했다. "오, 안 돼. 넌 나와 함께 가는 거야." 그렇게 그녀를 끌고 겨우 비행기에 올랐다.

우리가 도착했을 때 뭔가 일이 꼬여버렸다. 그레이하운드 버스가 벨부아 주둔지를 지나쳐갔을 때 뭔가 잘못되었다는 생각이 들었다. 찰스는 내게 부대로 가는 버스를 타라고 했지만 나는 시내버스를 한 번도 본 적이 없었다. 내게 버스란 언제나 트레일웨이즈

나 그레이하운드 버스*를 의미했다. 자리에서 벌떡 일어나 버스 기사에게 우리는 되돌아가야 한다고 말했다. 그가 말했다.

"아가씨, 버스를 잘못 탔나본데, 여기서 세울 수는 없어요. 그러니 자리에 가서 앉아요."

나는 그에게 더 가까이 다가가 최대한 엄마를 흉내 내며 말하려 했다.

"이봐요. 당신 지금 당장 버스를 세우는 게 좋을 거예요."

아직 부대에서 그리 멀어지지 않았다. 손님들은 입을 다물고 머리받침대 사이로 우리를 주시하고 있었다. 그는 버스를 세웠다.

스커트에 힐을 신은 샌드라와 나는 여행 가방을 끌고 6차선 도로를 걸었다. 차와 트럭들이 우리 곁을 빠르게 지나다녔다. 나는 주유소에 있는 공중전화로 택시를 불렀다. 살면서 찰스가 그렇게 반가운 적이 없었다. 어쨌든 우리는 부대 밖으로 나갈 수 없었다. 관광하려고 가져온 돈을 택시비로 다 써버렸기 때문이다. 택시비가 비행기값보다 더 비쌌다는 사실을 믿을 수 있는가?

다음 월요일에 내가 작업장에 나타났을 때, 상사는 아무 말도 하지 않았다. 자리로 돌아가서 나는 살짝 페달을 밟아 두 개의 작은 필라멘트를 이으면서, 그에게 했던 말들을 떠올려보았다. 나는 그에게 일주일 안에 돌아오겠다고 말했다. 내 주장을 굽히지 않은 것과 내가 선택권을 가지고 있다는 사실에 만족감을 느꼈다.

---

* 둘 다 미국의 장거리 시외버스.

그 이후로 그는 다시는 나를 괴롭히지 않았다.

2년이 흘렀다. 나는 GE에 고용된 마지막 사람이자, GE가 정리해고에 들어가면서 잘린 최초의 사람이 되었다. 바로 그 직후에 나는 임신 사실을 알았다. 새로운 직장을 찾고 싶었지만, 찰스와 나는 아이를 두 명 낳기로 했기 때문에 그 일을 계기로 자연스럽게 가족계획에 초점이 맞춰졌다. 나는 집에 머물면서 요리하고, 정원을 가꾸고, 태어난 내 딸 비키를 돌보며 지냈다. 엄마가 옳았다. 가정이 결국엔 내 곁에 놓인 마지막 결론이었던 것이다.

결혼식에 오지 않았던 엄마는 이제 매일같이 작업복을 입고 우리집 현관에 나타났다. 찰스는 내게 제발 일주일에 두세 번은 집에서 쉬시도록 하면 안 되느냐고 사정했다. 그래야 우리만의 공간이라는 것이 의미 있는 게 아니겠느냐고 했다. 나는 엄마가 다 쓴 천 기저귀 더미를 매일 현관에 있는 세탁기에 던져 넣어준다는 사실에 고마워했다. 비키를 돌보면서, 나는 창밖으로 엄마를 보고 있었다. 빨랫줄에 걸린 얼어버린 기저귀를 걷는 엄마의 손은 추위에 빨갛게 얼어 있었다.

엄마는 비키를 정말로 아껴주었고 나는 그 사실 또한 고마웠다. 예전에 엄마는 하워드 삼촌의 두 아들, 빌리와 버디를 돌본 적이 있다. 우리와 함께 몇 개월 사는 동안 그 아이들은 걸음마를 배우고 있었다. 엄마는 그 아이들을 정말 사랑했다. 내게는 한 번도 보여준 적 없는 모습이었다. 아이들 엄마가 그들을 데려간 후, 엄마는 힘겨울 만큼 슬퍼했다. 그녀가 비키를 돌보는 것을 지켜보면서 엄마와 비키 사이는 그녀와 내가 결코 도달할 수 없었던 친

기나긴 승리

밀한 관계라는 것을 알았다.

비키가 태어난 지 3년이 되었을 무렵, 필립이 태어났다. 그의 탄생은 어쩌다보니 신문에 보도까지 되었다. 『애니스턴 스타An-niston Star』지에 잭슨빌 여인 아기를 낳다라는 제목으로 실렸고, 그것이 내가 실린 첫번째 기사였다. 한밤중에 우리는 병원으로 급히 가야 했다. 우리를 과속으로 잡은 경찰관의 호위를 받으며 병원에 갔다. 출발할 때 들은 퍽 하는 이상한 소리가 비키의 고양이일 거라고는 생각도 못했다. 고양이는 차 아래 엔진 위에서 자고 있었던 것이다. 고양이는 죽었다. 찰스는 주차도 못한 채 나를 응급실에 데려다주었고, 일 분도 안 되어서 나는 필립을 낳았다.

나는 사실 엄마가 될 준비가 되어 있지 않았다. 비키와 필립이 자랄수록, 병의 조짐이 아주 조금이라도 보이면 나는 의사를 만나지 않고는 걱정되어 견딜 수가 없었다. 하워드 삼촌은 할머니가 암에 걸렸을 때 할아버지가 할머니를 죽인 거라고 말하곤 했다. 술 마시는 데 돈을 다 써버린 할아버지는 할머니를 병원에 데려가지 않고 방치했다. 또한 자신의 아들 레너드의 다리가 부러졌을 때, 할아버지가 깁스 치료를 거부하는 바람에 그는 절름발이가 되었다. 따뜻한 자동차 엔진 위에서 잠자던 그 고양이처럼 어느 날 레너드는 갑자기 사라져버렸다. 그 이야기는 내게 악몽처럼 쉽게 지워지지 않았다. 낮이고 밤이고 아이들이 열이 있거나 귓병의 징후가 보이면, 나는 아이들을 끌고 병원에 갔다. 그때마다 엄마는 차 뒷좌석에 앉아서 아픈 아이를 무릎 위에 눕히고 달래고 있었다.

젊은 엄마로서 스포크 박사*의 책을 열심히 읽긴 했지만, 나는 미숙했고 피로와 감정을 어떻게 처리해야 할지 몰랐다. 아이의 우는 소리에 짜증이 폭발할 것 같았다. 게다가 필립은 먹는 것마다 알레르기 반응을 보였고 심지어 아기 담요와 천에도 알레르기가 있었다. 태어나고 2년간 매일 밤을 밤새도록 울어댔다. 필립은 잠들지 못했다. 트레일웨이즈 버스 편으로 매주 배달받아 만든 콩 이유식을 먹여도 별 소용이 없었다.

밤새도록, 나는 필립을 팔에 안은 채로 흔들리는 나무 의자에 앉아 있었다. 그렇지 않으면 아이는 비명을 질러댔다. 너무 지쳐 말도 나오지 않았다. 나는 갓난아기 정수리처럼 극도로 약해져 있었다. 찰스는 아침에 일하러 나간다. 그의 차에 시동 거는 소리가 들리고, 나의 상상이 시작된다. 출근하는 도중 대형 트럭이 그를 칠지도 모른다. 그렇게 상상 속 비극 시나리오를 따라 내 삶이 그려진다. 홀로 남아, 나는 비키와 필립을 키우려고 애를 쓴다.

아침이면 침실 창문 밖으로 보이는 아름다운 밀짚꽃과 백일홍에 감탄하며 활력을 되찾았다. 학교를 졸업한 그 봄날 새로운 집에 적응해가면서 내가 가장 먼저 한 일 가운데 하나가 정원에 꽃을 심는 일이었다. 엄마는 따서 먹을 수 있는 게 아니라면 어떤 것도 기르지 않았다. 해마다 씨앗을 뿌리면서 나는 엄마와 다른 길을 선택했다는 안도감을 느꼈었다. 밤새도록 필립을 달랬던 어느

---

* 1903~1998, 육아법으로 유명한 미국의 소아과 의사이자 교육자.

날 아침에 꽃들이 만발한 풍경을 무심히 바라보다가, 나는 어릴 적 알고 있던 익숙한 들판 풍경에 새삼 사로잡혔다. 눈을 감은 채 필립을 계속 어르며 진실을 인정했다. 나는 그저 엄마와 똑같은 삶을 살고 있었다.

일을 시작하다

강한 여자란 다른 사람들이 끝내려 하지 않는
어떤 것을 끝내기로 결정한 여자다.
_마지 피어시Marge Piercy

내가 비키와 필립을 의사에게 데려가
거나 내 주치의 스타우트를 만나러 갈 때면 찰스가 말했다. "넌 단
지 갈 곳이 필요한 사람 같아." 나는 의사를 보러 가는 것이 아니
었다. 그저 집 밖으로 나갈 수 있다는 것이 기뻤다. 스타우트 선생
의 진료실을 마지막으로 찾아갔을 때, 그는 내가 다친 것 같다고
생각했던 어깨와 무릎, 어느 곳에서도 증상을 발견할 수 없자 내
게 말했다.

"아무 이상이 없네요, 완벽하게 건강합니다. 단지 약간 지쳐 보
이는 것만 빼면 말이지요."

나는 어깨를 으쓱했다. 그는 집에 별일은 없는지 반복해서 물
었다. 나는 미소를 지었다. 물론이지요, 아무 일도 없어요.

기나긴 승리

스타우트 선생이 내 손을 토닥이며 걱정했다.

"글쎄요, 아이들 문제가 아니란 거 알아요. 아이들은 좋아 보여요."

내 손을 잡으며 그는 덧붙였다.

"찰스는 어때요? 일은 잘 되나요?"

나는 찰스가 주 면허감독관으로 일하고 있다고 말했다. 그에게서 손을 빼내 필립을 붙잡았다. 이제 필립은 학교에 들어가야 하고 회전의자에 앉아 빙빙 도는 습관을 버려야 한다. 스타우트 선생이 흰 종이에 뭔가를 쓰기 시작하더니 이내 멈추고 동그란 안경을 벗었다. 안경 자국이 그의 얼굴 양옆에 깊게 패어 있었다. 그는 주머니에서 하얀 손수건을 꺼내 안경알을 닦았다. 자국의 모양대로 안경을 다시 쓰고 종이에 쓰는 걸 마치면서 내게 말했다.

"제 경험상으로 일에 관련한 문제도 아니라면, 남은 건 두 가지 가운데 하나지요."

마침내, 나는 대답을 들을 수 있었다.

"술 문제 아니면 종교에 빠진 것이겠지요."

나는 고개를 가로저었다. 찰스는 어떤 것에 광적으로 빠져든 적이 없었다. 아마도 동전 수집 정도를 빼면 말이다.

"아니에요, 찰스는 술을 마시지 않아요. 그는 우리 교회 집사고요."

나는 어떤 말도 덧붙이지 않았다. 스타우트 선생 또한 마찬가지였다. 그는 단지 내게 종이 한 장을 건넸을 뿐이다. 그의 글씨는 알아볼 수 없게 휘갈겨 있었다. 우울증 치료를 위한 처방전이었다.

스타우트 선생을 뒤로하고 문을 닫았다. 나는 종이를 구겨 쓰레기통에 던져버렸다. 처방전 따위를 받을 여유가 없었다. 찰스는 내가 처방전을 받았다는 것조차 알 수 없을 것이다.

◉

그 의사가 옳았다. 모든 게 좋지만은 않았다. 집으로 돌아오는 내내 그의 질문을 곱씹으며 답해보려 했다. 식료품점을 제외하고 내가 가는 곳은 교회가 전부였다. 찰스의 뜻에 따랐다면, 아마도 우리는 매일 교회에 가야 했을 것이다. 사실 거의 그랬다. 우리는 일주일에 최소한 네 번은 교회에 갔으니까. 알 수 없는 일이었다. 내 세계는 어느 순간 너무나도 작아져버렸다. 물론 나는 여전히 샌드라와 몇 차례씩 전화로 이야기를 나누었고 또 매주 일요일마다 찰스의 가족이나 나의 가족과 식사를 했지만, 그때마다 나는 기계처럼 똑같은 이야기만 반복하고 있는 것 같았다. 사람들이 새로운 친구를 만날 때나 새로운 곳으로 여행갈 때 느끼는 설렘을 내가 더이상 느낄 수 없는 게 아닌지 때때로 걱정스러웠다. 결혼도 했고 아이도 낳았고, 내 인생에서 가장 중요한 시간들이 이미 지나가버린 게 아닐까 두려웠다. 내 앞에 아직도 흥미진진한 일이, 훨씬 중요한 것이 남아 있기를, 그래서 내 자신의 삶을 살수 있기를 바라는 것은 어리석은 일인 걸까?

나는 스타우트 선생에게 찰스가 면허감독관이라고 했지만, 실은 찰스와 내가 하루하루 먹고살기 위해서 얼마나 근근이 살아왔는지는 말하지 않았다. GE 공장이 문을 닫은 뒤, 찰스는 레일웨이 익스프레스 에이전시Railway Express Agency라는 철도회사에서 비정규직으로 일했다. 그는 상사가 그를 신뢰하여 정규직으로 전환해줄 때까지 누구도 원치 않는 주말 근무까지 도맡아 했다. 십년 후 회사가 그레이하운드에 매각되었을 때, 그는 면허감독관이 되었다. 그는 소유주들이 연간 수수료를 제대로 처리했는지 확인하기 위해 칼훈 카운티 전역으로 출장을 다녔다. 또 그는 트레일러의 집들을 방문해 허가증을 조사하는 일도 했다. 그의 자동차 앞 유리가 총탄에 박살나는 일이 있은 후로 나는 특히나 더 그의 안전을 염려할 수밖에 없었다. 그래도 그 뒤로는 소환장을 발부할 때마다 보안관이 찰스와 동행했다.

스타우트 선생에게 말하지 않은 것이 또 있었다. 찰스는 늘 비정규직으로만 일했다. 그가 주 방위군에서 일하는 한편으로는 백과사전을 팔면서 생활비를 보탰음에도, 수입은 언제나 충분치 않았다. 그러니 우리는 주변의 모든 것을 다 활용하려 애썼다. 가구를 사려고 돈을 모을 때면 우리는 강낭콩을 먹고, 내다 팔기 위해 숲속에서 베리를 땄다. 나는 아이들 옷을 직접 만드는 법을 배웠다. 어머니가 그랬듯이, 나 또한 시내로 나가 선반에 걸려 있는 옷의 무늬를 따라하려고 가게들을 둘러보곤 했다. 찰스가 신용거래를 믿지 않았기 때문에, 우리는 모든 걸 현금으로 지불했다. 내가 파이를 구워 이웃들에게 팔고 찰스가 땅콩과 고구마 재배 사업을 하기도 했지만 그다지 성공적이지 못했고 돈 역시 충분한 적이 없었다. 특히나 찰스가 일했던 곳들이 문을 닫을 때는 사정이 더 좋지 않았다.

스타우트 선생과의 대화 이후 오래지 않아, 나는 필립을 소아과 의사인 루서 선생에게 데려갔다. 그녀는 키가 크고 자신의 비행기를 직접 조종해서 타고 다니며, 넘치는 에너지를 주체할 수 없는 여성이었다. 진료실은 남아프리카공화국에서 사파리 여행을 하며 찍은 사진들로 장식되어 있었다. 그곳을 방문할 때면 무슨 일이 일어날지 종잡을 수 없었다. 그해 여름에 비키는 홍역을 앓았는데, 그 말을 듣자 그녀는 고함치듯 말했다. "도대체 어떤 정신 나간 사람이 다섯 살짜리 아이를 여름성경학교에 보낸답니까?" 그녀는 내게 한 번도 아이들 약값을 지불하게 하지 않았다. 약이 필요할 때면 언제나 그녀가 샘플을 몇 박스씩 집으로 보내주었다.

그날 루서 선생이 필립에게 크리스마스에 어떤 선물을 받았는지 물었고 필립은 간신히 답을 했다. 그녀는 나를 쏘아보며 경악했다. "이게 정말 이 아이가 말할 수 있는 최선인가요?" 그녀는 당장 필립을 버밍햄에 있는 재활원에 등록시켜서 테스트를 받을 수 있도록 했다. 진료에 들어가는 몇 주 동안, 나는 내가 밤마다 부엌 조리대에 서서 엄마가 우리를 위해 매주 구워주는 케이크를 먹어대고 있다는 것을 깨닫고 흠칫하곤 했다. 그 무렵 내 몸무게는 10kg 정도 늘어났다.

필립이 테스트를 받던 날 의사들은 그가 설소대 단축증tongue-tied●은 아닌지 알아보는 검사도 했다. "어딘가에 묶여 있는 혀"라

● 혀가 짧아 혀의 운동이 제한되는 증상

니, 그런 건 단지 표현에 불과하다고 생각했었다. 실제로 일어난 다고 상상하는 건 어쩐지 섬뜩했으니까. 어쨌든 의사들은 내 불쌍한 아이에게 할 수 있는 모든 테스트를 했다. 그들에게 우리는 「비벌리 힐빌리즈The Beverly Hillbillies」●에서 곧장 튀어나온 사람들로 보였을 것이다. 필립이 금고 그림을 보고 아이스박스라고 말했을 때는 냉장고조차 없는 사람들이라고 생각했을 것이 틀림없다. 하지만 필립 말이 맞았다. 사실 그 그림은 엄마 집 부엌에 있는, 그녀가 재봉 재료를 보관해두었던 낡고 녹슨 아이스박스와 꼭 닮았다.

사실 나는 필립의 만성적인 알레르기와 천식을 돌보느라 너무 지쳐 있었기 때문에 비키에게 했던 것처럼 필립에게 이야기를 들려주거나 노래를 불러주지 못했다. 게다가 나는 필립이 말하는 것을 비키가 작은 어미 닭처럼 들어주는 걸 당연하게 여겼다. 의사들은 필립이 받은 테스트 결과와 나의 이런 인터뷰를 바탕으로 결론을 내렸다. 필립은 다른 또래 아이들과 비슷한 수준이 되기 위해서는 일주일에 두 번씩 언어치료를 받아야 했다.

내가 가진 모든 걸 필립에게 준다 해도 결코 충분할 수 없다는 사실에 심장이 찢어지듯 아팠다. 의사들에게 원인을 밝혀낼 방법이 없다는 걸 알고 있었다. 날마다 집에서 나는 나 자신도 이해할 수 없는 불만에 휩싸여 괴로워했고, 한순간도 견딜 수 없어서 쓸

●　　1960년대 미국 시트콤. 촌놈들Hillbillies이 목장에서 우연히 석유를 발견한 후 벼락부자가 되어 부자 동네Beverly Hills에 살게 되는 내용.

데없이 움직여댔다. 알 수 없는 곳으로 떠나가는 화물차 소리가
저 멀리 작아진다. 그러자 외로움에 온몸이 아려온다. 나는 우두
커니 남겨졌다.

필립이 진단을 받고 얼마 지나지 않아서 찰스와 나는 다투기
시작했다. 필립은 첫번째 치료 과정을 밟고 있었다. 이례적인 지독
한 한파가 들이닥친 어느 날, 시내에서 집으로 돌아오는 길에 차
가 고장 나서 멈췄다. 차도, 사람도 없는 텅 빈 거리에서, 나는 돈
한 푼 없이 도움을 구할 방법도 없이 그렇게 그곳에 있었다. 그 찌
그러진 녹색 플리머스(미국 차 이름)를 사기 위해 우리는 모든 돈
을 쏟아부었다. 바람 빠진 타이어를 뚫어지게 노려보았다. 칠흑
같은 어둠 속에서 별들을 올려다보며 말했다. 더이상은 못해.

뒷자리에서 비키가 지쳐 울고 있는 필립을 달래는 사이에 어찌
됐든 나는 혼자 타이어를 갈아 끼웠다. 스패너를 비틀어 돌리면
서 나는 미쳐버릴 것만 같았다. 어떤 일들은 결국 우리를 주저앉
히고야 만다. 우리가 아무리 발버둥 치며 노력한다 해도.

마지막 볼트를 조이다가, 쑤셔오는 팔꿈치와 팔을 붙들고 그대
로 가만히 앉았다. 더이상 이렇게는 살 수 없지 않을까. 우리는 돈
이 없다. 하루하루를 허덕이며 나아질 기약도 없는 상황 속에서
비키와 필립을 키울 수는 없다.

집으로 돌아가는 길에 헤드라이트가 시골길을 따라 끝도 없
이 이어진 크고 튼튼한 삼나무를 비추었고, 나는 외우고 있던 시
편 23장을 조용히 읊조렸다. 백미러로 필립이 비키의 무릎을 베
고 자는 것이 보였다. 비키의 머리는 매우 불편하게 꺾여 있었다.

필립을 병원에서 집으로 데려오던 그날부터 비키는 내 곁에서 나를 도와 엄마 역할을 해왔다. 때때로 딸은 나보다 훨씬 더 인내심이 강한 것 같았다. 나는 비키의 머리를 받쳐주기 위해 온 힘을 다해 오른팔을 뒤로 젖혔다. 나는 아이들을 안아 올려서 할 수 있는 한 그들을 꽉 붙잡고 싶었다. 그렇게 하면 아이들이 다시는 고통이나 좌절을 겪지 않을 것만 같았다. 진입로에 들어서 불안정하게 끼운 차바퀴 아래 우둘투둘한 자갈들이 밟혀 뒹구는 소리를 들으며 결심했다. 나는 다시 일을 해야 한다.

◉

이 일로 찰스와 나는 자정이 훨씬 넘도록 싸웠다. 그는 내가 왜 다시 일을 해야 하는지 그러니까 왜 그가 집안의 유일한 부양자이면 안 되는지 이해하지 못했다. 그는 말했다. 그게 당연한 것이라고. 그러니까 부부의 역할 분담은 성경이 쓰인 시대부터 쭉 그래왔다는 것이었다. 찰스가 믿고 있던 방식으로는 내 입장을 정당화할 수 없었다. 우리는 그 후 몇 달 동안 똑같은 싸움을 셀 수 없이 계속했다. 그러나 일에 대한 욕망은 내 안에서 수그러들기는커녕 강렬해졌고 우리를 둘러싼 긴장은 커져만 갔다.

찰스가 초등학생이 된 비키에게 테네시 주 채터누가Chattanooga에 있는 록시티Rock City로 성경학교 갈 때 쓰라며 단돈 1달러를 주었을 때 나는 완전히 이성을 잃었다. 나는 그때 부엌에 서서 저녁으로 그린빈 캐서롤을 만들려고 캠벨수프 캔에 적힌 요리법을 따라 해보고 있었다. 다른 아이들이 기념품 가게에서 뭔가 사는 걸 보면서 자기는 아무것도 살 수 없었을 때 비키가 느꼈을 난처함이 자꾸 떠올라 머리를 흔들었다. 이 일에 관해 찰스와 이야기하지 못했기 때문에 그날 온종일 나는 바느질도 청소도 어떤 것도 제대로 할 수가 없었다. 오직 그와 이야기를 해야 한다는 생각뿐이었다.

찰스가 현관으로 들어오는 소리를 듣자마자, 몸이 떨려오기 시작했다. 그는 손을 씻기 전에 파란 바람막이 점퍼를 벗어 현관 복도에 있는 옷걸이에 걸고 있었다. 나는 저녁상 준비를 마무리하면서 그가 부엌으로 들어와 테이블에 앉기만을 기다렸다. 마침내 찰스는 부엌에 들어와 커피포트에 물을 끓이기 시작했다. 평소라면 내게 편안함을 주었을 그 몸짓이 나를 짜증나게 했다. 나는 늘 하던 대로 하루를 어떻게 보냈는지 따위를 그에게 묻지 않았다. 그가 자리에 앉자마자 내가 말했다.

"다음번에 비키가 성경학교에서 여행 가면 1달러보다는 더 많이 줘."

그는 대답하기 전에 빈 잔에 설탕 한 숟가락을 떠 넣었다.

"난 왜 그래야 하는지 모르겠는데. 그거면 점심 사 먹기에 충분해."

"겨우 핫도그 하나랑 콜라 한 잔 사 먹을 수 있을 뿐이야. 기념품 가게에 가도 아무것도 살 수 없다고."

"걔가 기념품 가게에서 대체 뭘 살게 있다는 거야?"

"비키는 그냥 작은 기념품 하나 정도 집에 가져오고 싶었을 뿐이야. 그게 다였어."

기나긴 승리

커피포트가 시끄럽게 끓어올랐다. 짙은 갈색의 액체가 주전자 뚜껑에 달린 작은 유리 손잡이를 뚫고나와 사방으로 튀고 있었다.

찰스가 커피포트를 쳐다보았다.

"다른 사람들이 하는 걸 모두 다 할 수는 없어. 비키는 그걸 배워야 할 거야."

아무리 생각해도 나는 어떻게 찰스가 우리 아이들이 다른 아이들과 같은 기회를 갖지 못하는 걸 아무렇지 않게 여길 수 있는지 이해할 수 없었다. 다른 사람들이 누리는 기회를 갖지 못한다는 게 어떤 건지, 어떤 기분인지 찰스야말로 가장 잘 알고 있는데 말이다. 그는 점심을 먹기 위해 학교에서 달걀과 버터 나르는 일을 해야만 했고 일주일에 똑같은 옷 세 벌을 돌려 입으며 생활했다. 그의 집과 비교하면 우리집은 완전히 부자라고 말할 수 있을 정도였다.

"하지만, 찰스, 그 아이는 다른 사람들과 같은 걸 가질 수 있어야만 해. 그렇지 않으면 비키는 소외됐다고 느낄 거야. 당신도 그걸 원하는 건 아니잖아."

그는 일어서서 끓어오른 물이 잦아들기를 기다리면서 커피포트 곁에 서 있었다. 그리고 말했다.

"나도 없이 지냈어. 걔도 그럴 수 있을 거야."

내 예상이 맞았다. 찰스는 자신이 다른 아이들보다 더 적게 가지고도 살아남았으며 비키와 필립 역시 그럴 수 있을 것이라고 수없이 말했다.

"당신도 알잖아. 그렇다고 내가 버스 정류장까지 4km를 걸어

다녔으니까 아이들도 그렇게 살아야 한다고 말하는 건 아니야."

나는 양푼에 담으려고 깍지를 벗기고 한 번 더 씻어놓은 콩을 가져왔다.

"당신 어머니가 토요일에 케이크를 구워놓고 일요일까지 봉해두던 것만큼이나 일리 있는 말이네."

나는 여전히 불신에 가득 차 있었다. 어릴 때 찰스의 집에서는 오직 일요일에만 사탕과 프라이드치킨을 먹도록 허락해주었다. 나는 왜 그래야만 하는지 결코 이해할 수 없었다. 찰스는 아무런 대답도 하지 않았다. 그는 커피를 따르더니 잔을 들고 거실로 나가버렸다. 가다 멈춰선 찰스가 소리쳤다.

"도대체 집이 무슨 소굴도 아니고, 이 잡지 더미들이나 좀 어떻게 해. 지긋지긋하다 정말."

나는 믹싱 스푼을 꺼내려고 서랍을 열었다가 다시 세게 닫아버렸다.

서로에 대한 불만이 극도로 치솟고 그렇게 싸울 때마다, 우리 사이에 보이지 않는 두꺼운 벽이 세워졌다. 애를 쓸수록 우리가 서로 맞지 않는다는 걸 알게 될 뿐이었다. 찰스는 가끔 너무도 완고했고 말이 통하지 않았다. 나는 이해할 수 없었다. 우리는 때때로 너무 달랐다. 그는 골목과 길 구석구석을 돌아다니며 다른 사람들이 버린, 하지만 그가 보기에 멀쩡한 좋은 물건들을 찾아내면서 만족감을 얻었다. 그는 나갔다가 한 짐씩 이고 지고 집에 들어오곤 했다. 그즈음 그가 건져왔던 보물은 부서진 유리 장식장 아니면 한쪽이 기울어진 책꽂이였고 어쨌든 그는 실제로 그것들

기나긴 승리

을 가구로 사용할 생각이었다. 어느 날은 갖가지 색깔의 끈이 담긴 커다란 통 하나를 주워왔다. 몇 년 동안 이웃집 여자들은 우리 집에 와서, 그들이 필요한 만큼의 끈을 다 감을 때까지 끝도 없이 머물렀다 가곤 했다.

나는 할인 매장에서 싸고 좋은 물건을 사는 걸 정말 좋아했다. 하지만 버려진 물건들로 내 집을 꾸미는 일에는 흥미가 없었다. 무엇보다도 나는 비키와 필립이 우리가 살아온 것과는 다른 유년 시절을 보내길 원했다. 그냥 살아가는 것 말고, 좀 더 다른 것들을 하며 다른 삶을 살길 바랐다. 찰스는 그가 원했던 모든 것을 가졌다. 부인과 가정. 그는 나로 완성되는 평범하고 틀에 박힌 일상을 좋아했다. 가령 차를 닦고, 잔디를 깎고, 케이크를 굽고, 그리고 또, 그래, 매주 문손잡이에 광을 내는 것과 같은 일들. 그러니까 내가 그에게 이의를 제기했을 때, 나는 그의 꿈을 엉망으로 만들었던 것이다. 찰스는 내가 자기를 패배자로 여긴다고 생각했다.

그러나 전혀 그렇지 않았다. 마음 속 깊이, 나는 그가 아니라 나 자신을 패배자로 느끼고 있었다.

○

차바퀴와 함께 나 자신도 터져버린 그날 밤 이후 나는 지독한 두통에 시달리기 시작했다. 가끔씩 머리가 너무 아프면 앞이 보이지 않았다. 나는 어릴 때에도 '구토성' 두통을 앓았다. 그때 엄마는 피드몬트Piedmont에 나를 데려갔다. 나무로 된 기다란 계단이 의사의 방까지 이어져 있었다. 그곳 의사는 언제나 며칠을 잔 것처럼 나를 푹 잠들게 해주던 작고 빨간 알약을 주었다. 이제, 나는 커튼을 치고 젖은 수건을 눈에 올려놓은 채 아이들의 소리를 듣기 위해 귀를 곤두세우고 어두운 침대 방에 누워 있다. 나는 어른이 되었다.

우리는 주마다 내야 하는 가스비와 언어치료비를 감당해야 했기 때문에, 어쩔 수 없이 찰스는 내가 아르바이트하는 것을 고려할 수밖에 없었다. 찰스는 자신의 일자리, 비정규 근무에 불만이 많았기 때문에 좀 더 나은 조건의 정규직이 될 기회를 찾는 중이었다. 어느 날 오후 그가 집에 오더니 애니스턴에 H&R 블록H&R Block(세금회계 전문 업체)이 개점한다고 말했다. 애니스턴이라면 우리집에서 차로 20분밖에 걸리지 않는 곳이었다. 시어스나 J. C. 페니(미국의 백화점)에서 뭔가를 사야 할 때면 언제나 애니스턴에 갔다. 그 직장은 찰스에게 꽤 가능성이 있어 보였다. 하지만 그가 거기서 구하는 사람은 납세 기간에 일할 임시 직원이며 수학시험을 통과해야 한다고 알려주었을 때, 내가 말했다.

"내가 한번 해볼게."

1968년 가을, 나는 H&R 블록 세금 대리 업무 과정에 등록했고, 한 달 후 시험에 통과했다. 다음 해 1월에 나를 고용한 매니저는 내가 점심을 건너뛰고 4시 반에 해리스 부인의 방과 후 교실에 비키와 필립을 데리러 가도록 해주었다.

나는 이내 그 일을 사랑하게 되었다. 더이상 홀로 물 위를 표류하고 있다고 느끼지 않았다. 그 대신, 나는 이루고 싶은 목표가 생겼다. 나는 최저임금인 시간당 2달러 90센트를 받았지만 내가 납세 신고서를 더 많이 작성할수록, 더 많은 돈을 벌었다. 우리는 신고서 한 장당 5달러를 받았고, 나는 곧 내 노력을 극대화할 방법을 고안했다.

매일 나는 고객들을 간절히 기다렸다. 분홍 원피스를 입고 감청색 양말에 하얀 구두를 신고 책상에 앉아 있었다. 구두 상자 크기의 전자계산기가 켜져 있었고 그 소리에 접수 담당자가 과일 맛 껌을 씹는 소리가 묻혔다. 얼마 후 사장 부인은 나를 따로 불러 다른 색깔로 옷을 맞춰 입으면 어떻겠냐고 말했다. 그 후로 나는 폴리에스테르 재질의 바지 정장만 입었다. 점심때 나는 내 작은 책상에 앉아서 수프용 고기 토막들을 녹이려고 뜨거운 물이 담긴 컵에 넣고 휘저었다. 주변에 깔려 있는 회색 카펫은 커피를 쏟아서 생긴 흔적들로 얼룩져 있었다. 나는 책상 맨 아래 서랍에 립턴에서 나온 인스턴트 치킨누들수프와 네슬레 핫초코 믹스를 몇 박스씩 채워두었다. 오후 내내 나는 핫초코를 홀짝였고 이에 낀 작고 질긴 마시멜로 조각들을 빼내느라 혀를 살살 움직였다.

하루하루 누가 저 사무실 문을 열고 들어올지 전혀 예상할 수 없었다. 어쩌면 레스토랑 주인일 수도 있다. 기름투성이에 마구 뒤섞인 몇 년간의 영수증들을 내게 들이밀지도 모른다. 문이 활짝 열리고 한 남자가 사무실로 들어왔다. 그는 여성용 겨울 코트를 보관할 때 사용하는 커다란 드라이클리닝 상자를 가지고 있었다. 다른 세무 대리인들이 눈을 피하며 바빠 보이려고 애썼다. 내가 그를 응대했다. 그가 앉자, 나는 고객들에게 주려고 책상 위에 언제나 꽉 채워놓은 종이성냥 여러 개를 그에게 건넸다. 그는 거의 자기 키와 비슷한 소포 상자에서 작은 거래내역 원장 하나를 빼냈다. 검은 가죽으로 된 원장에는 빽빽하고 깔끔한 글씨로 쓴 기록들이 완벽하게 정리되어 있었다. 나는 그의 특이한 기록 관리 방식에 대해 묻지 않았고, 그도 아무런 설명을 하지 않았다.

나는 오로지 경제적 압박 때문에 일을 시작하게 되었지만, 이내 내가 갖고 있는지도 몰랐던 기술들을 시도하고 단련하는 과정에 더 큰 보상이 있다는 걸 알게 되었다. 나는 대부분의 사람이 싫어하는 업무의 어떤 면들을 즐겼다. 감독관이 우리가 고칠 수 있는지 시험해보려고 일부러 해체해놓은 복사기를 다시 조립해야 했을 때, 그 상황을 실제로 즐겁게 여긴 사람은 사무실에서 나밖에 없었다. 서툴게 복사기 부품들을 만지작거리면서, 나는 아버지가 비용을 아끼기 위해 차고에서 당신의 차를 수리하면서 몇 시간씩 보내던 모습을 떠올렸다. 물론 그는 차를 고치지 못했지만, 그 시간을 즐겼다. 이제 나는 아버지가 왜 그랬는지 알 것 같다.

저녁 무렵 일을 마치면, 나는 비키와 필립을 데리러 가려고 길을 서둘렀다. 아이들을 재우고 나면, 찰스를 남겨두고 집을 나섰다. 그는 물론 내가 나간다는 것도 모른 채 「올인더패밀리All in the Family」(미국 드라마)를 보고 있었다. 나는 회사로 돌아가서 책상 위에 쌓인 문서들을 처리했다. 일을 시작하고 처음 맞은 납세 기간에, 나는 아무튼 오천 건의 납세신고서를 작성할 수 있었다.

찰스는 나의 장시간 노동에 분개했다. 장시간 노동은 사실 모든 사람에게 가혹한 일이다. 그는 즉각 내가 일하는 데 동의했던 것을 후회했다. 그의 눈에는 아마 내 일이 나를 우리 가족과 교회로부터 떨어뜨려놓는 악마처럼 보였을 것이다. 그는 나의 일과 관련된 모든 것에 불만을 드러냈는데, 특히 가끔 늦은 밤에 내가 관리자와 둘이 사무실에 남아 있다는 사실을 싫어했다.

다음 해 여름 나는 정규직 자리를 제안받았다. 나는 찰스와 상의조차 하지 않았다. 내가 일 년 내내 일하는 것에 관해 의견을 묻는다면 그는 분명 안 된다고 했을 것이다. 처음 내가 일하는 데 그가 동의했던 것도 우선 그 일이 납세 기간인 1월부터 4월까지 단기간만 하는 것이기 때문이었다. 나는 마침내 완전히 나 자신이 된 것처럼 느꼈다. 그러니까 그는 결코 내게서 이 모든 것을 앗아갈 수 없다.

나는 그 자리에서 그 제안을 받아들였다.

◉

찰스에게 내가 사무장으로서 정규직 자리를 얻었다고 말하자, 그는 마치 내가 바람이라도 핀 양, 배신당한 사람처럼 행동했다. 나는 내가 사는 방식에 대해 더이상 어떤 말도 듣지 않겠다는 걸 그에게 보여주기 위해, 사무장이 된 첫째 주에 급료를 손에 쥐고 애니스턴에 있는 퍼스트내셔널 은행으로 달려가 내 명의의 통장을 만들었다. 은행원은 내가 작성한 신청서를 도로 내밀었다. 무엇이 빠졌느냐고 그에게 물었다. 그는 내 손에 낀 반지를 보았다.

"결혼하셨나요?"

"네."

그 말이 무슨 의미인지 알려고 애쓰면서 나는 그의 손을 쳐다보았다.

"남편 이름 쓰는 걸 잊으셨네요."

그가 준 커피 잔에 넣은 사카린에서 쓴맛이 났다. 그에게 신청서를 다시 건넸다.

"전 별도로 계좌를 만들 건데요."

그는 한동안 잠자코 있다가 말했다.

"요즘엔 이런 일이 점점 잦아지고 있지요."

"저건 뭐죠?"

나는 그의 책상에 있던 『애니스턴 스타』지에 눈길을 던지며 물었다. 그가 1면 머리기사에 실린 베트남 전쟁 반대 시위에 관해 언급하리라고 생각했다. 애니스턴 군 보급창에서 일했던 내 아버지는 반反전쟁을 곧 반反국가로 생각했다. 물론 미국 주방위군 소속인 찰스 역시 시위들을 보며 분노했다. 나는 조용히 반전 시위대에 지지를 보냈다.

"곧 이혼하실 건가 봐요."

"아니요, 그렇지 않아요."

그는 고개를 끄덕였다. 나는 그가 다시 그 신청서를 내게 내밀지를 주시하고 있었다. 그는 문서를 샅샅이 훑고는 내 이름 밑에 사인을 했다. 서랍에서 계좌에 관련된 작은 책자를 하나 꺼냈다.

"뭔가 당신이 따로 계좌를 만들려는 이유가 있을 테지요."

나보다는 그 자신에게 하는 말 같았다. 그는 내 새 계좌번호와 예금 액수가 적힌 종이 맨 위쪽에 내 이름을 적어 넣었다. 나는 자세히 말하지 않았다. 내 명의의 계좌가 내게 어떤 의미인지 설명하지도 않았다. 나는 찰스에게 내 급료가 얼마나 달라지는지 보여줄 것이다. 이제 내가 나 자신이나 아이들을 위해 돈을 쓰고자 할 때, 누가 나를 막을 수 있겠는가.

며칠 뒤엔 웨이크필드 백화점 카드를 만들었다. 스탠더드오일 주유 카드를 신청했을 때 은행원으로부터 같은 질문을 들었다. 그땐 전처럼 놀라지 않았다. 찰스에게 계좌에 관해 말했을 때, 그는 소리 지르며 불같이 화를 내더니 차고에 들어가 몇 시간 동안 차를 씻고 닦았다. 그달 말 우리는 처음으로 집 유지 비용을 나누어 냈고, 그는 조금 누그러졌다.

몇 달 뒤 우리가 잭슨빌에 바라던 집을 살 수 있게 되자 그는 훨씬 더 진정되었다. 몇 년 동안, 우리는 일요일 정오가 되면 시내로 나가 집들에 감탄하며 시장에 나온 물건들을 살펴보았다. 학교가 너무 멀어 힘들었던 비키가 이사를 가자고 졸랐다. 우리는 비용을 계산하고 본격적으로 집을 찾기 시작했다. 그때 작은 언덕 위에 있는 정말로 사랑스러운 빨간 벽돌집을 발견했다. 그 집은 나무가 우거진 산마루를 따라 난 긴 길 끝에 아담하게 지어져 있었다. 마당에는 찰스가 하루 만에 작업장을 지을 수도 있을 만큼 넓은 공간이 있었다. 가장 좋은 건 아이들 학교와 잭슨빌 교회가 가깝다는 점이었다. 그 집은 사람들이 모여드는 여러 장소와 가까우면서도, 조용한 거리에 자리하고 있었다. 일상의 풍경이 바뀌었다. 우리집 앞마당에서 사슴이 풀을 뜯고 아침 안개와 이슬 속에 잠을 깨는 일은 우리에게 굉장한 일이었다.

그 무렵, 의미 있는 사회운동이 온 나라를 휩쓸고 있었다. 시민

권 쟁취 투쟁은 앨라배마에도 뿌리를 내려갔다. 하지만 우리 가족 중 누구도 아프리카계 미국인들과 변화를 지지하는 북쪽 운동가들에게 동조하지 않았다. 나는 쉽게 변하지 않는 그런 지역에 살았다. 그래서 변화가 생길 때면 1961년 애니스턴 외곽에서 프리덤 라이더스Freedom Riders*를 태우고 가던 그레이하운드 버스에 화염병을 투척하는 일과 같은 폭력적인 상황이 종종 일어났다.

내 부모님은 1962년 주지사 선거에서 조지 월리스George Wallace에게 투표했다. 그가 앨라배마 대학에서 "오늘도 인종 분리, 내일도 인종 분리, 영원히 인종 분리"라는 악명 높은 연설문의 한 대목을 외쳤을 때 부모님은 그에게 열렬한 박수를 보냈다. 그가 목에 핏대를 올리며 열변을 토하는 모습을 보고 있자니 외할아버지가 곧바로 겹쳐졌다. 일요일 저녁 식사 자리에서 정치 이야기가 나올 때면 나는 분란을 일으키고 싶지 않아서 내 생각을 말하지 않았다. 부모님 의견에 나는 동의할 수 없었다. 인종 분리라니, 그런 건 말도 안 되는 불평등일 뿐이다.

찰스가 부당하다는 것을 증명하려고 은행 계좌를 열면서, 나는 그 당시의 브라 버닝 페미니스트bra-burning feminist**와 나를 의식적으로 연관 짓지는 않았으나, 나와 같은 사회적 위치에 놓인 수많은 여성이 그랬듯이 어떤 갈망을 느꼈다. 나는 새로운 길을

---

* 운송 수단 이용에 대한 인종차별을 철폐하기 위한 민권운동으로 버스나 기차를 타고 남부지방을 여행하는 사람들.
** 여성 억압의 상징인 브래지어를 태우는 퍼포먼스를 했던 1960년대 미국의 페미니스트.

찾겠다고 결심했다. 일찍부터 나는 안 된다는 대답을 받아들이지 않는 법을 배웠다. 그래서 결국 일을 통해 내 길을 찾게 된 것이다. 내 동선을 더이상 식료품점과 교회로만 가두지 않았다. 또한 우리는 언어치료비를 어떻게 감당할지에 대해 더이상 걱정하지 않아도 되었다. 처음에 찰스는 필립에 대한 루서 선생의 걱정을 묵살했다. 그는 언제나 시간이 흐르면 필립이 괜찮아질 거라고 말했다. 하지만 필립이 잘 해나가는 걸 보고 그도 내심 안도하는 듯 보였다. 필립이 매주 치료받을 때마다 엄청나게 나아졌기 때문에, 나는 기뻐서 어쩔 줄 몰랐고 치료 후에는 어김없이 필립에게 아이스크림을 사주었다.

○

새로운 도전과 더 많은 돈이 주는 자유에 감사하는 만큼, 다 그만두고 싶은 날도 많았다. 나는 전임으로 일하는 게 얼마나 피곤한 일인지 예상하지 못했었다. 그 피로감에 나는 몸이 납덩이처럼 무거웠던 임신 첫 3주간보다 더 쇠약해진 것 같았다. 체력이 바닥을 치고 생활을 유지하는 것조차 벅찼다.

잊기 힘든 기억이 있다. 늦은 오후였다. 차를 몰고 해리스 부인 집으로 가는데 아이들이 보였다. 아무도 없는 어두컴컴한 거리에 비키와 필립이 몸을 웅크린 채 있었다. 내가 늦은 사이에 해리스 부인은 다른 볼일을 보러 나가고 아이들만 남아 있었던 것이다. 죄책감에 사로잡혔다. 다른 사람을 위해서 가장 중요한 내 일—내 아이들을 돌보는 일—을 포기했다는 느낌을 떨쳐낼 수 없었다. 심지어 엄마나 찰스의 여동생이 아이들을 돌볼 때에 질투를 느끼기도 했다.

어느 선선한 가을 저녁 햄버거 헬퍼(인스턴트 음식)를 만들고 있는데 비키가 나를 돕겠다고 했다.(상자에 든 곡물 가루를 섞고 스위트피 두 통을 여는 건 엄마가 늘 말하던 '식사 준비'는 아니지만, 어쨌든 빠른 방법이긴 했다.) 비키는 내가 말한 대로 숟가락 뒷면으로 크레슨트 빵이 든 플라스틱 통을 눌러 터뜨려 열었다. 비키가 프라이팬에 끈적끈적한 밀가루 반죽을 뭉치면서 물었다.

"우리 저녁 먹고 도넛 만들어도 돼요?"

내가 H&R 블록에서 일을 하기 전에는 일주일에 적어도 한 번은 우리끼리 마치 공장의 조립라인처럼 임무를 나누어서 함께 도넛을 만들곤 했다.

나는 재료가 없다는 걸 알고 있었지만 재료가 있는지 보자며 캐비닛을 열었다.

"흠, 이스트랑 설탕이 다 떨어졌는걸."

비키가 아쉬워하며 말했다.

"우리 진짜 오랫동안 도넛 안 만들었잖아."

"엄마가 슈퍼마켓 갈 시간이 없었잖니."

나는 대단히 매몰차게 대답했다. 비키의 발에는 먼지 덩어리가 붙어 있었다. 청소기 돌릴 시간도, 화장실 청소할 시간도, 한 달 치 빨래를 할 시간도 없구나. 비키의 말 한마디에 나는 짜증이 났다. 모든 걸 잘해낼 수 없는 나의 무능이 드러나버렸으니까. 동시에 내가 느끼는 짜증이 부끄러웠다.

기나긴 승리

비키의 실망한 목소리를 들으니 나는 세상에서 가장 나쁜 엄마가 된 것 같았다. 등교와 출근 준비로 정신없이 바쁜 아침에는 아이들이 별 잘못을 하지 않아도 아이들에게 소리를 질렀다. 필립이 허둥지둥 내 차에 타는데 그의 신발 끈이 묶여 있지 않았다. 작은 거 하나까지도 다 챙기고 있자니, 시간을 되감아 아침을 다시 시작하고만 싶었다. 나는 완전히 녹초가 되었다. 매일 아침 비키가 문을 열고 뛰어나갈 때까지 나는 딸의 엉킨 머리를 빗기느라 정신없이 비키 뒤를 따라다녔다. 비키가 느릿느릿 등교하는 걸 지켜보았다. 스스로 자랑스레 고른 옷이긴 하지만 어딘지 어울리지 않는 옷을 입고 있었고, 비키의 금발은 여전히 자고 일어난 그대로 엉켜 있었다. 학교에 가는 다른 여자아이들은 깔끔하게 머리를 뒤로 묶은 채 걷고 있다. 그 아이들 엄마가 애정을 기울여 묶어준 것이겠지. 아무리 내가 계획을 잘 세우고 준비해도, 제대로 돌봐지지 않는 것이 언제나 남아 있다. 나는 거기서 오는 자기혐오와 마주해야 했다. 비키 덕에 알게 된 것은, 단지 내가 너무 지쳐 있다는 이유로 도넛을 만드는 일이나 핼러윈 데이에 호박으로 가면을 만드는 일이나 크리스마스 쿠키를 굽는 일을 그만두고 싶지는 않다는 사실이었다.

그날 밤 잠들기 전에 찰스에게 일을 관두겠다고 말했다. 거의 매일 내게 시위하듯이 내가 일을 관둬야 하는 이유를 대며 말다툼을 걸어왔던 그도 처음에는 놀라는 눈치였다. 그러더니 앨라배마 대학이 득점이라도 한 것처럼 나를 안아주었다. 그가 나를 놓고 이를 닦으러 가자 마음이 놓였다. 기가 꺾이고 기분이 가라

앉는 것을 느꼈다. 일을 다시 하기 전에 나는 상점에 갈 때면, 계산대에서 점원이 물건 값을 찍을 때마다 숨을 죽였었다. 언제나 20달러 한도 내에서 해결해야 했기 때문에, 머릿속으로 반찬거리 수를 세고 새로운 물건을 고르기 전에 가격을 계산해보았다. 선반에 물건을 도로 가져다놓지 않아도 된다는 걸 확인하고 나서야 마음이 놓였다.

다음 날 저녁, 식사를 준비하기 전에 나는 거실에 가족들을 불러 모았다. 찰스가 비키와 필립에게 내가 일을 곧 그만둘 거라고 말했다. 필립이 물었다.

"잭스에 햄버거 먹으러 갈 수 있어요?"

햄버거 가격은 15센트였다. 어쨌든 그만한 돈을 써야 한다. 어릴 때 엄마에게 자전거를 사달라거나 피아노 레슨을 받게 해달라고 빌었던 일들이 떠올랐다. 언제나 실패로 돌아갔던 일들이. 나조차도 믿을 수 없었지만 어쨌든 나는 필립에게 안 된다고 말했다.

"우린 이제부터 집에서만 먹을 거야. 햄버거는 너무 비싸."

필립이 벌떡 일어서더니 텔레비전에 나오는 잭스 광고 노래를 부르면서 커즌 클리프Cousin Cliff(어린이 프로 사회자)를 흉내 내기 시작했다.

"돌아와, 돌아와, 돌아와…… 잭스로, 잭스로, 잭스로…… 더 많이, 더 많이, 더 많이!"

비키가 필립을 조용히 시키더니 왜 내가 더이상 일을 하고 싶어하지 않는지 물었다. 집안일을 하나도 제대로 할 수 없어서라고 설명하자, 비키는 아무 말도 않고 있다가 뭔가 생각난 듯 눈빛을 반짝이며 말했다.

"우리가 같이 할 수 있어요. 이제 자기 전에 매일 밤 방을 치울 게요. 필립도 자기 방을 치울 거예요."

비키는 일어나서 자기 방으로 뛰어갔다가 필기체 연습 공책과 연필을 들고 왔다.

"표를 만들 거예요, 이건 필립 거. 그리고 냉장고에 붙여두면 안 잊어버릴 거예요."

바로 그때 나는 집에서 살림을 도맡는 것과 일을 계속하는 것 가운데 어느 것을 선택하더라도, 그 결정 안에는 이미 어떤 책임 이 있고 그걸 감당하며 살아가야 함을 깨달았다. 나는 필립에게 자동차 열쇠를 찾아달라고 부탁했다. 그날 우리는 잭스에 가서 저녁을 먹었다.

그렇게 결정하자마자, 우리는 우리만의 새로운 규칙을 만들었 다. 토요일이면 분담해서 대청소를 했다. 찰스는 자기 빨래를 직 접 하게 되었다. 그가 주머니 비우는 걸 잊는 바람에 펜에 든 파란 잉크가 내 옷들을 망쳐놨기 때문이다. 일요일이면 아침 예배와 저 녁 예배 사이에 스파게티에 넣을 건더기 재료들을 조리해 병에 담 아놓거나 비키가 주중에 데워 먹을 수 있도록 돼지고기가 들어 간 강낭콩 조림을 만들어두었다. 비키는 저녁 식사 때 곁들일 옥 수수 빵과 양배추 샐러드 만드는 법을 배웠다. 필립은 비키가 음 식을 태울 때마다 놀리곤 했지만 비키는 동생을 잘 돌보았고 둘은 언제나 친했다. 크리스마스 휴가 동안에는 온 가족이 둘러앉아 만오천 명이나 되는 H&R 블록 고객에게 보낼, 납세 신고를 재촉

하는 독촉장을 접었다. 그런 다음 우리는 안내장을 봉투에 집어 넣고 우편번호별로 분류했다. 찰스와 나는 아이들에게 회사에서 받은 400달러를 주었다.

해리스 부인에게서 아이들을 데려오는 일은 찰스가 맡아 하기 시작했다. 예전에는 나 혼자 짊어져야 했던 일들이다. 비키와 필립은 학교에서도 조금씩 더 적극적으로 활동에 참여했기 때문에, 찰스는 학부모회에도 참석하고 필립이 출전하는 축구와 야구 경기에도 가고, 비키가 치어리더나 행군 악단을 할 때는 매점에서 일을 하기도 했다. 어쨌든 나는 비키가 유니폼에 드는 비용을 걱정할 필요가 없다는 점에 감사했다. 시간이 흐르면서 찰스는 점차 내가 일을 한다는 사실에 익숙해졌다. 내 급료가 그보다 더 많아졌을 때 그는 결국 내가 일에 능력이 있음을 받아들였다. 그리고 마침내 찰스는 그에게 맞는 좋은 직업을 찾았다. 매클렐런 부대의 주택관리사로, 퇴직할 때까지 그는 거기서 근무했다. 찰스는 부대 주임상사로 진급했고 대학 학사과정을 끝마칠 수 있었다.

◉

H&R 블록에 있는 동안 나는 대부분 사무실에서 일했고, 납세 기간에는 세금 신고서를 준비했으며, 그 외에 세무 대리 업무에 관한 강의를 하기도 했다. GE에서 일할 때 나는 넋이 나간 사람처럼 아무 표정도 없이 작업 라인에 서 있었다. 스스로가 아무것도 아닌 사람이 된 것 같이 느껴졌다. 그러나 이제 나는 힘든 일을 통해 나 자신과 마주할 기회를 얻었다. 1970년대는 사실 아랍-이

스라엘 분쟁의 파장으로 1973년 석유 금수 조치(석유파동)가 시작되면서 경제가 전반적으로 힘든 시기였다. 터무니없이 치솟은 기름값은 곧 인플레이션을 악화시키고 정리해고를 가속화했으며, 에너지 위기와 같은 일들이 그 10년 동안 지속되었다. 누구나 그러했듯이 내게도 그 시기가 밀어닥쳤고, H&R 블록에서 정리해고 되었다. 정규직으로 일한 지 4년 만의 일이었다.

마침 우리 사무실을 담당했던 회계감사관이 내게 일자리를 제안해서 곧 다시 일을 하게 되었다. 거기에서는 오래 근무하지 못했다. 월급이 일정하지 않은 것이 나를 피곤하게 했기 때문이다. 그다음에 나는 작은 산부인과에서 관리자로 일했다. 거기서 내가 한 일이라곤 매달 사놓는 크래커 과자 박스와 피클이 담긴 거대한 병을 쌓아두는 것이 전부였다. 고장 난 타자기로 타이핑하는 걸 제외하면 말이다.

경기가 회복되자 나는 다시 정규직을 맡고 싶었다. 밤에 H&R 블록에서 아르바이트를 시작했다. 병원 사무실은 여러 가지 면에서 내게 맞지 않았다. 그들이 내게 자궁 절제술을 받으라고 말했을 때부터, 내가 있어서는 안 될 곳에 왔다는 것을 알았다. 그곳에 있던 다른 여자들에게 했듯이, 의사들이 내게 제안을 했다. 수술하면 나는 계속해서 보험을 유지할 수 있고, 내게 필요한 몇 백 달러를 벌수 있었다. 그러니까 그들의 수술 기술을 갈고닦을 수 있도록 내 몸을 내어주는 대가로 말이다. 나는 정말로 돈이 궁했지만 완벽하게 건강한 자궁을 저버릴 만큼 무모하지 않았다.

오래지 않아 나는 교회에서 친구와 이야기를 하다가 잭슨빌 대학 학자금 지원부서(장학 재단)에 일자리가 있다는 것을 알게 되었다. 아무런 망설임 없이 당장에 달려갔다. 면접이 끝날 때쯤, 콧수염을 기른 멀쑥한 책임자인 래리가 내게 말했다.

"당신을 뽑고 싶군요. 나의 부인과 비서는 내 말을 따를 수밖에 없을 겁니다."

수더분하고 친절한 그의 부인이 내게 래리와 일하는 것은 아마도 달걀 위를 걷는 것 같을 거라고 경고했다. 래리는 저혈당증을 앓고 있었다. 그의 조수로서 나는 그와 그럭저럭 잘 지냈다. 그는 짜증이 날 때마다, 외투 주머니에서 삶은 달걀 하나를 꺼냈다. 아니면 거의 마술사라도 되는 양, 난데없이 소시지 빵을 꺼내곤 했다. 대부분 그는 상상하기 어려울 정도로 큰 병에서 땅콩버터를 숟가락 그득히 퍼 먹으며 사무실을 서성거렸다.

일을 시작한 그날, 나는 대학 교정을 걸으며 생각했다. 만약 엄마가 내가 고등학교 마지막 학년 때 학점을 제대로 받을 수 있도록 도와주었더라면, 내 삶이 조금은 내가 가려고 한 대로 흘러가지 않았을까. 하지만 너무 깊이 생각하지는 않았다. 나는 내 식대로 결국 대학에 왔으니까. 대학에서 일한다는 것, 대학을 가기 위해 돈을 필요로 하는 열정적인 학생들을 돕는다는 것은 매일같이 꿈꾸던 일이었다.

불행히도 나는 대학에서 과목들을 이수할 수는 없었다. 내가 대학에서 얻을 수 있었던 것은 재정적인 안정뿐이었다. 래리와 함께 3년쯤 일했을 무렵, H&R 블록에서 내게 연락을 해왔다. 내가 바랐던 대로, 내 상관이 맡아왔던 애니스턴 사무실 책임 관리인

자리를 제안했다. 그때까지 H&R 블록은 약 7000개의 사무실을 갖고 있었는데, 거의 1분마다 사무실 하나를 새로 여는 셈이었다. 제안한 임금은 대학 월급의 두 배로, 내가 학생들을 돕는 것을 즐기고 지적 환경을 누리는 것을 상쇄할 만큼의 액수였다. 나는 그 제안을 받아들이지 않을 수 없었다.

1976년 나는 H&R 블록으로 다시 돌아갔고 그곳에서 1979년까지 일했는데, 그만둘 쯤엔 14개의 사무실을 관리했다. 늘 그렇듯 매우 바쁜 아침이 시작되던 어느 날, 나는 『비즈니스 위크Business Week』를 읽다가 굿이어에 관한 인상적인 기사를 보았다. 타이어를 생산하는 기술은 1976년에 지어진 고속 주행용인 레이디얼 타이어radial-tire 공장과 함께 새롭게 변화하고 있으며, 따라서 운영 철학 역시 달라지고 있다는 것이었다. 이제부터는 '하나의 팀'이라는 접근 방식이 강조될 것이라고 했다.

내가 자라면서 들은 이야기들이 떠올랐다. 노조와 사측 사이에 존재하는 지독한 폭력의 서사들 말이다. 동네 추문처럼, 그런 것들은 누구나 다 들어본 이야기였다. 로비 숙모가 자신의 삼촌에 대해 이야기해준 적이 있다. 그는 파업이 일어나면 살해당하지 않기 위해 몸을 숨겨야 했다. 나의 삼촌은 자주 제2차 세계대전 이전의 시기, 그러니까 노동자들이 노조를 만들려 애쓰고 조합원들이 한낮에 도시의 중심지를 과격하게 행진하던 때를 '공포정치'에 비교하곤 했다. 그 기사는 시대가 변하고 있다는 것을 말하고 있었다.

기사를 마저 읽고 잡지를 무릎에 얹어두고, 나는 굿이어에서 일할 수 있는 가능성을 진지하게 생각해보았다. 기사에, 이번에 새롭게 꾸려지는 관리 팀에 여성이 포함될 것이라고 쓰여 있었던 것이다. 나는 쿠사 강 옆으로 아무렇게나 뻗어 있는 저 붉은 담장(타이어 공장)을 넘어가는 법을 전혀 알지 못했다. 타이어가 실제로 어떻게 만들어지는지 내가 어떻게 알겠는가. 내게 굿이어는, 친구인 샌드라가 매일 갈아입는 각가지 스웨터라든가 그의 가족들이 타던 반짝이는 최신형 자동차와 해변의 휴가를 제공하는 곳이었다. 아마도 굿이어에서 일하는 것은 내 생에 필요한 안정을 가져다줄 수 있을 것이다. 시작은 늦었다. 나는 서른한 살에 처음으로 제대로 된 사회 노동인력이 되었고 다른 주로 이동하는 일도 없이 H&R 블록에서 할 수 있는 최대한의 일을 해왔다.

내가 가장 신경 쓰는 것 가운데 하나는 대학 수업료였다. 비키는 이제 잭슨빌 주립대학의 과정을 절반쯤 통과했다. 비키와 필립이 대학을 졸업하는 것은 나의 가장 큰 꿈 중에 하나였다. 직장을 바꿀 때마다 받은 퇴직금은 학자금 저축에 쏟아부었다.

사실 얼마 동안은 비키가 학업에 충실하지 않았기 때문에 대학에 가지 못하면 어쩌나 하는 걱정을 했다. 우리집에서 처음으로 대학에 가는 사람이 비키이기를 바랐다. 비키는 정말 착한 아이였는데, 운전을 배울 즈음 거친 아이들과 어울리기 시작했다. 찰스와 나는 비키의 십대 시절을 정말이지 감당하기 힘들었다. 비키는 친구들과 어울리며 한 친구에게 개 사료용 음료수를 먹이기

기나긴 승리

도 했다. 그런 일이 반복해서 일어났다. 나는 일로 인한 내 부재가 일부 그녀의 반항의 원인이라는 생각을 떨칠 수가 없었다. 사실 비키는 어릴 때부터 너무 많은 것을 책임지고 있었고, 아마도 그녀는 좋은 딸이 되어야 한다는 부담감에서 벗어나고 싶었을 것이다. 정말 다행스럽게도 고등학교를 졸업할 무렵 비키는 마침내 마음을 다잡았다. 대학교 2학년이 된 비키는 학과 공부에 진지했고, 다이어리 딥Dairy Dip에서 아르바이트하느라(납세 기간에는 내 사무실에서 접수 담당자로 일하기도 했다) 너무 바빠서 공부에 신경 쓸 시간이 없는 것을 괴로워했다. 나는 그녀가 자기 삶을 스스로 꾸려나갈 수 있기를 바랐고, 그것을 확인하고 싶었다.

내 나이 마흔한 살, 삶은 내가 계획했던 것보다 더 빠르게 흘러 간다는 것을 깨닫기 시작했다. 조급했다. 우리 가족의 미래, 그러 니까 더 큰 안정감을 위해 일을 해야 할 시간만이 내게 남아 있었 다. 필립은 곧 대학에 갈 거야. 노후를 여전히 준비해야 하고. 사회적으로 성공하기에는, 내게 기회가 그렇게 많이 남아 있지 않아. 세상 모든 시간이 다 내 것인 양 굴었던 것은 한낱 젊은 날의 사치였다. 삶의 남은 절반과 마주하고서야 내가 했던 선택들이 어떤 의미였는지 이해할 수 있었다.

더욱이 엄마가 여름에 구강암 진단을 받았다는 소식을 들었 다. 외할머니가 암으로 일찍 돌아가셨다는 것을 떠올리고, 엄마 는 그녀 또한 곧 죽을 것이라고 확신했다. 화장품 가게 점원이 병색 짙은 얼굴에 바를 만한 게 없다고 엄마에게 말했을 때, 엄마는 "아무것도 안 사줘도 돼. 걱정하지 마. 난 크리스마스가 올 때까지 살지 못할 거야"라고 말하며 웃었다.

그녀는 십 년 전에도 대장암에 걸린 적이 있었기 때문에, 사실 그 진단은 그렇게 놀랍지 않았다. 게다가 엄마는 직접 만 코담배를 평생 동안 피웠다. 우리가 시내에 있는 새 집으로 이사했을 때 왜 내가 엄마에게 현관 밖 계단에서 담배를 피우도록 했는지 엄마는 전혀 이해하지 못했다. 첫째는, 담배라면 하루 온종일 사무실에서 손님들이 내 얼굴로 뿜어대는 걸로 충분했고 둘째는, 내 가구에 퀴퀴한 담배 냄새가 배는 게 싫었기 때문이다.

엄마를 묻어야 한다는 생각은 말도 안 되는 것이었다. 그녀는 겨우 오십 대 후반이었다. 그녀는 아직 젊었고, 나는 엄마 무덤 앞에 설 준비가 되지 않았다. 그녀가 병으로 힘겨워하게 될 것만큼, 엄마 없는 삶 또한 내게는 낯섦과 두려움, 현기증을 일으켰다. 엄마가 '검버섯'이라 불렀던 것이 내 손등에 하나하나 생겨나는 것을 보았다. 손가락 마디마다 작은 주름들이 깊어졌다. 피할 수 없는 때가 나를 조이며 다가오는 것 같았다. 늙어간다는 사실이 나를 덮쳐왔다.

잡지를 집에 가져가서 찰스에게 보여주려고 책상 한구석에 챙겨두었다. 굿이어에서 설립 이후 처음으로 여성 관리인을 고용할 것이라는 문장을 떠올리는 것만으로도 전율이 일었다. 양팔을 손바닥으로 비볐다. 내 인생에서 평생 닫혀 있을 것만 같았던 문이 열린 것처럼 즐거웠다.

굿이어에 지원하겠다고 찰스에게 말했을 때 그는 놀라는 것 같았다. 회사에 월차휴가를 내고 어쨌든 지원서를 작성했다. 인사부 사무실 한구석에 앉아 끝도 없는 형식을 다 채우고 난 다음, 내 앞쪽 벽에 걸린 기념패를 읽었다. 빈스 롬바르디Vince Lombardi(미국의 유명 미식축구 감독)의 격언을 소리 내지 않고 읽었다. 그의 말은 금으로 새겨져 있었다. "풋볼은 인생과 많이 닮았다. 인내와 자제, 부지런함, 희생, 전념과 권위에 대한 존중을 필요로 한다." 맞는 말이다. 저 말이 그곳에서 일하는 데 요구되는 것이라면 나는 준비가 되어 있다. 기념패 옆에 베어 브라이언트Bear Bryant(전설적인 미식축구 코치)가 직접 사인한 사진이 걸려 있었다. 어서 가서 찰스에게 말해주고 싶었다. 찰스는 그의 열렬한 팬이었다. 필립이 베어와 같은 날 태어났을 때, 찰스는 사람이 그렇게 신이 날 수 없다 싶을 정도로 기뻐했었다.

긴 면접이 끝나고, 나는 여성이 몇 명이나 지원했을지 궁금했다. 그때까지 내가 본 여자들이라곤 지원서를 내러 간 사무실 입구에 앉아 있던 비서들뿐이었다. 물론 로비 숙모가 거기서 일한 적이 있다는 걸 알고 있었지만 말이다. 어렸을 때, 언젠가 나는 그녀에게 무슨 일을 하는지 물어본 적이 있다. 그때 숙모는 드디어 자신이 배에 올라탔으며, 거기서 "타이어의 젖꼭지를 잘라버린다"고 말했다. 그리고 곧 숙모는 그것이 얇은 고무 융기들을 잘라내는 일이라고 내게 설명해주었다. 나는 그녀가 실을 뜨고 짜는 바로 그 손으로 레이저 검을 휘두르는 걸 상상했다. 로비 숙모는 2차 세계대전 당시, 그러니까 여성들이 지프 타이어나 신발 밑창, 비옷 등 어쨌든 군대에 필요한 물품을 만들기 위해 공장 일을 맡아서 해야 했던 때에 그곳에서 일했다. 심지어 전쟁이 끝나고 남자들이 돌아온 후에도, 1960년에는 그녀가 일찍 퇴직하는 조건으로 새로운 집을 제공하겠다는 굿이어의 제안을 거절하면서까지 그녀는 어떻게든 계속 일을 했다. 일해서 번 돈으로 숙모와 하워드 삼촌은 수영장이 달린 멋진 집을 지었다. 그녀는 심장과 허리 통증으로 더이상 일할 수 없어 퇴직할 때까지, 27년을 굿이어에서 일했다.

공장을 나오면서, 복도를 따라 걸려 있는 "마호가니 거리Mahogany Row"*의 남자 사진들을 지나왔다. 그 사진들이 모두 한사람이라는 것을 처음에는 몰랐다. 잠깐 그 앞에 멈춰 섰다. 어떤 힘이 뿜어져 나오는 흑백사진을 바라보다 숨을 깊게 들이마셨다. 그들이 살고 있을 삶을 상상했다. 회사를 운영하고, 세계를 돌아다니며, 컨트리클럽에서 만찬을 즐길 때에 그들이 느낄 그런 것들에 대해서. 내게는 단지 공상 속에서나 가능한 그런 삶에 대해서. 어쨌든 내게 기회가 왔다. 어렸을 때부터 한 번도 내게 올 거라고 믿지 않았던, 믿어본 적 없는 기회였다. 그것은 내 삶이 더 나아질 수 있다는 믿음이었다.

돌아오는 길에 엄마에게 들렀다. 엄마는 현관문을 막고 섰다. 그녀는 집에서 입는 편한 옷을 걸치고 있었다. 틀니는 여전히 화장실 세면대 위에 놓여 있다. 틀니를 끼기에 그녀의 잇몸은 너무 약해져 있었다. 나는 굿이어에 관리직으로 지원했다고 말했다. 엄

---

* 오하이오 주 애크런 시에 있는 굿이어 사무실.

마는 내가 거기에 들어갈 수 있으리라는 말 대신 차가운 눈초리로 물었다.

"그게 여자가 할 일이니?"

어깨가 뻐근해지고 가슴이 갑갑해졌다. 익숙한 좌절감이 밀려왔다. 나이가 들어도 달라지지 않았다. 엄마의 말은 내 감정을 건드렸고 그때마다 예전에 느꼈던 좌절감이 기어올라왔다. 평생 우리 사이에는 해소할 수 없는 어떤 것이 있었다. 그것은 서로 다가가려고 할 때마다 서로를 밀어내게 만들었다. 단지 어떤 행동이나 말의 문제가 아니었다. 그것은 사소한 것 모두의 무게였다. 누군가를 뚫을 듯이 노려보는 엄격한 시선, 늘 비판적인 말투 같은 것들, 그녀는 자신과 세상 사이에 벽을 세우고 있었다. 언제나 나와 내 아이들을 포함해 다른 사람들을 위해 살았음에도.

엄마는 비키에게만은 다정했다. 엄마가 비키만 편애하는 것 같아서 필립도 손자라는 사실을 상기시켜야 했다. 비키와 필립은 내가 H&R 블록에서 일할 때 여름방학 동안 엄마가 있는 시골에 머물렀다. 아이들이 어느 정도 자라고 일이 너무 바쁘기도 했지만, 외할아버지가 죽은 뒤 그녀와 아주 가까이 살게 됐을 때에도, 나와 엄마는 멀어져만 갔다. 더이상 그녀의 인정에 목매지 않겠다고 생각하면서도, 나는 다시 여기에 와 있다. 엄마의 현관 앞에 서서 그녀의 인정을 갈구한다.

엄마가 마침내 내게 들어오라고 했을 때 나는 뒤돌아서 나왔다. 나는 가방에서 자동차 열쇠를 찾으며 좀 쉬시라고 말했다. 그녀는 지쳐 보였다. 기분이 좋지 않은 게 분명했다. 게다가 이렇게 어린애처럼 굴기에는 내 나이가 너무 많다. 알고 있다. 엄마 역시 그녀가 언제나 해왔던 대로 최선을 다하고 있다는 것을 충분히, 넘칠 만큼 알고 있다. 정말이지, 그녀가 나를 사랑하는 법을, 내가 원하는 방식을 몰랐다 하더라도, 그녀가 결코 단 한 번도 내게 "사랑한다"고 말해주지 않았다 하더라도, 내가 어떻게 그녀를 탓할 수 있을까. 그녀가 마치 죽은 사람인 양, 감정 따위 없는 체하며 살아야만 했던 시간들을 내가 어떻게 비난할 수 있겠는가. 그것은 내가 엄마에게서 가장 잘 배운 것 가운데 하나였다. 미처 몰랐지만, 그것이 굿이어에서 내게 닥칠 힘든 시간을 견뎌내도록 해주었다.

고무공장
노동자가 되다

삶을 돈으로만 환산해서는 안 된다.
나는 나무는 내가 심고 열매는 다른 사람들이 따 간다고 한탄하지 않는다.
자신이 심은 나무에 누구도 수확하러 오지 않는 것이 더 슬픈 일 아닌가.
_ 찰스 굿이어 Charles Goodyear

굿이어에 입사해 연수를 받는 동안 나는 개즈던으로 출근하는 노동자들 사이에 섞여 있었다. 쿠사 강 인근에 있는 작은 도시인 개즈던은 철광석, 석탄, 석회석이 넘쳐나는 작은 산들로 둘러싸여 있다. 인근 작은 산기슭에서 살던 사람들이 대대로 좀 더 나은 삶의 방편을 찾아 이 산업도시의 심장이라 할 수 있는 리퍼블릭 스틸Republic Steel과 작은 공장들이 모여 있는 곳으로 이주해왔다. 이 도시에서는 전선에서부터 연통까지 모든 것이 생산되었다. 굿이어는 1929년에 이곳에 문을 열었다. 그내트빌과 터키타운이라 불리는 절벽과 골짜기에 살던 사람들이 새로운 기회를 잡으려고 몰려들었다. 그들 아버지들이 온종일 농장에서 일해도 겨우 몇 푼 벌 수 있었던 것에 비하면 엄청난 행운이 이곳에서 그들을 기다리고 있는 것이었다. 그 당시 후버 대통령은 공장을 중심으로 한 산업화에 주력하고 있었다.

1979년, 내게도 굿이어에서 새로운 기회가 왔다. 하지만 처음 공장에 들어왔을 때 나는 뜨거운 콜타르를 뒤집어쓴 채 머리가 타르 통에 박혀버린 것 같았다. 전혀 과장이 아닌 게, 정말 냄새가 지독했다. 나는 알 수가 없었다. '내가 정말 여기서 일하고 싶은 걸까?' 기계 소음에 귀는 먹먹했고 경화 작업장curing pits●에서 새어 나오는 가스 때문에 거의 질식할 뻔했다. 타이어 성형기는 거대한 거미들처럼 뒷다리를 세운 채 내 등 뒤에 서 있었다. 삼단 케이크 믹서처럼 생겨서 밴버리즈banburies(믹서 이름)라 불리는 기계들은 검은 고무 마시멜로를 400파운드씩 토해냈다. 그날 이후 하루에도 몇 번씩 나 자신에게 물었다. 내가 여기서 뭘 하고 있는 걸까?

6개월 동안 나는 공장의 여러 작업장들을 돌며 연수 과정을 거쳤다. 공장은 다섯 개의 주요 영역으로 나뉘어 있다. 타이어의 튜브 생산, 타이어 고무 생산, 화물차용, 승용차용, 레이디얼 타이어 생산. 내가 이 50에이커(약 6천 평)도 넘는 크기의 미로 같은 공장에서 일하고 있다는 사실이 놀라웠다. 한없이 이어지는 컨베이어 벨트와 매일 들리는 "온갖 위기 상황들"에 대한 보고들. 타이어를 만드는 기계에는 손이 끼기 쉬운 틈이 많아서, 손가락이 잘려 나가는 사고는 눈 깜짝할 새에 일어난다. 거기에는 단두대처럼 날

●　타이어의 액체를 고체로 변화, 유지시키는 작업을 하는 곳.

카로운 절단기들이 끊임없이 움직이고 있다.

밤에 침대에 누우면 낮에 사람들에게 들은 사고 이야기들이 생각났다. 테네시 주 유니언 시티 인근의 한 공장 노동자는 기계 속으로 말려들어가 질식해 죽었다. 그런 죽음들은 일하는 동안 끊임없이 우리를 따라다닌다. 같은 곳에서 일하던 그의 아버지가 아들의 몸을 빼내야 했다. 그 이야기가 마음에 걸려 잠들 수가 없었다.

그런 이야기들을 통해 나는 기계가 누군가를 죽일 수도 있는 덫이라는 걸 이해할 수는 있었지만, 그 말을 실감한 것은 그 이후의 일이다. 어느 날 공장 뒤편에 있는 진료실에 검사를 받으러 갔다. 차례를 기다리고 있을 때 혼이 나간 얼굴로 남자 둘이 압착기에 몸이 끼인 동료를 데리고 들어왔다. 압착기는 고무를 액체처럼 말랑하게 만드는 기계로, 돌림판이 서로 반대 방향으로 돌며 그 사이에서 엄청난 온도를 발생시킨다. 그들이 동료가 소리 지르는 것을 들었지만 잠깐 쉬겠다는 뜻으로 생각했다는 사실을 나는 나중에 들었다. 그는 돌림판 사이에 눌려 있었다. 그의 살이 녹아서 역한 냄새가 났다. 옷은 피부에 녹아 붙어 있었고 팔은 거의 잘려 실 같은 근육조직에 겨우 매달려 있었다. 그 후로 나는 기도와 함께 근무를 시작했다. 들어올 때와 똑같이 나가게 해주소서. 살아서, 몸이 온전히 붙은 채로.

위험한 기계에 둘러싸여 있었지만 나는 언제나 오늘은 어제와는 다르리라 기대하며 지냈다. 나를 포함해 다섯 명의 신입 관리자들은 여러 세미나에 참석하고 앨라배마와 테네시에 있는 타이어의 고무 원료 생산 공장과 재생 타이어 공장들을 견학했다. 나는 원재료를 준비하는 법, 타이어를 만드는 법, 압착실에서 뜨거운 고무를 자르는 법과 더불어 타이어 튜브를 만들 때 흰 석회가 모래 폭풍처럼 날리는 곳에서 견디는 법도 배웠다. 타이어를 만드는 과정이나 노동자들을 관리하는 매뉴얼이 적힌 두꺼운 책을 집에 가져와 읽었다. 생각할 수 있는 거의 모든 주제에 관해 조사한 다음에야 쉬었다. 설립자인 프랭크 A. 세이벌링(그는 1928년에 회사를 세웠다)과 1929년 문을 연 개즈던 공장의 회장이었던 P. W. 리치필드와 같은 사람들의 전기도 읽었다. 1929년에 굿이어는 세계에서 가장 큰 타이어 생산 회사가 되었다. 나는 심지어 애크런에 있는 고위 간부들의 학력과 종교, 자녀들 이름까지도 기억해야 한다고 생각했다.

회사에 관해 공부하는 가운데 나는 찰스 굿이어에 대한 이야기에 마음이 끌렸다. 그는 황화고무를 발견했지만 무일푼으로 죽었다. 나는 실용적인 형태의 고무를 만드는 방법을 찾겠다는 그의 결심과 목표 의식에 감탄했다. 그가 고무에 황을 넣어 탄력성 있는 고무를 만들기 전까지, 더운 날에는 고무가 녹아서 흐물거리고 끈적였으며 추운 날이면 조각나 부서질 만큼 딱딱해졌다. 그는 언제나 상황이 그에게 불리했음에도 연구를 결코 포기하지 않았다. 그는 빚에 쪼들려 채무자 감옥에 들락날락하면서도 연구를 계속했다. 그의 회복력에 감탄하면서도, 나는 어떻게 그런 고된 삶 속에서 그의 가족들이 희생을 감내할 수 있었을지 궁금했다. 그는 발명품에 대한 어떠한 보상도 받지 못한 채, 자신의 노력이

기나긴 승리

미래를 얼마나 변화시킬지도 알지 못한 채 죽었다.

몇 개월간의 연수가 끝나고, 나는 수습 관리자로서 일을 시작했다. 야간 교대조로, 멘토인 앤드루와 함께 원료준비팀을 맡았다. 그는 덩치가 컸고 가능한 모든 방법으로 나를 북돋아주려고 했다. 업무 외적으로 읽어보라며 경영에 관한 책들을 주었고 애니스턴 비즈니스클럽의 회원이 되라고 독려하기도 했다.(그는 애니스턴 비즈니스클럽에서 내가 여성 최초로 회장이 될 수 있을 것이라고 했다.) 나에 대한 그의 확신이 기계에 대한 두려움을 진정시켰고 좋은 관리자가 될 만한 내 능력을 신뢰할 수 있게 해주었다.

앤드루와 함께 일할 수 있었던 건 행운이었다. 그는 내게 신중하게 말하고 행동해야 한다고 조언해주었다. 일이 어떻게 꼬여버릴지 몰랐기 때문에, 나는 남자 동료들과 농담 한마디 쉽게 나눌 수 없었다. 그는 공장에서 일하는 반 이상의 사람이 서로 어떤 식으로든 연결되어 있으니, 누군가의 심기를 건드리지 않도록 조심하는 게 좋으며 그런 사람들이 있어도 그냥 지나치라고 강조했다.

꽤 오래 현장감독관을 해온 앤드루마저도 내가 단지 여자이기 때문에 겪어야 하는 어이없는 상황들을 예측할 수 없었다. 어느 날 밤 나스카NASCAR(전미스톡자동차경주협회)가 주관한 주말 경주 후에 두 사람이 비게 되자, 앤드루는 내게 초과근무를 할 수 있는지 물었다. 당연히 별일이 아니었다. 나는 위층으로 올라가 새벽 한 시에 일할 수 있는 사람을 더 구하려고 동료들에게 전화를 걸었다. 교대근무를 하러 온 남자들이 지나가는 개에게 하듯 내게 욕을 했다. 그들은 내게 다시는 전화하지 말라고 말했다. 한밤중에 낯선 여자 목소리를 부인이 듣는다면 자신들이 매우 곤란해진다는 것이었다. 그때부터 나는 건물 관리인에게 수화기를 건넸다. 그는 내게 윙크한 뒤 누군가의 부인에게 늦은 밤이지만 남편과 통화할 수 있겠느냐고 물었다.

수습 과정이 끝났을 때 나는 세상을 다 가진 기분이었다. 새로운 관리자로서 내 작업장으로 배정받은 날 나는 나와 함께 과정을 마친 다른 4명의 수습과 회의실에 앉아 있었다. 한 교육 관리자가 빈정대며 우리에게 경고했다.

"관리자가 된다는 건 말이지요, 목숨 내놓고 일하는 겁니다. 인정사정이 없어요. 나니까 당신들에게 진실을 말해주는 겁니다. 관리자가 되는 건 그냥 절벽에서 뛰어내리는 거예요."

교육과정이 이미 비행기에서 뛰어내리는 것만큼 가혹했기 때문에 그의 말은 그리 놀랍지 않았다. 그의 솔직함이 고마웠을 뿐이다. 나는 좋은 관리자가 될 근성이 있다는 것을 증명할 준비가 되어 있었다. 나는 내 팀에 동기를 부여하고, 목숨을 앗아갈 수도 있는 기계와 벌이는 나날의 싸움 역시 견뎌낼 수 있다는 걸 보여줄 것이다.

나는 진정으로 내가 굿이어의 미래에 중요한 역할을 할 수 있다고 믿었다. 회사 측과 노조, 즉 '교섭하는 사람들' 사이에서 더 좋은 관계를 만드는 것 말이다. 훨씬 더 중요한 것은 회사 측에 여성이 있다는 사실인데, 이는 비교적 새로운 점이었다. 나와 함께 과정을 마친 사람 가운데 여성은 나를 포함해 두 명이었다. 신디는 노조 측 대표로 승진되었다. 다른 사람들 역시 배경이 다양했다. 남자들 가운데 한 명은 해운회사를 다니다 왔고, 한명은 IBM에서 일했고 나머지 한명은 J. C. 페니°에서 가게 부매니저로 일했다.

나는 개척자가 된 것 같았다. 앤드루와 인사부 관리자들은 내가 굿이어의 밝은 미래라고 몇 번씩이나 말했고, 그건 내게 무척 큰 의미였다. 나는 중요한 인물이 되고 싶었고 높은 기대를 충족시킬 준비가 되어 있었다. 내가 해낸다면 더 많은 여성에게 기회가 주어질 것이다. 나는 이미 알고 있었다. 내가 들어오기 일 년 전에 수습 과정을 마친 여자가 있었는데, 그녀는 야간 근무를 배정받은 직후에 일을 관두었다. 야간 교대근무는 새로운 관리자가 되기 위한 기본적인 업무다. 그녀가 관둔 이유를 정확히 알 수는 없다. 하지만 이유가 무엇이든, 나는 그녀 대신에 무엇인가를 증명해야 한다고 느꼈다. 방을 가득 메운 신참들과 우리가 함께하는 마지막 회의를 하러 가면서 나는 더 많은 여성이 나와 함께 일하는 날을 고대했다.

●

관리자가 되고 첫번째 임무로, 나는 원료준비팀에서 오후 11시부터 오전 7시까지 일하는 세번째 교대조를 맡게 되었다. 물론 여

● 의료용품을 중심으로 하여 의류·가정용품·자동차용품 등을 다루는 체인점.

성 관리자가 되는 일이 쉽지 않을 거라고 처음부터 알고는 있었지만, 노조와 회사 측 관리자 사이의 일상적인 신경전은 전혀 예상하지 못했다. 40년을 그곳에서 일해온 한 노동자는 내가 관리자가 된 것에 격분해 즉시 다른 작업장으로 이동시켜줄 것을 요구했다. 다른 고참자는 노골적으로 말했다.

"집에서 여자한테 잔소리 듣는 것도 모자라서 일하러 와서까지 듣게 생겼네."

이런 반응은 놀랍지 않았다. 그들은 한 번도 여자에게 업무 지시를 받아본 적이 없었으니까. 나는 최대한 침착하려 애썼다. 감정적으로 대응해서 그들이 다른 불만을 가지게 되지 않기를 바랐다. 그들이 나를 받아들이기까지 꽤 오랜 시간이 걸릴 것이므로, 어떤 말에든 매번 잘 대처하기 위해 노력했다. 심지어 터무니없는 소리에도 응했다. 한 시간제 노동자가 말했다.

"당신은 내 부인이 좋아할 만한 조리법이나 아니면 아직 모르는 조리법에 대해 한마디도 할 수 없을걸."

아마도 그는 내가 집, 그러니까 '당연히' 해야만 하는 집안일에 전혀 소질이 없음을 강조하고 싶었을 것이다. 나는 그가 정말로 중요한 일에 집중하기를 바라면서 그에게 옥수수빵과 치킨 조리법을 적어다주었다. 그는 만족한 듯 보였다.

여자가 권위 있는 자리에 있다는 사실에 분노하는 남자들을 상대하는 동안, 내 상사 중 몇몇은 내가 일을 잘 못할지도 모른다고 우려했다. 한 교대조의 현장주임이 나를 뒤쪽에 있는 화물 적재 플랫폼으로 데리고 올라가기 전까지 나는 줄곧 원재료 작업장에 있었다. 그는 거기라면 목소리가 들리지 않을 거라고 생각했을 것이다. 그는 낮은 목소리로 불만스럽게 말했다.

"여기 다른 멍청이들(아프리카계 미국인 노동자들)이 있지. 그리고 이제 당신까지 있네. 빌어먹을 여자까지 있다고!"

그러면서 자신의 사타구니를 긁었다. 나는 그의 이마 한가운데 Y자형으로 튀어나와 있는 핏줄을 노려보았다.

"나는 너희들이 다 필요 없어. 너희가 내 경력을 망칠 거야. 그러니 너희를 없애버릴 수밖에 없다고."

그와 또 어떤 누군가에게는 나 역시 낯선 나라에 온 선교사였는지도 모른다. 그들을 새로운 종교로 개종시키려고 애쓰는.

○

나는 앤드루나 다른 누구에게도 아무 말 하지 않았다. 아침햇살에 걷히는 안개처럼 저절로 그 상황이 사라지길 바랐다. 신디에게 의지할 수도 없었다. 그녀는 관리자가 되고 얼마 지나지 않아 다시 노조로 돌아가기로 결정한 것이다. 그녀는 압착실에 배정되었었다. 생고무를 황과 섞는 작업을 하는 곳이다. 제조 과정에서 램프 그을음(검은 탄소라고도 부르는)이 방출된다. 검은 탄소는 땀띠약처럼 피부에 있는 모든 구멍으로 들어가, 검은색 땀을 흘리고 폐에 피가 차게 만든다. 불행히도 신디에게 화학물질에 대한 부작용이 나타나서 그녀는 전에 일하던 곳으로 다시 옮겨가기를 요청한 것이다.

나는 바버라와 이야기하고 싶었다. 그녀는 타이어 제조실의 관리자로 강인하고 노련한 사람이었다. 어느 날 저녁 화장실에서 나는 그녀에게 유일한 여성 관리자가 되는 스트레스를 어떻게 견딜 수 있었는지 물었다. 그녀는 저주의 말을 쏟아내고는 이어서 내게 말했다.

"인간이란 믿을 수 없는 존재죠."

그러고는 내가 여기서 견딜 계획이라면 뒤를 조심하는 게 좋을 거라고 경고했다. 결국 얼마 뒤 그녀마저 일을 그만두었다. 남자들에게 완전히 질려버린 것이리라.

관리자로서 나는 즉각 욕과 비방을 무시하는 법을 배웠다. 또한 내가 결코 틈을 보여서는 안 된다는 사실을 이해하는 데에도 오랜 시간이 걸리지 않았다. 현장주임 가운데 한 명인 도널드란 남자와 사무실에 함께 있을라치면, 그는 이를 드러내고 웃으며 예고도 없이 허튼소리를 내뱉곤 했다. 도널드는 파란 눈에 키가 컸다. 언제나 단정하게 옷을 입고 말도 점잖게 했기 때문에 처음에는 그가 한 말들의 의미를 알아채는 데 시간이 걸렸다. 일에 관련한 이야기를 나누고 있다가 그는 난데없이 말했다. "당신이 입고 있는 건 분명 프랑스제 브래지어군. 볼륨 업 된 거 하며, 당신 젖꼭지가 보이잖아." 그는 내가 사물함에서 파일들을 찾고 있으면 나를 지켜보며 말했다. "계속 사물함에 허리를 숙이고 있으면, 원치 않은 뭔가가 당신 엉덩이로 들어올지도 몰라. 물론 난 조심할 수 있지만." 그런 말이 날아오면 나는 머리를 돌린 채 시선을 피했다. 수치감에 얼굴이 시뻘게지고 충격과 당혹감이 온몸에 밀려들었다.

기나긴 승리

불쾌한 순간이 몇 차례 있고 나서, 나는 그가 지껄이는 말에 대해 마음을 굳게 먹고 대처하기로 했다. 도널드는 내 작업장에 점검하러 와서는 흠잡을 것 없이 정리되어 있어도 이런 식으로 말했다.

"제기랄, 릴리, 이거 완전 매음굴 같잖아."

나는 위축되지 않았다.

"그래요? 잘 모르겠네요. 가본 적이 없어서."

나는 미심쩍은 부분이 있을 때에도 계속 회사 측의 말을 믿어 넘겼다. 그러니까 내가 압착실을 감독하던 날 밤 그 일이 일어나기 전까진 말이다. 기계 중 하나에 재료가 떨어지자, 내 상사가 내게 고함쳤다.

"릴리, 저쪽에 있는 고무 파편들을 기계에 집어넣어. 최악은 기계가 멈추는 거야."

추레해 보이는 노조원―그는 우체국에 붙은 수배지에서 볼 법한 인상이었다―이 압착기를 돌리면서 고개를 절레절레 흔들며 말했다.

"이 기계에 고무 파편을 넣으면, 기계 양쪽 끝에 있는 마개가 고장 나요. 고치기 진짜 힘들다고요."

나는 그를 믿지 않았다. 상사에게 그의 말을 전했다.

"에이, 뭐야, 그 자식 일 관두고 싶은 모양이네. 길거리에 나앉고 싶은가 보지?"

그의 대답이었다. 그래서 나는 내 상사가 일러준 대로 사람들에게 고무 파편들을 싣게 했다. 곧 큰 폭발음이 들렸고 구토가 치밀었다. 말할 것도 없이 압착기는 밤새도록 작동되지 않았다. 상사에게 당했다는 것을 알았다. 밤이 새도록 우리는 압착기를 세우고 다시 작동시키려고 애썼다. 바버라와 앤드루의 말이 머리에서 떠나지 않았다.

또 다른 현장주임인 스탠은 말을 엄청 빨리 하고 안짱다리로 걷는 남자였다. 그는 나를 속이려 하지는 않았다. 대신 그는 내가 그의 작업장의 일원이 되자마자 크고 분명하게 나에 대한 의심을 대놓고 말했다. 그는 모두에게 경고하길, 내가 ERA*의 지지자이며 사람들에 관한 정보를 모으고 블랙리스트를 작성하고 있다고 했다(나는 실수하지 않기 위해 정보들을 기록하고 표시해두려고 속기 수첩을 가지고 다녔다). 그때 나는 원료준비팀에서 1년 정도 일하다가 완제품팀으로 이동했다. 거기서는 타이어가 구덩이 안에서 경화되는데, 열처리하여 타이어가 단단해지면 머리 위를 지나는 컨베이어에 매달려 식힌다. 그런 다음 고무의 튀어나온 돌기들을 잘라내고 손질하는 기계로 들어간다. 마지막 단계에 도달했을 때, 까만색 타이어라면 즉시 고리에 줄로 매단 뒤 두 사람이 회전시켜 결함을 찾으면서 검사한다. 측면이 하얀 타이어는 파란 칠을 하는데 그것은 배로 운반되는 동안 칠이 벗겨지지 않도록 보호해준다. 마무리된 모든 타이어는 품질 도장을 찍어 트럭에 싣기 전에 전체적으로 균형을 맞추기 위해 마지막으로 그라인더로 한 번 더 깎는다.

---

* 남녀평등 헌법 수정안the Equal Rights Amendment.

가류 공정*을 할 때 스탠은 내게 기계 작동법을 가르쳐주려고 하지 않았다. 낡은 배선판들은 꽤 다루기 어려웠기 때문에 나는 그 기계의 구조를 이해하는 데 오랜 시간이 걸렸다. 어쨌든 내가 기계 곁에 한참을 머물고 있는 걸 본 한 전기공이 나를 도와주었다. 어느 날 밤에는 기계 결함이 연달아 발생했고, 나는 사무실에 올라가 스탠에게 도움을 요청했다. 그는 당장 타이어의 뼈대를 담당하는 직공들을 탓하며, 그들을 집에 보내버리겠다고 으름장을 놓았다.

"저희 직공들은 아무런 잘못이 없습니다. 저희 팀은 계속 타이어를 더 많이 생산하고 있다고요."

나는 그에게 그 사실을 상기시키려고 했다.

그는 얼굴이 벌게진 채 돌아서며 말했다.

"뭐라고 했어? 내가 지금 거짓말이라도 한다는 거야? 네가 지금 뭐라고 하는지 알고 있긴 하나?"

"아닙니다. 전 단지 직공들이 그들의 일을 잘하고 있다고 말씀드린 것뿐입니다. 이 일은 제 책임입니다. 정말입니다."

그는 내게 삿대질하며 소리치기 시작했다. 그의 악다구니는 팀원들이 지켜보는 가운데 30분도 넘게 계속됐다. 나는 도망칠 곳

● 타이어는 원재료를 혼합해 고무를 만드는 정련 공정(원재료 준비), 고무를 타이어 제조에 적합하도록 만드는 반제품 공정(압출, 압연, 비드), 원통으로 변형하는 성형 공정, 열과 압력을 가해 완제품 타이어가 나오는 가류 공정(마감 공정), 검사 공정의 순서를 거쳐 만들어진다.

도 할 수 있는 일도 없었다. 그저 거기 서서 그의 말을 고스란히 들어야 했다. 한참을 소리 지른 뒤 그는 컴퓨터실에 가서 의견 차이를 정리해보자고 했다.

거기서도 그는 내가 무엇을 잘못했는지 계속해서 지적했다.

"주임님이 옳아요, 제 잘못입니다. 주임님 결정에 따르겠습니다. 원하는 걸 말씀해주세요."

결국 나는 이렇게 말하고 말았다. 그는 내가 움직일 수 없게 내가까이 의자를 붙이곤 홍당무 같은 얼굴을 내게 들이밀었다. 그의 헝클어진 머리카락에 당황스러워하며 나는 그의 귀를 쳐다보았다.

"넌 어디서 왔냐? 넌 네가 엄청 똑똑하다고 생각하지? 넌 관리자도 아니야, 뭐 아는 게 없잖아. 널 뽑은 건 굿이어의 실수다."

"저기요, 제가 원하는 건 단지 일하는 것뿐입니다. 주임님이 못하게 하면 전 할 수 있는 게 아무것도 없어요."

나는 그에게 돌아가서 일을 하게 해달라고 말했지만 그는 나를 붙들고 보내주려 하지 않았다. 신경이 곤두서고 속이 메스꺼웠다. 하지만 그는 화가 잔뜩 나 있었고 무언가가 내게 조심하라고 경고했다. 곰에 공격당하는 사람처럼, 곰이 제풀에 화가 꺾이기를 바라며 가만히 있어야 했다. 기술 책임자가 오고 나서야 나는 거기서 나올 수 있었다.

한편 앤드루는 스탠이 그렇게 나쁜 사람은 아닐 거라고 말했다. 부모님이 갑작스레 죽어 홀로 남겨진 처남을 데려와 함께 살정도면 스탠이 완전히 나쁜 놈은 아니지 않겠냐는 것이었다. 이후 나는 우리의 차이를 받아들이려고 했고 내가 그렇게 하자, 스탠도 내가 앙심을 품거나 사람들을 염탐하는 게 아니라는 것을 알게 되었다. 마침내, 그는 내게 마음을 열기 시작했다. 스탠 덕분에 나는 사람들과 타협해야 한다는 것, 관계를 형성하는 데 필요하다면 내 태도를 바꾸는 한이 있더라도, 사람들의 성향을 이해하려고 노력해야 한다는 것을 배웠다. 어느새 우리는 서로에게 악감정 없이 함께 일을 하고 있었다.

나는 그 일을 찰스나 다른 누구에게도 말하지 않았다. 입사하고 처음 몇 년간, 찰스는 내가 굿이어에서 무슨 일을 하는지도 알지 못했다. 우리는 대부분 부엌에 붙여둔 메모를 통해 이야기했다. 내가 집에 있을 땐 그가 일하러 가고, 내가 일할 때 그가 집에 있었기 때문이다. 우리는 완벽한 교대조였다. 그는 일 때문에 자주 매클렐런 부대에 갔다. 그는 주방위군에서 진급하는 동안, 수료하지 못했던 대학 과정을 끝마쳤다. 내가 그에게 마음을 털어놓지 못했던 진짜 이유는 일에 관련된 것은 일터에서 끝내려고 했기 때문이다. 가족들과 보내는 시간을 일하면서 생기는 문제들로 소진하고 싶지 않았다. 그리고 집에는 또 집에서 일어나는 문제가 있는 법이다. 그때 필립은 고등학생이었고 비키는 휴학 중이었다. 찰스는 굿이어 공장의 일이라면 아무것도 들으려 하지 않았다. 나는 내 문제들을 감당할 수 있을 거라고 생각했고 그 상황에 적응해나갔다. 빽빽하게 자란 나무들 틈에서 단지 자라날 공간을 향해 자신의 몸을 뒤틀어야만 하는 나무처럼.

물론 굿이어에는, 내가 견딜 수 있게 해준 믿을 만한 사람들도 꽤 있었다. 내가 처음으로 원료준비팀에서 자동차 바퀴의 고무튜브가 될 고무 다발을 잘라야 했을 때, 내 상사는 내가 잘 갈린 칼을 부탁했음에도 무딘 칼을 주었다. 칼로 고무를 자르려는 찰나, 어떤 사람이 내게 다가와서 칼을 빼앗았다. 그는 작업장 반대편에 있는 고무 자르는 데 서툴러 보이는 한 사람을 가리켰다.

　"내가 어떻게 해야 하는지 제대로 보여줄 테니까 저 사람처럼은 되지 않는 게 좋을 거요."

　그는 내가 고래 지방처럼 생겼다고 생각한 두껍고 하얀 부분을 잘라내며 말했다. 그리고 다른 소소한 친절도 있었다. 가령 낡은 기계의 전선에 결함이 있을 때면 사람들이 도와주기도 했고, 콘크리트 바닥에서 신기 좋은 맞춤 신발을 주기도 했다.

　어쨌든 서로를 알아가면서 그들의 태도도 조금씩 달라졌다. 심지어 가장 완고했던 사람들도 나를 받아들이기 시작했다. 수리공 한 명을 소개받은 날, 그는 내게 가까이 다가와 말했다. "그러니까, 당신이 여기 꼭 필요한 거 같지요, 예?" 그는 덥수룩한 긴 머리에 몸집이 큰 사람이었다. 그의 입에서 좋지 않은 냄새가 났다.

　"그렇지요, 뭐, 난 내가 여기에 꼭 필요하다고 생각해요."

　내가 대답했다. 나는 그가 마지막으로 언제 목욕을 했는지 묻고 싶었다.

　그는 얼룩진 카키색 바지의 허리춤을 배 위로 끌어올리며 말했다.

"그럼, 그거 아쇼? 이곳이 미치도록 더워지면 난 가끔 속옷 한 장 안 걸치고 청바지만 잘라 입지요. 시원하려면 반바지도 벗어야 할지도 모르죠."

그러면서 갈색 침을 내 옆 바닥에 찍 하고 뱉었다.

"아니면 방귀를 뀌던가."

나는 한 발짝도 움직이지 않고 갈색 침 옆에 그대로 서 있었다.

"전 당신 작업의 책임자고 당신이 제대로 대우받도록 할 거예요. 그러니까 나 때문에 생활 습관을 바꾸지 않아도 됩니다. 단지 내가 여자라는 이유로 다르게 대접해달라고 요구하지는 않을 테니까요."

그는 완전히 수긍하는 것 같지는 않았지만, 함께 시간을 보내면서 곧 그의 태도도 달라졌다. 내가 여자인지 남자인지가 문제가 아니다. 노조원들은 나를 시험해야만 했다. 경영진과 노조라는 관계에서 그것은 당연한 일이었다. 그런 관계에서 존중은 그저 누구나 당연히 받을 수 있는 것이 아니다. 감독이 선수들의 존경을 얻어야 하는 것처럼, 노동자의 목을 손에 쥐고 있는 경영진들은 노동자의 신뢰를 얻어야만 한다. 내가 누구의 도움도 받지 않고 스스로 45킬로그램짜리 원료통을 옮기고 그들이 정말로 하기 싫어하는 주말 초과근무까지 맡아서 하자, 그들 대부분은 경의를 담아 나를 미스Miss 릴리라고 부르기 시작했다.

내 곁의 몇몇 좋은 사람들 덕분에 나는 일을 계속 해나갈 수 있었다. 내가 하지 않은 일로 문책을 당하던 날 밤 나를 옹호해준 기술 책임자와 같은 사람들. 그 사람들의 도움 없이 나는 결코 그곳에서 살아남을 수 없었을 것이다. 기계란 건 내가 곁에 있든 없든 작동되어야 한다는 걸 모두가 안다. 기계가 일단 멈추면, 다시 작동하지 않을 수도 있다. 그것은 교차로에서 일어나는 교통사고 같은 것이다. 특히 타이어가 경화되는 열처리 라인에서는 더 주의를 기울여야 한다. 공정 과정에는 결코 중단이 없다. 타이어는 계속해서 오고 있다, 컨베이어 벨트에서 그것들을 받아 차곡차곡 쌓아야 한다. 아차 하는 순간, 타이어 삼천 개가 밀리게 되고 초과근무를 해야 하는 것이다.

원료준비팀에서 목표는, 타이어 튜브 만드는 일이 어떠한 경우에도 멈추지 않도록 하는 것이다. 작업장은 소도시의 한 구역만 하다. 트럭들이 있고 고무를 운반할 때 필요한 레일이 바닥에 깔려 있다. 타이어의 부품을 제조하는 6×8과 12×6 크기의 튜브 생산기가 있다. 압연기에서 가열되어 나온 고무는 소시지 만드는 기계처럼 생긴 이 튜브 생산기 안으로 들어가 다른 종류의 고무들과 섞이고 다시 가열된다. 그런 다음 접지면에 무늬를 찍기 위해 주형기에 넣어진다. 접지면의 무늬로 눌리고 냉각된 고무에 때로 물을 뿌려야 할 때도 있다. 두 사람이 컨베이어에서 접지면을 꺼내어 화물차에 싣기 전에 거대한 톱이 트레드를 자른다.

나는 그곳에서 오래 일하지 못했다. 20센티미터짜리 튜브 생산기가 우리 교대조가 일을 시작할 때까지 2시간 정도 작동하지 않았다. 고무 다발이 기계 아래쪽에 걸렸고, 그 때문에 벨트가 고장난 것이다. 현장주임은 나를 탓했다. 하지만 야간 책임자 가운데 한 명이 다음 날 회의에서 나를 옹호해주었다. 그의 얼굴에는 칼에 베인 것 같은 상처가 있었다. 그는 압축기를 다루다 상처를 입었다고 했다. 어쨌든 그는 불만에 찬 사람들에게 문제가 된 고무 다발은 시간이 흐르면서 풀려나온 고무 파편들이 쌓였던 것이며, 나는 그것과 전혀 관련이 없다고 설명했다.

나를 눈엣가시로 여기는 그들에게 아무 바라는 것 없이 나를 옹호해준 그가 정말 고마웠다. 그것은 매우 이례적인 상황이었다. 사실 공정에 문제가 생긴다면 그것은 언제나 내 잘못이다. 결론은 내 일에 대해 더 책임감을 가지고 주의를 기울여야 한다는 것이었다. 나는 다른 사람들보다 더 열심히 더 영리하게 일을 해야 했다. 그때부터 나는 우리 교대조의 일정이 시작하기 2시간 전에 출근해서, 재료를 준비하고, 변경된 내용이 없는지 살펴보았다. 그것이 여덟 시간 교대 근무하는 데 열두 시간을 갖다 쓰는 사람은 없다고 엄마가 내게 입버릇처럼 말하게 된 이유다.

일을 시작하고 내가 겪은 일들이 정말로 그렇게 나쁘기만 했다면, 나는 견뎌낼 수 없었을 것이다. 나는 실험실의 쥐 같았으니까. 언제 버튼을 눌러야 음식이 나오는지를 알 수 없었기 때문에 계속해서 제자리로 되돌아가야 했다. 나는 끊임없이 인정을 받으려고 애썼다. 굿이어가 언제 내게 보상을 하고 언제 나를 질책하는지 예측할 수가 없었다.

○

나에 관한 첫번째 공식 평가는 1981년에 이루어졌다. 내가 가류공정팀 관리자가 된 지 일 년 만이었다. 부장 제프의 비좁은 사무실에서 회의가 열리는 동안, 아주 분명했던 건 나에 관한 평가가 어떨지 예측할 수 없다는 사실이었다. 그것은 기록된 적이 없는 것이었다. 말하자면 누구도 여자가 일을 하면서 해내야 하는 것이 무엇인지에 대한 기준을 몰랐던 것이다. 제프는 마감 공정에서 사용하는 기계에 관해 몇 가지 질문을 했는데, 연신 담배를 피우다 내가 정확한 답을 말하면 놀라워했다.

어느 틈엔가, 그는 자신이 굿이어에서 얼마나 잘해왔는지에 대해 말하기 시작했다. 그리고 애크런 본사에 있는 잘나가는 사람들이 자기 부인의 인맥이라는 것을 상세히 설명했다. 그가 마침내 자신에 대해 떠들기를 그쳤으므로, 나는 이제 나의 성과와 미래에 대해 이야기를 시작할 줄 알았다. 하지만 대신 그는 이렇게 말했다.

"흠, 12점 만점에 11점을 주지. 더 나은 점수를 원한다면, 라마다 호텔로 와."

나는 얼마 동안 멍하니 그를 쳐다보았다. 확실히 그는 농담을 하는 것 같았다. 그래, 저런 웃기지도 않은 말에 익숙하다 못해 이골이 나 있지. 그런데 제프는 나를 돌아다보고 있었다. 마치 기계에 대한 질문을 한 것처럼 내 대답을 기대하는 표정이었다.

나는 시계를 흘깃 보았다. 사무실에 있은 지 한 시간이 넘었다.

"잘 이해가 안 되는데요."

내가 대답했다.

그는 나를 향해 담배 연기를 내뿜었다. 그러곤 같은 말을 되풀이했다. 머리가 지끈거렸다. 화가 나서 심장이 떨렸다. 나는 숨을 깊게 마시고 나 자신에게 생각을 해야 한다고 말했다. 하지만 아무런 대응도 하지 못했고 나는 그것을 지금까지도 후회한다. 과도한 허풍에 비해 제프는 작은 남자였고 그의 피부는 골프를 치느라 햇볕에 타서 언제나 붉었다. 도대체 어디서 시간이 나는 걸까? 동료들에게 듣기론, 그에게 고위 간부인 친척이 있어서 누구도 그를 건드릴 수 없다고 했다. 그 역시 환영받지 않는다면 모를까, 그는 사람들을 잘 구슬렸다. 나는 일을 마친 뒤 그가 한 무리의 남자들과 주차장에서 오랜 시간을 보내는 걸 본 기억이 있다. 그들은 차 안에 있는 냉장고에서 맥주를 꺼내 마시고 있었다.

내가 물었다.

"제 성과를 두고 어떻게 그런 말씀을 하시는 거죠?"

"이런 곳에서는 말이야, 릴리, 네가 일을 잘했냐보다 상사들에게 얼마나 예쁨을 받느냐가 훨씬 더 중요한 거야."

그의 콧구멍 한쪽에서 한 줄기 연기가 길게 나오고 있었다.

나는 비키의 대학 수업료를 계산해보았다. 필립도 곧 대학에 가게 될 거야. 비키와 필립이 독립하기 전까지 여전히 몇 년이 남아 있었다. 게다가 찰스의 수입만으로는 감당할 수 없는 집 유지비와 다른 비용도 있었다.

그런 상황에서 무슨 말을 해야 할지 몰라서 나는 일어서서 문쪽으로 걸어갔다. 곁눈으로, 제프가 책상 위에 있는 꽁초 가득한 재떨이에 담배를 거칠게 꽂아 끄고 있는 게 보였다.

그날 밤 나는 잠들 수 없었다. 다음 날 나는 제프에게 내 업무평가를 물어보려고 했다. 내가 다가가자, 그가 말했다.

"자네랑 할 말 없어. 자네가 있을 곳은 저 아래니까."

나는 그에게 이유를 대달라고 했다. 하지만 그는 고작 "그게 내가 원하는 네 자리니까. 너는 지난 몇 달간 엉뚱한 사람들까지 화나게 만들었고 나를 곤경에 빠뜨렸어"라고 말할 뿐이었다. 며칠 뒤 나는 그 문제에 대해 다른 관리자에게 문의하려고 했다. 그는 아무런 관계도 없다는 듯 답했다.

"뭘 그렇게 걱정하는 거야? 어차피 해고되면 끝인데. 걱정하지 마, 넌 여기 있잖아."

이 일이 있은 후 그리 오래지 않아서 굿이어는 관리자 수를 줄이는 계획을 발표했고 나는 강등되었다. 1981년 7월 나는 가류공정팀에서 특수타이어 시험팀으로 보내졌다.

◉

관리자 회의와 교육 세미나에서도 제외된 나는 단지 화가 나는 정도가 아니었다. 얼마 뒤 나는 주차장에서 기름을 밟고 미끄러져 과속방지턱 위로 넘어지면서 코까지 부러지고 말았다. 공장 내 간호사가 집에 가서 먹으라며 다르보셋° 몇 알을 주었지만, 통증이 너무 심해서 평소에 한 시간 거리가 두 배로 먼 것 같았다. 겨우 집에 와서, 나는 흐르는 피에 숨이 막히지 않도록 앉아서 잤다. 다음 날 찰스는 나를 병원에 데려가 응급수술을 받게 했

° 마약성 진통제. 현재는 사용이 금지됐다.

다. 병원에 있는 동안 공장에서 내게 연락한 유일한 사람은 상사들 중 한 명이었는데, 그는 토요일에 하는 축구 경기 표가 내게 있는지 알아보려고 전화한 것이었다. 공장에 다시 출근했을 때, 내 코는 여전히 부어 있었고 공장 사람들은 나를 "스쿠오squaw"•라고 부르기 시작했다. 나는 언제나 굽은 내 코를 싫어했는데, 그때 나는 훨씬 더 남의 눈을 신경 썼으며 상처도 잘 받았다. 나는 내 상처를 감추고 싶었다. 아예 사라져버리고 싶을 만큼.

그러나 특수타이어 시험팀에서 나는 결코 사라질 수가 없었다. 그 팀에는 나를 포함해 두 명, 그러니까 나와 데니스만 있었던 것이다. 데니스는 공장에서 30년을 일해온 사람이었다. 그는 나를 만나자마자, 자신이 잭슨빌 주립대학에서 경영학을 전공했으며 굿이어의 경영진에 속해 있었다고 알려주었다. 자신이 장시간 힘든 노동을 좋아하지 않는다는 걸 알게 되었고, 회사에 자신이 불안한 상태라는 것을 납득시켰다. 그는 원해서 강등되었다. 하지만 그 전과 같은 월급을 받고 있었다. 그는 그 사실을 끊임없이 내게 강조했다.

일적으로 우리는 꽤 좋은 관계로 시작했다. 그가 내게 개인적인 문제들, 특히 그가 '빨강머리'라고 부르는 여자에 대해 말을 꺼내기 전까지 말이다. 그들은 타이어 튜브 공장에서 함께 일했었는데, 둘이 바람을 피웠고 지금은 그녀와 함께 살고 있다고 했다.

• 북미 원주민 여자. 흔히 모욕의 말로 쓰인다.

굿이어야말로 페이톤 플레이스Peyton Place*같은 곳이다. 소문은 무람없이 공장에 떠돈다. 모두들 데니스를 '굿이어에서 제일가는 기둥서방'이라 불렀다. 나는 몇 주 지나면 그를 어떻게 대해야 할지 알 수 있을 거라고 생각했다. 그는 성생활이며, 빨강머리와 싸운 이야기, 돈 문제까지 점점 더 상세하게 말했다. 그는 당황스러울 만큼 노골적이었다. 내가 그의 말을 무시하고 새로 맡은 업무에 최선을 다한다면, 그런 식의 말을 그만둘 것이다. 그러기를 바랐다.

작업장에서 실험을 진행하기 위해 준비할 때 우리는 먼저 사무실에서 만나 하루 일정을 상의했다. 의논한 지 몇 분도 안 돼서 그는 맞춰진 기계처럼 그의 성생활에 관해 말하기 시작하곤 했다.

"저 빨강머리는 자기가 원할 땐 침대에서 진짜 끝내주긴 해. 그래도 나는 당신이랑 더 자고 싶은데."

데니스는 충격적이게도 내가 그의 발언을 감사히 여겨야 한다고 생각했다. 내가 애써 그를 무시하며 일정을 다시 살펴보자, 그는 계속해서 말했다.

"모든 여자들이 그래, 내가 침대에서 죽여준다고."

얼씨구! 놀고 있네, 나는 생각했다, 볼 것도 없는 이 똥짤막한 영감탱이가 어째서 자기를 신이 여자에게 보낸 선물이라 생각하는 거지.

"우리, 일 얘기로 돌아가죠."

• 1957년 발표된 그레이스 메탈리어스의 소설 제목이자 작품의 배경인 허구의 도시.

그가 일에 집중하길 바라면서 내가 말했다.

언젠가 데니스가 주머니에서 손톱깎이를 꺼내 손톱을 깎기 시작했다.

"넌 내 다음 여자야. 내 말이 무슨 뜻인지 곧 알게 될 거야."

더러운 손톱들이 책상 위로 떨어졌다.

나는 대응을 못한 게 아니라 할 수가 없었다. 그는 한 박자도 쉬지 않고 장광설을 쏟아내었다.

"출장으로 호텔에 가서 네가 제일 첫번째로 하는 게 딴 놈이랑 자는 거지? 거기서 주말 내내 있겠지, 틀림없어. 다음 출장 땐 나도 갈 거야. 그때 넌 나랑 잘 수 있어."

나는 정말 내 속마음을 말하고 싶었지만, 그러는 대신에 말했다.

"별로 좋은 생각은 아니네요."

그는 눈을 가늘게 떴다. 그는 깎인 손톱 조각을 쓸어서 플라스틱 쓰레기통에 넣었다.

"뉴올리언스에서 함께 좋은 시간을 보내는 거야. 나는 네 인생 최고의 경험이 될 거고."

결국 내 인내심이 바닥을 치고 있었다. 내가 말했다.

"저는 발표하고 논의하느라 바쁠 거 같은데요."

"그게 무슨 상관이야?"

그가 말했다. 그는 여자가 자신의 손톱의 윤기를 살펴보듯이 꼼꼼하게 자신의 손을 보고 있었다.

"글쎄요, 당신은 당신이 원하는 게 뭐든 할 수 있겠지만, 저랑 같이 갈 순 없을 거예요."

나는 일정표를 들고 작업장으로 향했다. 우리는 아직도 무엇을 처음에 할 것인지 의논하지 못한 채였다. 그는 화가 난 듯 딱딱 소리를 내며 왼쪽 손톱을 신경질적으로 자르기 시작했다.

데니스는 나를 침대로 데려가려고 발광했다. 나를 건드리거나, 허리를 뒤에서 감싼다거나, 우리가 타이어 실험을 진행할 때면 내 등을 손으로 쓸거나 했다. 나와 어디도 가지 못한다는 사실 때문에 불만에 가득 차서 그는 더 뾰족하게 굴었다. 그는 자신의 성적 모험들에 관한 이야기를 쭉 훑고 난 다음 말했다.

"알겠지만, 네가 이쪽에서 더 많은 일을 하지 않으면 네가 얼마나 더 오래 일할 수 있을지 장담할 수 없어. 네가 꽤 똑똑하다고 생각하겠지만, 아무도 너를 신뢰하지 않아. 그런데 난 그걸 줄 수 있어. 너한테 좋은 게 뭔지 잘 생각해보라고. 부끄럽겠지, 하지만 여기 많은 사람들은 일을 할 수 없으면 사라질 수밖에 없어. 내가 보기엔 너는 이 일이랑 그렇게 맞지 않거든."

나는 그 이상 그를 화나게 하고 싶진 않았다. 그래서 노련한 비서처럼 최대한 평상시 목소리 톤을 유지하려고 했다.

"아시잖아요, 전 결혼했어요. 그리고 설령 결혼을 안 했다고 해도, 나는 직장 동료와 사귀지는 않을 거예요."

"내가 들은 얘기랑 다르군."

"우린 할 일이 있어요."

내가 말했다. 약간 어지러웠다. 저녁으로 먹은 거라곤 맥도날드에서 산 초콜릿 밀크셰이크가 전부였다.

"부끄러운 일이야. 그래, 일을 시작한다 치자. 너는 하루에 네

기나긴 승리

번 정도 타이어 실험을 할 수 있겠지. 하지만 결국 남자들이 하는 것만큼은 못해. 최근에 넌 일을 제대로 하지 않았어. 난 관리자한 테 너에 대해 이야기하기 싫은데 말이지. 알다시피, 그는 나한테 신세진 게 많거든, 내가 원하면 누구든 여기서 일 못하게 할 수 있 단 말이야."

물론 나는 이미 장부를 검토해보았다. 나는 평균적으로 매일 데니스보다 더 많은 실험을 하고 있었다. 하지만 그가 정말로 상 사의 약점을 알고 있다면? 그들은 오랫동안 함께 일했고 데니스 는 언제나 그들이 퍼지 덕이라는 스트립쇼를 하는 클럽에 가서 어떻게 놀았는지 떠벌리곤 했다. 게다가 그는 이미 우리가 만나고 있다고 공장에 소문을 내고 다녔다. 데니스가 앞으로 또 어떤 일 을 벌일지 알 수 없었다. 그는 피를 빠는 암살 침노린재 같았다. 그 곤충은 목화 바구미가 목화를 먹고 있을 때 뒤로 몰래 다가가 침을 등 뒤에 꽂고, 수프처럼 피를 빨아 먹는다. 그런 다음 속을 다 빨아 먹어 껍질만 남은 목화 바구미의 몸에 들어가 매복한 채 다음 벌레를 기다린다.

데니스는 몇 달 동안 내 목줄을 두고 쉴새없이 나를 협박했다. 나는 불안해서 제대로 먹을 수도 마실 수도 없었다. 며칠은 입원 해야 할 정도로 탈수증세가 심했다. 결국 나는 데니스 때문에 겪 는 문제들을 최소한 얼마라도 찰스에게 털어놓기로 했다. 찰스는 이 문제를 상사에게 이야기하라고 할지도 모르지만, 어쨌든 회 사 사람 누구에게도 말할 수 없었으니까. 앤드루는 내 교육 담당 자이긴 하지만, 나는 더이상 수련생이 아니고 그가 내게 해줄 수 있는 말은 별로 없었다. 제프는 이미 퇴짜 맞은 일로 내게 화가 나 있었다. 게다가 그는 이 모든 일을 만든 장본인이 아닌가. 그는 나를 첫번째로 강등시켰고 나는 아직도 그 일로 인해 힘들어하고 있었다. 가뜩이나 문제투성이 취급을 받는 상황에서 더이상 문제를 일으켜서는 안될 것 같았다. 찰스는 자신의 무력함 때문에, 그 일에 대해 서로 말할 때면 점점 더 짜증스러워하며 예민하게 굴었다. 그를 진정시키려고 나는 더이상 큰 문제가 아닌 척하곤 했다.

꼬투리를 잡히지 않으려고 나는 최선을 다해 착실하게 일했다. 평범한 작업복을 입어도, 데니스는 마치 내게 일을 지시하듯 말했다. "돌아서서 어깨 좀 펴봐, 가슴이 보이도록 말이야." 타이어를 매달면서는 이런 말을 했다. "너 속옷 안 입었지, 어? 나는 가슴이 큰 게 좋아. 내가 어쩌다 빨강머리랑 눈이 맞았는지 모르겠단 말이야. 처음 만났을 때, 그러니까 수술하기 전에도 그렇게 크지는 않았거든." 그녀는 최근에 유방 절제 수술을 받았다고 한다.

나는 나에 대한 어떤 사소한 이야기도 그에게 하지 않았다. 언제나 실패로 끝나고 마는 다이어트에 대한 말, "내 넘쳐나는 살들을 빼고 싶어요"라는 말조차도. 그가 내 몸에 대한 이야기를 듣는다는 것만으로도 수치심이 엄습해왔다. 마치 이차성징을 겪는 아이들이 부풀어 오르는 자기 몸에 익숙해지지 못해 수치심을 느끼는 것처럼. 나는 혹한에 시들어가는 이파리처럼 말라갔다. 나는 어떻게 해도 그들에게 '여자'였다. 여자라는 딱지에서 벗어나 자유로워질 수 있다면. 차라리 성적 정체성 따위는 알지 못하는 아이가 되고 싶었다. 그때부터 나는 머리를 짧게 자르고 다녔다.

그 당시 일하러 가는 것에 대한 나의 불안은 극에 달해 있었다. 이성적인 방법으로는 내 문제를 해결할 수가 없었다. 그건 타이어의 결함과 같은 문제가 아니었다. 타이어가 끼어서 기계가 멈춘다면, 어디서 무엇이 잘못되었는지 따져봐야 한다. 고무가 너무 많았을 수도 있고, 어떤 화학물질이 너무 많이 들어갔거나, 온도 조절을 잘못했을 수도 있다. 공정 과정을 꼼꼼히 되짚어가다 보면 어떤 실수가 있었는지 실마리를 발견할 수 있을 것이다. 그런 다음에 그것을 고치고 맞게 대응하면 기계가 다시 작동한다.

하지만 이런 것은 데니스와 나의 문제를 푸는 데는 아무런 힘이 없다.

32년을 정말 개처럼 일만 했던 아빠를 생각해보았다. 그는 무엇을 견뎌야 했을까. 엄마와 내게 한마디도 못한 채 그가 견뎌야 했을 일들을 생각했다. 한순간에 생이 곤두박질치는 걸 보면서 내 부모가 감당했을 두려움이 내게도 전해졌다. 엄마는 너무 어린 나이에 당신의 엄마를 잃었다. 아빠는 열다섯 살이 되었을 때, 서던 철도의 감독관으로 일하던 아빠를 잃었다. 할아버지가 죽고 얼마 지나지 않아, 아빠와 맥 할머니는 루실 고모가 사는 앨라배마로 이사했다.

뿌리를 뽑혀버린 사람들이 그렇듯 아빠는 안정을 갈망했다. 그는 평생, 내가 알기로는 딱 한 번 결근했다. 이를 빼기 위해 휴가를 냈는데, 그 하루로 인해 자신의 경력에 오점이 생겨 더이상 일하지 못하게 되거나 고용 보장이 위태로워질까 불안해했다. 예기치 않게 나 역시 같은 불안을 안고 살았다. 나는 혹여 찰스에게 무슨 일이 생기더라도 내가 나 자신과 아이들을 돌볼 수 있다는 사실에 애써 위안을 받았다. 타이어 실험팀에서 근무한 그 해에도, 내 선택은 아니었지만 나는 데니스를 참고 견뎠다. 나는 그렇게 했다. 빨강머리 여자가 데니스를 떠나면서 상황이 달라지기 전까지는.

○

1982년 5월 초였다. 내가 사무실 앞을 지나갈 때 데니스가 내게 소리를 질렀다.

"내가 여기 없으면, 넌 하루 종일 책상에 붙어 앉아서 아무것도 안 하겠지. 두 번 세 번은 실험을 해야 할 텐데도 말이야!"

하루 종일 사무실에 앉아서 여자랑 전화를 붙들고 도대체 뭘 하는지 알 수 없는 사람은 그였는데도 말이다.

한바탕 떠들고 난 후에, 그는 작업장에 와서 내가 이미 실험했던 타이어 더미에 가서 테이프를 붙였다. 내가 그에게 어떤 압축기와 기계를 검사할지 묻자, 그는 내 손을 잡고 자기 쪽으로 끌어당겼다.

"하루 종일 내 옆에 딱 붙어 있어. 내가 도와줄게. 난 오늘 일하기 싫거든. 좀 울적해서 말이야." 그는 내 손을 꽉 쥐었다. "네가 나를 좀 달래줘." 그는 손을 뻗어 당장이라도 단추를 풀 기세로 내 셔츠 위쪽에서 손을 움직였다. 그가 다시 손을 뻗었을 때 내가 말했다.

"괜찮다면 단추를 위에까지 채워야겠네요."

그리고 그에게서 물러섰다.

압축기 뒤편에서, 그는 내 등을 문지르며 손가락으로 원을 그렸다. 그는 고의로 두 번이나 내 가슴에 손을 대기도 했다.

"넌 나를 쥐고 흔들어. 이제 또 뭘 할 생각이지?"

깨진 컵을 치우고 있는 것 같았다. 이게 마지막 파편이겠지 하고 일어서는 순간, 또 다른 파편을 보는 것이다. 파편은 맨발에 박힌 채로 발견되기도 한다. 나는 그에게 등을 돌리고 기계의 다른 쪽으로 걸어갔다. 용암이 끓는 것처럼 속이 타올랐다. 그는 그날 밤 내가 자신의 빈집에 함께 가지 않아서 매우 화가 나 있었기 때문에, 나는 며칠 동안 가만히 있는 게 좋겠다고 생각했다.

어느 날 아침, 모든 타이어를 다 점검했을 때 그가 다시 검사하라고 말했다. 내가 머뭇거리자 그가 말했다.

"너 일하기 싫어? 내 상사가 돌아와서 이 사실을 알게 되면 어떨까? 내가 네 일까지 다 하게 되겠지."

언제 그가 협박을 실행으로 옮길지 전전긍긍하느라 진이 빠져 버렸다. 이제는 정말 도움을 요청할 때였다. 내가 유일하게 말할 수 있는 사람은 브루스였다. 그는 분회 노조위원장이었고, 문제들을 해결하는 데 익숙한 사람이었다. 그는 인사 담당자를 만나러 나와 함께 가주기로 했다. 바로 그날 오후에 우리는 에디를 만났다. 그는 레이디얼 타이어 생산부 담당 인사 전문가였다.

상담이 이루어졌다. 나는 상황을 설명했다. 내가 그곳에 온 이유를 말하고 내가 마지막으로 하고 싶은 말을 했다.

"제가 원하는 건 그가 내게 손을 대지 않는 것과, 그의 성생활에 대해 내게 말하는 걸 그만두는 것입니다."

얼마 동안 듣고 있다가, 에디가 일어서서 문 쪽으로 걸어갔다. 그의 얼굴은 그의 머리카락만큼 어두운 적갈색으로 붉어져 있었다. 그는 마음을 바꾸고 다시 돌아와 앉았다. 그의 시선이 나를 비켜갔다. 안절부절 못하는 그를 보니, 내가 뭔가 잘못한 사람처럼 느껴지기 시작했다. 그는 마침내 전화기를 들어서, 마치 전화번호를 잊은 사람처럼 그의 비서더러 부서 관리자인 보를 찾아서 여기로 와달라는 말을 전하라고 했다. 내 이야기를 들으면서 보는 미심쩍은 얼굴로 나를 쳐다보았다.

"우리 회사의 새로운 규정에 따라서, 우리는 내부적으로 조사를 진행할 겁니다. 며칠이 걸릴 수도 있어요."

그는 사무적으로 말했다. 그러나 나는 단지 그 상황이 처리되기를, 데니스가 태도를 바꾸기를 바랐다. 그에게 여자 문제가 있다는 것을 모두가 알고 있었으니까.

에디가 말했다.

"이제 집에 가도 좋아요. 조사가 끝나고 알려줄 게 있으면 연락하겠습니다."

그의 얼굴은 여전히 상기되어 있었다.

공장의 가스 냄새가 내 모든 옷가지에 집요하게 배어 있다. 지독하게 역했다. 나는 의식을 잃을 것 같았다.

"그런데 데니스는 어떻게 되는 거죠? 계속 일하나요?"

"네, 그를 자를 이유가 없네요. 그는 굿이어에 공헌했고 뭐, 증명할 수 있는 기록도 있고, 그러니 우리는 그와 계속 일할 겁니다."

에디가 보를 보면서 말했다. 그는 고개를 끄덕였다.

커피를 여섯 잔 정도 들이킨 듯이 손이 떨려왔다.

"저도 일하겠어요."

"집에 있으세요. 걱정할 필요 없습니다. 월급은 보내드릴 겁니다."

보가 나를 안심시키려는 듯 말했다.

내 안에서 굳은 뭔가가 솟아났다. 이 남자들은 내게서 이것을 빼앗지 못할 것이다. 데니스가 일하는 만큼 내게도 내 일을 할 권리가 있다. 어렸을 때 토요일이면 내 부모가 블랙웰더 채소 가게에서 장을 보는 동안 나는 어두운 영화관에 앉아서 진 오트리 Gene Autry가 나오는 서부영화를 수백 편 보았다. 그 오후들이 내 안 깊이에 자리하고 있다. 수백 편의 영화는 결국 언제나 한 가지 이야기였다. 하얀 모자를 쓴 사람이 반드시 이긴다. 얼마나 많이 그가 쓰러지고 다시 털고 일어나길 반복하더라도, 결국엔, 좋은 사람이 이기는 것이다.

허벅지에 손을 비비고 더 꼿꼿이 허리를 펴고 앉았다.

"데니스가 일한다면, 저도 일을 하겠어요."

◉

회의가 끝나고, 나는 즉시 공중전화로 가서 버밍햄에 있는 평등고용기회위원회Equal Employment Opportunity Commission(EEOC)에 전화를 걸었다. 전화를 받은 사람은 내게 서류를 직접 제출하러 와야 한다고 알려주었다. 내가 그에게 다음 주에 아마도 잘리고 나면 버밍햄에 갈 수 있을 것 같다고 말하자 그는 일을 진행했고 전화로 내 문의 사항을 받았다. 하지만 접수는 다음 날이 되어야 될 것이라고 말했고 내가 그것을 이해했는지 확인했다. 접수는 넘쳐나는데 그걸 처리할 사회복지사는 너무 적기 때문이었다. 내 접수장은 커다란 더미 가장 밑에 깔렸다. 전화를 끊고, 나는 남은 25센트를 넣고 주치의에게 전화를 걸었다.

그날 오후 늦게 그가 내 혈압을 쟀을 때 혈압은 하늘 높이 치솟고 있었다.

나는 EEOC의 일처리를 신뢰하진 않았다. H&R 블록에서 일하던 1964년에 제정된 연방민권법 제7장에 따라 직장 내 성차별이 불법이라는 것을 알고 있었지만, 나는 그 법을 제대로 이해하고 있지 못했다. 사실 EEOC가 성희롱이라는 말을 만들고 성차별을 규제하는 지침을 내놓은 지 2년밖에 되지 않았다는 걸 그때는 몰랐다. 또 십 년 후인 1976년이 되어서야 판사가 여성 노동자에 대한 남성 관리자의 성적 접근을 성희롱으로 볼 수 있다고 인식하기 시작했다는 것도, 나는 몰랐다. 게다가 상사의 성적 접근을 거절했다는 이유로 여성 노동자에게 보복하는 것이 연방민법권 제7장 위반이라는 판결은 1977년에야 비로소 이루어졌다. 그때 그리고 지금까지도, 정말로 많은 여성이 그런 상황에서 일을 해왔다.

찰스에게 변호사와 연락했다고 말했고 우리는 필요하다면 차 할부금 내는 것을 미루기로 결정했다. 나는 앤드루의 추천으로 가입했던 애니스턴 비즈니스클럽을 통해 알게 된 변호사 잭에게 연락했다. 그는 그때 막 개인 사무실을 열었다. 그 사이 회사에서 내

기나긴 승리

부 조사가 진행되었고, 그것은 굿이어가 방어 태세를 준비한다는 의미였다. 조사가 시작됐다는 말이 공장에 퍼져나갔다. 나는 사람들이 굿이어에서 계속 일하려면 입 다물고 있어야 한다고 말하는 걸 들었다.

내가 성희롱 당하는 걸 목격하고 휴게실에서 나를 위로해주던 크리스티라는 여자가 갑자기 마음을 바꿨다. 그녀는 예전에 관리팀에서 자신을 승진 대상에서 제외시켰다고, 그것이 자신이 최근에 결혼을 했고 아마 아기도 가질 것이기 때문인 듯하다고 말하며 그 상황을 어떻게 대처해야 할지 내게 묻기까지 했었다. 그런데 이제 그녀가 나와의 신뢰를 저버렸다. 지나가는데 그녀가 내 팔을 움켜쥐더니 그런 일을 저질러서 주변 사람들까지 망치려 하느냐고 나를 몰아세웠다. 나는 당황했다. 특히 나는 데니스가 그녀에게도 내게 하듯 대한다는 걸 알았기 때문이다. 그녀는 그 이후로 내게 말도 걸지 않았다. 크리스티는 몇 년이 지나 다른 부서에서 성희롱을 당했을 때 이때 내게 했던 행동을 후회했다고 털어놓았다.

EEOC의 조사가 시작되었을 때 나는 에디와 보를 다시 만났다. 그들은 데니스가 내 진술을 모두 인정했다고 말했다. 가슴을 만진 것만 빼고. 그러더니 이제 그 문제를 끝내려는 듯, 데니스는 팀에 남고 나를 인사이동 시키겠다고 보가 말했다.

나는 너무 놀라서 기절할 지경이었다. 보는 자기 책상 가장자리에 몸을 기댄 채 거의 아버지 같은 모습으로 내 쪽으로 몸을 기울였다.

"지금까지 보자면 당신은 형편없는 점수를 받았어. 뭔가 다른 일을 더 많이 해볼 필요가 있지 않을까 싶어요. 주말에 오토바이 나 수상스키 타는 걸 배워봐요. 정말 여기서 성공하고 싶다면 말 예요. 그게 내가 해줄 수 있는 제안이군요."

정말로 사람들이 이런 식으로 생각하는 거였나? 그는 정말로 내가 주말에 남자들과 어울려 놀기를 기대했던 걸까? 낚시를 하 고 맥주 몇 병을 들이켜는 게 모든 것을 다 해결해주기라도 한다 는 듯이 술 마시는 거? 게다가 내 '형편없는' 성과라니, 도대체 무 슨 말인가. 이번 회의는 데니스의 행동에 관한 것이었지, 내 평가 에 대한 것이 아니었다.

"도대체 왜 누구도 내게 이런 이야기를 해주지 않았던 거죠?"

나는 겨우 입을 떼고 말했다.

"그건, 누가 잘못하고 있을 때 그런 말을 그 사람한테 한다는 건 어려운 일이지. 당신 상사들도 사실 이야기를 했을 텐데, 당신 이 그들이 말하는 진짜 의미를 못 알아들은 거지."

그는 의자로 되돌아갔다.

"나는 굿이어에 우수한 성적으로 들어왔어요. 관리팀에서 적 극 추천했다고요."

나는 그에게 그 사실을 상기시키려 했다.

"글쎄, 당신은 제조 공정 소속이 아닐지도 몰라, 그게 그러니 까," 그는 말을 끝내려고 했다. 서랍을 열어서 뭔가를 찾았다. "당 신은 예전에 벌써 발령 조치가 났어. 정말 빨랐군."

귀에서 윙윙 소리가 들리기 시작했다.

기나긴 승리

"하지만 전 언제나 제가 업무상호교차훈련을 받고 있다고 들었는데요. 승진될 사람만 업무상호교차훈련을 받잖아요, 그렇죠?"

그는 서랍을 닫고 이쑤시개를 손에 들었다.

"내 생각엔 자네가 여기까지 오면서 몰랐던 일들이 꽤 있는 것 같은데. 어쨌든 지금 당장은, 자네가 앞으로 나아가기에 힘든 시간을 보내고 있으니까, 우리는 자네가 품질관리 쪽에서 일하는 게 최선이라고 느끼고 있네. 임시직이지만 자네는 여전히 관리자야. 하지만 거기서 신뢰를 쌓아야만 되겠지."

그는 이를 쑤시기 시작했다. 내가 할 수 있는 말은 아무것도 없었다.

◉

EEOC가 조사를 수행할 때, 나는 품질관리팀에서 혼자 일했다. 접지 면을 굴려보거나 타이어의 무게와 폭을 재면서 설명서와 비교해 타이어의 품질을 점검하는 일이었다. 공장의 모든 사람이 나를 피했다. 어떤 사람들은 노골적으로 나와 말을 섞지 않았고, 어떤 사람들은 문제를 일으킨 것에 대해 불편함을 드러냈다. 사람들이 하던 일을 계속할 수 있기를 원하는 걸 탓할 순 없다. 하지만 진실을 알면서도 눈을 감는 사람들은 밤에 어떻게 잠들 수 있는 것인지, 그것만은 알 수 없었다.

로라만이 기꺼이 진실을 말하려고 한 유일한 사람이었다. 그녀는 오번Auburn에서 공학을 전공한 몸집이 작은 여성이었다. 로라는 마감공정팀에서 컴퓨터 작업을 하고 있었다. 그 전에 우리 일에 대해 이야기 나누었을 때, 그녀는 남자들이 치근덕거려서 죽을 것 같다고 호소했다. 그녀 역시 변호사 잭을 만나 자기가 보고 들은 이야기를 했다. 최소한 한 사람이 내 곁에서 나를 지지해준다는 것이 정말로 큰 위안이 되었다.

6개월 정도가 걸렸다. 나는 소송할 권리를 얻었다. 그러니까 90일 안에 소송을 제기하면 되는 것이었다. 그런 뒤 다음에 해야 할 일을 선택해야 했다. 데니스가 한 짓을 증명해야 하는데, "그가 뭐라고 하고, 내가 뭐라고 했다"는 식, 즉 '그랬다'는 주장만 가지고서는 아무것도 보증하지 못한다고 잭이 설명했다. 그는 내가 정말 얻고자 하는 게 무엇인지 물었다. 내가 아는 건 정당한 내 자리를 다시 찾고 싶다는 것뿐이었다. 마음속에 품은 것은 오직 그것뿐이었다. 잭은 내가 관리자로서 복직하는 문제로 굿이어와 협상했다.

내 복직 이야기를 하기 위해 에디와 부장 중 한 명인 조지를 만났다. 나는 거의 신경쇠약 직전이었다. 그들이 결국 내게 복직하라고 말했을 때 우리는 매우 작은 사무실에 있었다. 마침내 미쳐 날뛰던 신경이 가라앉았고 나는 말했다.

"내가 원했던 건 이게 다입니다. 일이 힘들건 욕을 듣건 그런 건 상관없어요. 저는 많은 걸 감수할 수 있습니다. 참고 견딜 수 있어요. 하지만 누구도 데니스가 했던 것처럼 저를 괴롭힐 순 없습니다. 그리고 앞으로 제 성과에 대해 거짓말하지 마세요."

에디는 서성거리며 욕을 섞어 말했다.

"참나, 내가 아는 건 빌어먹을 정부가 내 부서를 어떻게 운영해야 하는지 나한테 전혀 알려준 적 없다는 거야."

조지가 그를 재빨리 조용히 시켰다. 그리고 그들은 나를 떠밀 듯 밖으로 내보냈다.

협상 분위기가 그와 같았음에도, 나는 아이일 때 사랑했던 서부영화들이 그랬듯 정의가 승리한다고 믿었기 때문에 굿이어가 정해놓은 내 미래에 맞설 수 있었다. 내 일자리를 빼앗기는 상황을 성공적으로 막아냈다고 생각했다. 나는 당시 연방법의 힘을 믿었다. 그리고 나와 함께 일하는 당신들의 지지가 나를 견뎌낼 수 있게 했다. 물론 지옥 같은 2년을 더 보낸 뒤에야, 나는 그 기억들을 비로소 놓을 수 있었다. 두번째를 위해 첫 출산의 기억을 잊는 것처럼, 기억들을 희미해져가도록 놓아둔다. 희망보다 큰 불신을 거부하면서, 나는 일을 계속 해나가기로 그리고 정당하게 대우받기로 결심했다. 상황도 나아질 것이라고, 정말로 그렇게 생각했다. 하지만 인생이 어디 내 마음대로 흘러가주던가, 내 예상은 언제나 뒤통수를 맞고야 만다.

릴리, 바람구두를 신다

기억해야 해, 진저 로저스는 프레드 아스테어가 했던 모든 동작을 다 했지.
뒤에서…… 하이힐을 신은 채로 말이야.

_ 밥 사베스Bob Thaves, 『프랭크와 어니스트』

나는 엄마가 구워준 레드벨벳 케이크
를 휴게실에 가져갔다. 일종의 규칙 같은 것이었다. 누군가 집이나
트럭, 세탁기처럼 새로운 뭔가를 사면 그 사람은 집에서 음식을
만들어와 공장에서 나누어 먹곤 했다. 나는 빵 구울 시간조차 없
었다. 내가 필요할 때면 엄마가 급히 허밍버드케이크나 이탈리안
크림케이크를 준비했다. 그녀는 주말마다 빵을 구웠고 식료품 저
장실에는 언제나 왓킨스 바닐라크림 4L가 구비되어 있었다. 뭔가
를 축하한다기보다는 내가 마감공정팀에 야간 교대조의 관리자
로서 돌아왔다는 사실이 그저 기뻤다. EEOC의 조사 결과를 기
다리며 품질관리팀에서 혼자 근무한 지 일 년 만의 일이었다. 케
이크는 무거웠다. 엄마는 평소 크기의 두 배만 한 케이크를 만들

기나긴 승리

었고, 우리에게 주어진 휴식 시간은 한 시간이었다. 휴게실 탁자 위에 케이크를 담아온 타파웨어 통 뚜껑을 열고 그 옆에 플라스틱 칼을 놓았다. 한 조각 잘라 먹고 싶었지만 손을 내려놓았다. 누구도 엄마보다 더 맛있는 케이크를 만들 순 없을 것이다. 게다가 나는 다른 사람들이 공장에 가져온 케이크들은 먹고 싶지 않았다. 어떻게든 장난을 치려고 하는 남자들 때문이었다. 그들은 아내 몰래 치모를 반죽에 넣곤 했다. 우리 모두가 한 조각을 먹고 나면 히죽거리며 그 사실을 털어놓았다.

색색이 화려한 1회용 접시를 깔고 포크도 놓았다. 제대로 해볼 또 한 번의 기회를 얻었다고 생각했다. 나는 엄마처럼 회한에 붙들려 살고 싶지 않았다. 그녀는 쉽게 상처 받았다. 그녀는 친구들과 가족들이 자신을 무시하고 모욕한다고 느꼈고, 그럴 때면 티를 내지 않은 채 그 말을 붙들고 괴로워했다. 지난 몇 년간 일어났던 모든 일은 찰스가 '13번 파일'이라고 부르는 것으로 종결되었다. 13번 파일은 군대에서 쓰는 용어로 폐기된 파일, 쓰레기통을 의미한다. 이제 나는 공식적으로 그 일들을 떠나보냈다. 한 발 나아가야 할 시간, 생활로 되돌아갈 시간이었다.

손에 묻은 크림을 핥고 있는데 가류기에서 일하는 피터가 들어왔다. 그는 매주 토요일 야간 교대근무를 할 때면 스테이크와 구운 감자를 자신이 일하는 기계 위에서 구워 다른 팀들에 배달하곤 했다. 나는 오랫동안 그를 보지 못했다.

"케이크를 핥아서 다 먹으려는 건 아니겠죠?"

그는 웃으며 자판기에 돈을 넣고 마운틴듀를 뽑았다.

"케이크의 달인이 돌아왔네요, 왠지 무지 반갑네."

모든 직원이 엄마를 그렇게 부르곤 했다.

나는 케이크를 크게 잘랐다.

"한 조각 드실래요?"

그에게 가장 큰 조각을 건넸다. 모르는 사이에 타이어 성형팀의 두 남자가 휴게실로 들어왔다.

"내 것도 좀 남겨두라고요."

한 사람이 말했다.

나는 그에게도 한 조각 주었다. 그 옆 남자에게 케이크를 건넸을 때, 그는 머리를 흔들고 입을 앙다물더니 말했다.

"말해봐 릴리, 왜 거기 가서 회사를 고발한 거지?"

그가 물었다.

가벼웠던 방 분위기가 순식간에 누가 불이라도 끈 듯 어두워졌다. 뭔가 묵직한 것이 내 가슴을 치고 몸 깊숙이 내려앉았다. 때때로 누군가 두 손으로 나를 벽에 밀치고 짓누르는 것처럼 가슴께가 답답하고 뻐근했다.

"난 그런 적 없어."

케이크 부스러기를 훔치며 내가 말했다.

"그럼 왜 사람들이 그렇게 말하고 다니는 거지?"

그는 팔짱을 끼고 다리를 벌리고 서서 계속 물었다.

내가 이미 그 질문에 얼마나 많이 대답했든지 간에, 나는 결코 남자 직원들이 굿이어에 대한 자신들의 충성을 가리킬 때 즐겨 쓰는 말처럼 '진정한 굿이어인true blue and gold'이 될 수 없을 것이다.

"난 고발하지 않았어. 잘못된 걸 말했을 뿐이야. 내가 고발했다면, 나는 여기 다시 오지 못했을 거야."

"네가 뭘 했든 어쨌든 그건 옳지 않았어. 우리가 이미 충분히 할 만큼 했는데도 넌 언제나 그 모든 걸 다시 들쑤시고 결국 모두에게 손해를 입히잖아."

그는 자신에게 저주를 걸려는 마녀라도 보듯 나를 쳐다보았다. 얼마 전 내 물품 보관함 속 장비 위에 폭죽을 놓아둔 게 그일지도 모르겠다는 생각이 스쳐갔다.

"솔직히, 요즘 같아선 네 옆에 있고 싶지도 않아."

그는 자기 친구에게 고갯짓을 했고 친구는 허겁지겁 케이크를 입에 집어넣었다.

"빨리 와라, 난 저 여자랑 한 공간에 있는 것도 참기 힘들다고."

그는 휙 몸을 돌려 나갔고 피터와 다른 남자도 따라 나갔다.

이제 됐다고 생각했다. 상황이 더이상 나빠지지 않기를 바랐다. 짓궂은 장난이나 앙갚음에 대해서라면, 이곳 남자들은 누구에게도 뒤지지 않을 것이다. 유치하고 어이없는 일들, 나는 지갑 속에서 축축한 피클을 발견하기도 했다. 때때로 일이 커질 때도 있었다. 설사약을 주사기 가득 채워 날마다 먹는 빵에 넣었고, 빵 주인은 며칠 동안 병원 신세를 져야 했다. 그게 뭐가 재밌는지, 그들의 장난은 멈출 줄 몰랐다.

그러나 그들의 말에 무너질 수는 없었다. 얼마나 힘겹게 싸워서 얻어낸 두번째 기회인가. 이제 시작될 시간은 예전과 다를 것이다. 험난했던 시간을 지나왔으니 이제 더 나아질 일만 남은 것이다.

나는 케이크를 한 조각 잘라 먹고 나머지는 남겨두었다.

◉

공장의 밤은 아무에게도 들키지 않고 지나간다. 당신이 제조 공장에서 야간 근무를 한다면, 당신은 어딘가 경계지대에 들어와 있다고 느낄 것이다. 그곳에서 시간은 이상한 방식으로 흐른다. 아침이 되어 밖으로 나오면 바깥 세계의 리듬에 적응하기까지 꽤 시간이 걸릴 것이다. 나는 비스킷을 사러 하디스에 들렀고 아침을 먹으며 『애니스턴 스타』를 읽고 있었다. 내 시선은 신문 맨 위쪽에 쓰인 숫자에 가 있다. 1986. 나는 다시 그 숫자를 보았다. 지금이 정말 1986년이라고? 혼란스러웠다. 잠이 덜 깬 걸까, 꿈을 꾸고 있나. 가끔 잘 아는 단어가 낯설게 보일 때 사람들이 하듯이, 나는 날짜를 붙들고 한참을 보고 있었다. 아니 도대체 시간들이 어디로 사라진 거지? 살면서 일 말고 다른 것들을 내가 할 수나 있을까?

그러다가 신문 하단에 적힌 사교댄스교실 광고가 눈에 들어왔다. 애니스턴에 있는 작은 교습소에서 하는 그 강좌는, 네 번 교습받는 데 10달러였다. 춤이라……. 눈을 감고 어릴 때를 떠올렸다. 내 침대 위쪽에는 『라이프』지에서 오린 화려한 핑크색 드레스를 입은 진저 로저스 사진이 붙어 있었다. 사진 속 그녀는 프레드 아스테어와 왈츠를 추고 있었다. 치어리더를 하면서 공연의 맛을 안 뒤로 나는 춤을 배우는 것에 대해 환상을 품게 되었다. 물론 고등학교 수업시간에 배운 무용이 다지만 말이다. 춤을 배운다는 생각을 하자 심장이 두근거렸다. 오랜 시간 느낄 수 없었던 설렘이었다. 커피를 불어 식혔다. 시간을 이대로 그냥 흘려보낼 수 없다. 나는 찰스에게 보여주려고 신문을 챙겼다. 그도 함께하면 좋겠다고 생각했다.

"그런 쓸데없는 짓 할 시간 없어."

내 말이 끝나기도 전에 찰스가 대답했다.

그를 졸랐지만, 눈도 꿈쩍하지 않았다.

"난 춤출 줄 몰라."

"나도 마찬가지야. 그러니까 배우자."

"남자가 무슨 사교댄스야."

"남자들도 해. 사교댄스는 두 명이서 추는 거야, 몰라?"

우리는 몇 번 더 설전을 벌였다. 나는 정말 찰스가 내 새로운 도전을 함께할 파트너가 되길 바랐다. 하지만 그가 싫다는데, 나도 그와 더 싸우고 싶진 않았다.

마지막으로 그에게 말했다.

"좋아. 마음이 바뀌면, 언제든 와."

결국 나는 혼자 등록했다.

나는 가자마자 완전히 춤에 푹 빠졌다. 일주일에 2, 3일, 근무하러 가기 전에 교습소에 들렀다. 검은 올백머리에 호리호리하고 대담한 텍사스 출신인 헥터가 춤을 가르쳐주었다. 그는 내가 만난 그 누구보다도 에너지가 넘치는 사람이었다. 나는 춤에 빠져 살았고 찰스는 헥터와 교습 받는 다른 사람들에 대해 끊임없이 내게 질문했다. 나는 찰스에게 걱정할 것 전혀 없다고 말했다. 찰스는 헥터를 최선을 다해 싫어하려 했지만, 결국 그도 헥터의 매력에 무장해제되고 말았다.

헥터와 무대를 가로지르며 탱고를 추고 있었다. 헥터의 부인 사브리나가 의자에 앉아 우리를 쳐다보고 있었다.

"웃어, 릴리! 웃으라고."

사브리나는 음악에 맞춰 발을 구르면서 계속 말했다. 우리는 니스 칠을 한 바닥 위에서 빙빙 돌았고, 거울에는 굳은 내 표정이 비쳤다. 웃고 싶었지만 되지 않았다. 춤을 추면서 처음 몇 달 동안 나는 화장실 거울 앞에 서서 웃는 연습을 했다. 헥터를 만나기 전까지 나는 웃을 때 항상 무의식적으로 손으로 입을 가렸었다. 활짝 웃는 것은 내게 익숙하지 않았고 이를 드러내는 것도 창피했다.

얼마 후 나는 사브리나의 말을 듣지 않고도 웃으며 춤을 출 수 있게 되었다. 나는 뛰어난 무용수가 되는 것을 꿈꿨다. 그것은 나 자신에 대한 도전이었고 새로운 경험이었다. 나는 애틀랜타에서 열리는 공개 경연에 주말마다 참가하기 시작했다. 무대는 주로 홀리데이 호텔처럼 사교댄스를 할 만큼 충분히 컸고 즐기러 온 몇 백 명의 사람들을 수용할 수 있는 곳이었다. 첫번째 무대에 참가하기 전에 나는 헥터에게 진을 입고 나가는 게 좋지 않겠느냐고 물었다.

"자기야, 가진 옷 중에 제일 좋은 옷을 입고 와. 그 나들이옷보다 더 예쁜 옷."

내게 있는 나들이옷, 폴리에스테르 재질의 정장 그러니까 내가 비키의 결혼식에서 입었던 그 옷은 제쳐두라는 말이었다.

나는 즐겨 들르던, 한 가족이 운영하는 할인 가게에 드레스를 사러 갔다. 기막히게 멋진 드레스를 찾고야 말겠다고 생각했다. 그 여자가 내게 말을 걸기 전까지는.

"딸이 몇 분이시죠?"

하나라고 그녀에게 말했다.

"그럼, 백화점에 가시는 게 어떨까요? 거기에 손님께 어울릴 드레스가 더 많을 거예요."

약간 당황했지만 어쨌든 그녀의 조언에 고마워하며, 백화점에 가서 산딸기색 곱고 부드러운 천을 덧댄 다홍색 드레스를 골랐다. 그 드레스는 여전히 내 옷장에 고이 보관되어 있다. 어쨌든 무대용으로 완벽한 옷이었다.

음악이 시작되는 순간, 나는 더이상 유능하지만 재미없는 관리인이 아니었다. "바람구두를 신고 어디로든 갈 수 있는" 사람으로 변했다. 결코 알지 못했던 기분 좋은 해방감이었다. 나는 결코 알지 못했던 세계를 보았다. 무엇도 나를 가둘 수 없었고 환희가 흘러넘쳤다. 나는 춤에 빠져들었고 헥터와 나를 향한 관중의 환호에 더 힘을 얻었다. 우리는 계속 경연에 참가했다. 언젠가 나는 춤에 너무 열중한 나머지 극적인 손짓을 하려다 힘을 잔뜩 준 채로 팔을 휘둘러 헥터의 얼굴을 쳤고, 헥터는 무대 바닥에 쓰러질 뻔했다. 물론 그날도 우리는 우승했지만 말이다.

〇

　내가 춤을 배우기 시작할 때쯤, 에디는 마감공정팀의 부장이 되었다. 우리 사이에는 적잖은 불꽃이 튀었다. 우리가 대화를 할 때면 그는 내 신경을 건드렸고 내 왼쪽 눈 밑에는 약간의 경련이 일었다. 정리해고가 있을 거라는 소문이 공장 전체에 돌고 있었다. 관리자들 역시 잘릴 수 있으며 개즈던 공장이 해고의 시작일 것이라고 했다. 경제 상황에 대한 걷잡을 수 없는 불안감이 전염병처럼 퍼져나갔다. 어쩌면 누군가 나와 내 가족에게 나쁜 일이 벌어지기 전에 해결 방법을 찾을지도 모른다. 이제 비키는 사회에 발을 들여놓았고, 필립도 잭슨빌 주립대를 졸업하고 경제적으로 독립해나가고 있었다. 그들 역시 예측할 수 없는 경제적 상황에 영향을 받으며 휘둘리게 될 것이다.

　불행하게도 예상이 맞아떨어졌다. 상당수의 관리자들과 함께 내 이름이 해고자 명단에 포함되었다. 굿이어에서 해고당한 그 주에, 나는 춤 교습소에서 축하 풍선을 받았다. 누군가, 넌 성공하게 될 거라고 내게 말했다. 난 그렇게 생각할 수 없었지만.

　예전에도 해고는 종종 있었지만, 그것은 일시적인 상황이었고 노동자 대부분은 결국 복직되었다. 물가 상승률이 매년 증가하고 대량 해고가 예견되었기 때문에 굿이어는 회사 건물 안에 별도의 직무 기술job-skills 담당 모임을 만들었다. 나는 나무 탁자 너머 파란색 옷을 입은 여자와 마주 앉아서 질문지에 답을 채워 넣었다.

　그녀가 그것을 읽는 동안, 나는 창밖으로 에디와 제프가 주말이면 골프를 치곤 하는 드넓은 평지를 바라보았다. 어떻게 해서든 다른 직업을 구해야 할까? 내가 계속 공장 일을 하고 싶은 걸까? 확신할 수 없었다.

그녀가 굿이어에서 일하기가 어땠는지 물었다.

"좋았어요."

"당신 부서는 어땠나요?"

"좋았죠."

"그래요, 당신이나 당신 가족에 대해 좀 더 말해줄 수 있나요?"

"내 가족도 다 괜찮아요."

"알겠어요."

목에 느슨하게 묶여 있는 끈을 만지작거리며 그녀가 말했다. 남자의 넥타이를 흉내 낸 것 같은 끈이었다.

"마지막으로 직무 상담한 지 얼마나 되셨죠?"

"꽤 오래됐어요."

햇수를 계산해보려고 생각하며 내가 말했다.

"그렇군요, 좋아요. 제 생각엔 상담할 때 대답하는 방식부터 우선 시작해야 할 것 같네요. '좋아요'를 빼고 말해보죠. 당신이 말하지 않으면 저는 아무것도 알 수가 없어요."

나는 지난 십 년을 내 감정에 벽을 쌓으며 살아왔다. 내가 정말 어떻게 느끼고 있는지 숨길 수 있는 가면을 써야만 했다. 언제나 이랬던 것은 아니었다. 하지만 나는 아무것도 믿을 수 없었기에, 방어벽을 치고 나를 고립시켰다. 그런데 이제 와서 내게 장래의 고용주를 위해 마음을 열 필요가 있다고?

"좋아요."

내가 말했다.

◉

해고를 당하면 사람은 강제로 휴식을 취하게 된다. 나는 그 몇 년간 미뤄둔 잠을 잤다. 나는 장시간 노동과 초과근무로 내가 얼마나 지쳐 있었는지 몰랐다. 게다가 집이 그렇게 잡동사니로 가득 차 있는 것도 몰랐다. 일해온 나날이 마음속에서 뒤엉켜 풀리지 않았다. 나는 집을 정리했다. 수북이 쌓인 사진첩과 공장에 다니면서 쓰려고 사둔 자료 스크랩북들. 특별한 스티커와 색종이들도 몇 묶음이나 있었다. 그것들을 가족사진과 아이들이 어릴 때 그렸던 그림들과 과제 뭉치들 옆에 놓았다. 찰스가 애물단지 취급했지만 나는 어떤 것도 버리지 않았다. 어쨌든 찰스는 나를 거들어 함께 그것들을 정리했다. 때로 그는 날짜 지난 잡지와 쓸모없는 목록표를 버리자고 내게 강하게 말했다. 나는 그를 따라가서 잡지 몇 개를 빼앗았다.

"그 잡지에 조리법이 잔뜩 적혀 있단 말이야. 그건 버리면 안 돼."

"갖고 죽을 거야? 다 가지고 있을 순 없어."

그는 잡지들을 도로 가져갔다.

"동전 수집하는 건 괜찮고?"

내가 따졌다.

"그건 달라. 가치가 있는 거라고."

"그럼, 당신 작업장에 녹슨 공구들은? 전국에 있는 크래커배럴

(유명 음식점 이름) 벽을 다 채우고도 남을걸?"

"그 말이 여기서 왜 나와? 어쨌든 그건 내 창고에 있잖아. 당신이 보지 않아도 되는 곳 말이야."

"나도 보거든. 당신이 집에 가져와서 차고에 두잖아. 이해가 안 가. 당신은 버려진 것들을 주워오면서 내 물건은 버리려고 하고 있어."

찰스가 레일웨이 익스프레스 에이전시(철도회사)에 다니고 있을 때 그는 실제로 누군가의 웨딩드레스를 집에 가져온 적도 있다. 운송 과정 중에 망가진 것이었다. 나는 종종 그 사실을 말하며 놀렸지만 그는 오히려 자랑스러워했다. 낡아서 못 입게 될 때까지 비키가 그 옷을 입고 역할극 놀이를 했다는 걸 그는 강조했다.

채 추스르지 못한 감정의 파편들을 마주하거나 집에 널려 있는 잡동사니들을 치우는 대신, 나는 구직 활동에 집중했다. 이력서를 다시 쓰고 『당신의 낙하산은 어떤 색깔입니까?What Color Is Your Parachute?』*를 한 권 샀다. 또 『나를 아름답게 칠하기Color Me Beautiful』라는 패션 안내서도 샀다. 그 책은 타고난 피부색을 봄, 여름, 가을, 겨울로 나누고 그에 따라 자신에게 맞는 옷차림을 알려줬다. 어쨌든 나는 봄이었다. 구직 안내서에 따르면, 만 달러를 벌었다면, 비슷한 급여의 직업을 구하는 데 한 달이 걸린다. 나는 본격적으로 구직을 준비하기 시작했다. 물론 옷장에 내 계절의

• 리처드 N. 볼스의 책으로 구직 안내서로 유명하다.

옷들을 구비해두는 일도 잊지 않았다.

회계 업무를 담당했던 이력도 있고 해서, 나는 올스테이트 보험사에서 잭슨빌에 사무실을 운영할 사람을 구하는 데 마음이 끌렸다. 굿이어의 인재 스카우트 담당자 또한 내게 타이슨 닭 공장에 관리자 자리가 있다고 알려주었다. 그래서 나는 닭 공장과 보험회사를 다녀본 적 있는 굿이어에서 함께 일했던 동료에게 전화를 걸었다. 보험회사에 대해 묻자 그는 수수료를 받기도 전에 다음 영업 걱정을 시작해야 했으며 밤에 잠을 설치는 날이 대부분이었다고 말했다.

"제 살 깎아 먹는 일이야."

나는 수입이 고정적이지 않아서 만성적으로 걱정해야만 하는 직업은 될 수 있는 한 피하고 싶었다. 그것은 풍나무의 뾰족한 갈색 열매들이 뿌려진 길을 맨발로 걷는 것처럼 예측할 수 없는 일 같았다.

한계상황에 부딪치자, 나는 안정적인 수입이 필요하다는 것을 알게 되었다. 나는 타이슨 공장에 지원하고 직업 심리 테스트를 받았다. 내가 닭고기 가공 공장 관리자로서 적합한지를 검사하는 것이었다. 이력으로 보자면 나는 그 공장에 딱이었다. 또한 타이슨의 연수 과정이 올스테이트보다 더 빨리 시작된다는 것까지 알게 되자, 내 결정은 분명해졌다.

●

굿이어에서처럼, 타이슨에서 나는 생산 라인의 모든 업무를 배

기나긴 승리

워야 했다. 그 공장에서는 미시시피 강 왼편에 있는 모든 맥도날 드에 들어가는 닭고기를 생산했고, 또한 털과 울음소리를 뺀 닭 의 모든 부위를 포장해서 전 세계로 수출했다. 닭발은 중국에서 는 별미였고 닭의 장기들은 개 사료를 만드는 데 쓰였으며, 닭의 밑에 축 처진 살은 아마도 일본에서 전체에 쓰이는 것 같았다. 날 고기는 작은 조각들로 잘린 채 삶아져 닭고기수프에 들어간다. 내게 유일한 문제는 공장이 잭슨빌 남쪽에서 두 시간쯤 떨어진 애슐랜드라는 작은 마을에 있다는 것뿐이었다.

처음에 나는 좁고 긴 2차선 고속도로로 출퇴근을 했다. 안개에 싸인 도로에서 차가 미끄러지는 사고가 있은 후로는 애슐랜드에 작은 아파트를 빌려서 지냈다. 그 마을에 식당이라고는 데어리 퀸 한 곳뿐이었다. 내가 그곳에 이사 갔을 때 누군가 말했다.

"여긴 할 수 있는 게 딱 두 가지 있어. 낚시하거나 낙엽 지는 걸 보거나."

나는 주말에 집에 갔다가 월요일 아침이면 엄마가 마련한 음식 이 가득 담긴 바구니를 싣고 돌아왔다. 찰스는 일주일에 하룻밤 애슐랜드의 아파트로 와서 밤을 보내고 갔다. 나는 일에 지쳐 외 로움을 느낄 수도 없었다. 퇴근하면 남은 음식을 덥히고 따뜻한 물에 몸을 담갔다가 침대에 가서 곧바로 잠들었다.

생산 라인의 모든 작업을 배운다는 건 닭을 어떻게 도축하는지 를 배우는 것이다. 닭을 매다는 방은 언제나 어두웠다. 닭들이 홰 에 앉았다고 착각하도록 해야 했기 때문이다. 나는 살아 있는 닭 들이 수십 마리씩 들어 있는 비좁은 통 옆에 서 있었다. 속이 메스꺼웠다. 나는 한 번에 세 마리를 잡아서 닭들을 거꾸로 세운 다음 닭의 날카로운 발을 눈높이에 있는 컨베이어 벨트 사슬에 걸어야 했다. 종종 기절한 닭이 깨어나 나를 쪼기도 했고, 뛰쳐나가려고 다른 닭들 사이를 휘저으며 날뛰다가 내 팔을 긁기도 했다.

또 다른 날, 도축실에서 처음 일할 때 나는 날카로운 금속 도축 기계에서 먼 반대쪽 라인에 있었다. 계속 구토가 치밀었다. 피가 튀므로, 나는 머리카락을 작업모 아래로 당겨 집어넣고 두꺼운 작업 방수복을 입고 땀을 흘렸다. 땀방울이 가슴 사이에 고일 정도였다. 거꾸로 매달린 수백 마리의 닭이 끊임없이 이어지면서 무시무시한 속도로 내게로 향하고 있었다. 그들의 목은 회전 칼 날 높이에 맞춰져 있다.

가끔 기계가 닭목을 자르지 못하면 내가 갈퀴에 매달린 닭목을 도축용 칼로 잘랐다. 처음 닭목을 자른 날, 나는 커다랗고 평평한 유리창으로 바깥을 보았다. 내가 닭목을 자를 수 없다는 데 돈을 건 남자 무리들과 눈이 마주쳤다. 그들은 창문에 붙어 나를 지켜보고 있었다. 그곳은 노동자 대부분이 여자로, 한 교대조에 600명이나 되는 여자들이 있었지만 그곳에서도 여전히 여성 관리자는 낯설고 예외적인 것이었다.

모자와 작업복에 빨간 젤리 같은 얼룩들이 묻었다. 피 칠갑을 한 채 나는 도축 기계가 못한 일을 마무리하기 시작했다. 남자들은 갑자기 그들의 경기가 지루해졌는지 각자 자기 자리로 돌아갔다. 마지막 작업까지 끝내고, 나는 남자들이 서 있던 창문으로 가서 아까까지 내가 서 있던 피가 흥건한 바닥을 보았다. 여기 있는

기나긴 승리

남자들이 굿이어의 남자들보다 더 험한 짓을 하는지는 확신할 수 없었다. 어쨌든 그들은 내가 농장에서 자랐다는 것과 훨씬 더 안 좋은 것들을 봐왔다는 사실을 짐작할 수 없을 것이다.

타이슨에서 일하는 동안, 나는 춤 교습소에 훨씬 더 자주 갔다. 해고되고 몇 개월도 지나지 않은 12월 초에 열린 경연은 내 첫 번째 지역 경연이었다. 나는 무대를 가로지르며 미끄러지듯 춤을 췄다. 전율을 느꼈다. 여러 겹의 치마를 입고 춤을 췄다. 춤이 새로 시작될 때 치마를 찢으면 그 아래 새로운 치마가 나타났다. 판정이 끝나고 심사위원들이 헥터와 나를 일등이라고 말했을 때, 나는 정말 무거운 트로피를 받았다. 내가 몸을 움직여 춤을 추기 전에는 결코 느껴본 적 없는 기쁨과 만족감이 내 안에 가득 찼다.

◉

내가 춤을 통해 기쁨을 발견했다면, 윌을 처음 보았을 때는 무엇에도 비할 수 없는 흥분을 느꼈다. 윌은 나의 세 손자 중 첫째였고, 1987년 5월에 태어났다. 그는 정해진 날보다 한 달 먼저 세상에 나왔다. 귀엽고 작은 그 몸을 처음으로 잡았을 때 조그만 손가락이 내 손안에서 꼼지락거렸다. 내 아이를 가졌을 때보다 손자를 보는 게 더 기뻤다. 나는 이 아이들을 위해 더 나은 직업을 가져야겠다고 다짐했다. 물론 할 수 있는 한 최선을 다해서 비키를 돕겠지만 말이다.

윌이 두 살쯤 되었을 때였다. 의사들은 아무리 애써도 그의 폐에 갑자기 생긴 병을 치료할 수가 없었다. 그들은 윌이 한쪽 폐를 잃게 될 것이라고 말했다. 왜 그랬는지 월은 땅콩을 잘못 삼켰고 그것이 폐의 섬세한 얇은 막에 박혀 세균성 감염이 일어난 것이다. 쇄골이 부러진 채 테라스 아래에 떨어져 있던 월을 비키가 발견했다. 폐에서 흘러나오는 땅콩버터같이 두꺼운 덩어리가 엑스레이 판에 보였다.

병원에서 몇 주를 보내는 동안 비키와 남편 빌은 한시도 월 곁을 떠나지 않았다. 그들의 회사는 가족 병가에 너그러운 편이었다. 거의 매시간 간호사가 월의 피를 검사했고 아이의 팔에는 마치 닭들이 발톱으로 필사적으로 매달려 있었던 것 같은 상처가 나 있었다. 월은 의사가 하얀 가운을 입고 병실로 들어오는 것을 보기만 하면 소리를 지르기 시작했고 우리는 그를 달래며 붙들고 있어야 했다. 의사는 애틀랜타에 있는 질병관리본부로 매번 월의 피 표본을 보냈다. 그들은 항생제 치료를 권했다.

월이 마침내 완쾌되어 우리는 안도했다. 안타깝게도 나는 이 아이가 태어났을 때 했던 약속을 지키지 못했다. 계획은 언제나 어그러진다. 나는 굿이어에서 다시 일하게 됐다. 가족들이 실망했지만 나는 굿이어를 만족시키는 데 훨씬 더 많은 관심을 두고 있었다.

타이슨에 다닌 지 9개월 지난 어느 날 나는 굿이어로부터 연락을 받았다. 그들은 내게 돌아오라고 말했다. 경제 상황이 나아지자 주문이 늘어났고 그들은 사람들을 다시 모집하기 시작했는데, 이때 그들이 제안한 월급은 타이슨에서 내가 받던 것의 두 배였다. 거기다 해고된 지 15개월이 지나지 않았기 때문에 내 근속일 수, 휴가와 병가 일수, 여러 복리 후생을 해고되기 전과 같이 받을 수 있었다.

더 나은 급여를 마다할 순 없었다. 내게는 다른 선택이 없다고, 돌아가서 타이슨의 두 배나 되는 돈을 벌어야겠다고 생각했다. 지나고 보면 그것이 언제나 그렇게 단순한 일이 아니라는 것을 안다. 그럼에도 우리는 선택을 한다. 나는 굿이어에 나와 내 자존감을 걸었고, 굿이어는 내가 열심히 일하고 헌신했다는 사실을 인정했기에 나는 돌아갈 수 있었다. 하지만 더 중요한 건, 굿이어는 내게 집 같은 곳이었다. 어린 시절 내가 자란 집, 두려움과 갈등으로 뒤덮인 곳. 마치 알코올중독자에게 끌리는 알코올중독자의 아이처럼, 나는 익숙한 것에 끌렸다.

나는 내가 돌아가는 곳이 어떤 곳인지 알았다. 하지만 나는 대부분의 사람이 견딜 수 없는 것을 참을 수 있었다. 내게 주어진 것을 감당할 수 있다고 믿었다. 나의 적응력과 대응력이 나를 희생시켰는지도 모른다. 나는 부정적인 경험을 아주 사소하게 치부했고 그 대신 작은 친절의 몸짓이나 말에 큰 의미를 부여했으며 굿이어의 경영과 정책을 최대한 존중했다. 하지만 자주 나는 스스로가 나의 현실에서 유리되어 있다고 느꼈다. 마치 내가 내 자신에게서 떨어져 나와 나를 지켜보는 것 같았다. 언제나 극도의 경계 상태로 굳어가던 내 몸이 마침내 부서지기 시작한 것이다. 나는 내가 아니라 상황의 진실을 붙들려고 했다. 상황을 주시하면서 내가 할 수 있는 일을 찾았다. 나의 완고함은 사람이 겁에 질린 채 로봇처럼 살 필요가 없다는 사실을 깨닫지 못하게 만들었다. 왜 우리는 생존에만 급급하며 살아야 하는 걸까. 단지 생존하기 위해서. 우리는 충만한 삶의 방식을 잊고 있는 것은 아닐까.

만약 올스테이트에서 일했더라면 나의 길은 어떻게 달라졌을까? 사실 그들은 내가 시험에서 고득점을 얻었기 때문에 경영학 학위가 없는데도 나를 데려가려고 애썼다. 그 당시 올스테이트 잭슨빌 사무실을 운영하게 된 여자는 지금까지도 그곳에서 일하고 있다. 분명 그녀는 다음 실적에 대한 걱정으로 불면의 밤을 보내지 않을 수 없었을 텐데 말이다.

◉

굿이어에 돌아가 처음 배치된 곳은 고무 원료를 섞는 작업장이었다. 압착소에 있는 온실에서 나는 다른 한 사람과 함께 밴버리 믹서라고 불리는 기계의 설치와 작동을 지켜보는 일을 했다. 고무, 탄소, 황과 그 외 합성 물질을 합쳐 200킬로그램의 원료를 각각 기계에 쏟아부으면, 거기에서 잘 배합된 두껍고 까만 물질이 만들어진다. 혼합 작업을 계속하며 고무 안에 들어간 공기를 완전히 없애기 위해서 금속 돌림판이 그 물질을 짜낸다. 온실 안이 불꽃놀이라도 하는 듯한 굉음으로 가득 찬다. 그런 다음 고무는 지그재그 모양으로 접히고 펴지는 과정을 거친다. 작업장에 남자들이 있었지만, 나를 돕는 보조원은 한 명도 없었고 나는 주로 운송작업팀 사람들과 어울렸다.

노조원들은 압착실 근무가 하룻밤 사이에 나를 백발노인으로 만들 것이라고 말하곤 했다. 피부에 문제가 생기지 않는 날이 없

기나긴 승리

었고, 날마다 스트레스를 받았다. 우리 조 근무가 끝날 때쯤이면 나는 몸에 식용유를 칠한 뒤 온몸에 검은색 땀띠약을 뿌린 것 같은 몰골이었다. 귀덮개가 달린 군용 모자를 썼지만 나의 금발은 언제나 연녹색으로 바뀌어 있었다. 어떤 화장품을 발라도 내 목에는 발진이 일어났다. 한 남자는 고무의 독성 때문에 목구멍에 염증이 심해져 목 안이 햄버거 안에 든 날고기 같았다. 어떤 사람은 팔을 뒤덮은 상처에서 진물이 멈추지 않고 계속 나왔다. 또 어떤 사람은 고무 중독이 너무 심해서 화학물질 때문에 눈의 흰자가 회색으로 변하기도 했다. 화상을 입은 피부 때문에 정기적으로 내게 코르티손˙을 처방해주던 의사가 말했다.

"그 일이 당신에게 뭘 주는지 모르겠지만, 이 지경이 되어도 괜찮을 만큼은 아닐 것 같네요."

물론 우리 가운데 누구도 회사 안에 있는 병원에 가지 않았고 다른 부서 근무로 옮길 엄두도 내지 못했다. 일자리를 잃게 될까봐 두려웠으니까. 나는 염증 부위를 감싸기 위해서 소매가 있는 작업복에 목이 긴 티를 입기 시작했다. 질식할 것 같은 지독한 냄새 때문에, 근무를 시작하기 전이면 나는 '영원'이라는 이름의 향수를 거의 들이붓다시피 했다. 가끔 숨이 막혀올 때면 옷에 코를 파묻고 남아 있는 향을 깊게 들이마셨다.

나는 댄스 경연에 꾸준히 참가하면서 경험한 전율을 기대하며

˙   피부 점막의 급성 염증과 알레르기질환, 만성 피부병 등에 쓰이는 약.

일을 견디고 있었다. 동작을 연습하는 만큼 경연에 입고 나갈 옷을 구상하는 데도 많은 시간을 썼다. 매 경연마다 다른 여자들이 입은 의상을 눈여겨 보기도 했다. 사브리나는 나를 위해 정교한 의상들을 정성 들여 만들어주었고, 그녀와 나는 모든 종류의 옷감을 샀다. 스팽글에서부터 광택이 곱고 보드라운 새틴, 시폰, 술 달린 옷감까지. 그런 다음 우리는 호크스블러프Hoke's Bluff에 있는 재봉사에게 옷감을 보냈다.

찰스도 잊고 지냈던 인생의 즐거움을 찾고 싶다며 춤 교습소에 나오기 시작했다. 그가 집사와 하사관이라는 역할에서 벗어나 수업을 받고 있는 모습에 새삼 설레었다. 그는 최선을 다해 자신이 할 수 있는 모든 것을 배우려고 애쓰고 있었다. 찰스가 춤을 배우러 간 첫째 날의 어느 비 오는 오후, 내가 약간 늦게 도착했을 때 주차장에서 차에 혼자 앉아 있는 찰스를 보았다. 우산을 잊은 게 분명했다. 내가 창문을 두드리자 그가 창문을 내렸다.

"내 우산 같이 써."

그는 고개를 저었다.

"나 아직 안 들어갈래."

나는 시계를 보았다.

"아니 도대체 여기서 뭐 하려고?"

"마음의 준비."

그가 말했다.

동작을 배울 때, 찰스는 갈색 스프링 연습장에 일일이 메모한 다음에야 그것을 익힐 수 있었다. 하지만 그는 곧 나는 이미 알고 있었던 자신의 능력을 발견했다. 타고난 리듬 감각. 집에서 심심하면 우리는 전축에 프랭크 시나트라나 카세트에 팝송을 틀어놓고 거실을 누비며 폭스트롯을 추곤 했다. 찰스는 찰스다. 이제 그는 집 근처 골목에 누군가 버린 거울을 집에 가져오기 시작했다. 언젠가 차고를 거울들로 가득 채워 우리만의 춤 연습실을 만들려는 것이었다.

◉

내가 압착실에서 일하는 동안, 아빠는 병으로 고통스러운 시간을 보냈다. 그가 퇴직을 결심했던 건 거의 10년 전, 내가 막 굿이어에 들어갔을 때였다. 그는 좀 더 빨리 퇴직하길 원했지만 엄마가 언제나 말리곤 했다. 엄마는 심지어 주말에도 아빠를 쉬게 내버려두지 않았다. 아빠는 홀로 된 여자들의 잔디를 깎아야 했고, 깎고 난 후엔 그 여자들에게 엄마가 구운 케이크를 가져다주러 가야 했다. 엄마는 구강암에 걸려 치료를 받는 동안에도 현관에 있는 흔들의자에 앉아서 자신이 해야 하는 모든 일에 관해 이야기하곤 했다. 나는 그저 경악스러웠다. 암이 완쾌되자마자, 그녀는 자신의 끝없는 일과로 되돌아갔다.

퇴직 후 얼마 안 있어 아빠가 의사를 만나러 간 날, 내가 그를 병원에 데려다주었다. 진료가 끝나고 차로 오면서 아빠는 한마디도 하지 않았다.

내가 조수석에 앉자 아빠는 시동을 걸었다. 더이상 기다릴 수 없었다.

"의사가 뭐래요?"

그는 셔츠 주머니에서 카멜 담배를 꺼냈다. 나는 그가 담배를 피우려는 줄 알았다.

아빠는 담배를 우리 사이에 있는 공간에 내려놓았다. 내 기억 속에 아빠는 언제나 담배와 함께 있었다.

"내가 폐공기증이라더군."

집에 오는 동안 아빠는 그 이상 아무 말도 하지 않았다. 속이 울렁거렸다. 언젠가 크리스마스이브에 나는 아빠에게 업혀 있었다. 그는 나를 피드몬트 장난감 가게에 데려가 선물을 고르게 했고, 집에 오는 길에는 때때로 내가 손으로 자동차 핸들을 쥘 수 있게 해주기도 했다. 아빠가 곁에 있는 한 나는 아무것도 두렵지 않았다.

아빠는 차에 담배를 두고 내렸다. 나는 일 분쯤 밖에 있다가 들어가서 엄마에게 말하려 했다. 근처의 여새 무리를 지켜보았다. 빨간 베리에 취해 이웃집 뜰에 있는 호랑가시나무들에 앉았다 날았다 했다. 나는 담배를 꽉 쥐어 으스러뜨렸다. 셀로판 포장지가 우그러졌다. 그리고는 아빠를 따라 집으로 들어갔다.

그는 열다섯 살 때부터 담배를 하루에 한 갑씩 피웠었다. 평생 피울 담배를 이미 다 피운 아빠는 여생 동안 다시는 담배를 피우지 않았다.

○

엄마는 아빠에게 필요 이상으로 일을 시켰을지도 모르지만,

그녀는 또한 아빠를 돌보고 간병했으며 음식을 차렸다. 죽기 2년 전부터 아빠는 산소호흡기를 대고 지내야 했다. 숨을 쉬기 힘들어서 제대로 몇 발자국 걸을 수도 없었다. 아빠를 보러 갈 때마다 나는 나 자신을 달래야 했다. 병든 아빠를 보는 건 쉬운 일이 아니었다.

그가 죽던 날 역시 나는 그를 보러 갔고 아빠는 가장 좋아하던 안락의자에 앉아 있었다. 그는 내게 소파에 앉으라고 손짓했다. 아빠 팔의 피부는 양피지 같았다. 양파 껍질처럼 쉽게 벗겨질 것만 같았다. 안색은 창백했고 숨을 헐떡였다. 쟁반에는 손도 대지 않은 토마토수프와 과자 몇 조각이 놓여 있었다. 방 한쪽의 게임용 탁자에는 게임이 끝나지 않은 카드들이 흩어져 있었다. 그는 혼자 하는 카드게임을 하곤 했다. 아빠는 루이스와 나를 데리고 체스를 두기도 했다. 그는 우리와 놀아준 유일한 어른이었다.

나는 의사에게 전화를 했다. 의사는 내게 아빠를 병원으로 데려갈 것인지 아니면 집에서 모실 것인지 물었다. 아빠는 병원에 고작 한 주 정도 머물렀을 뿐이었다. 나는 그가 집에서 죽기를 원하지 않았다. 엄마에게 아빠의 죽음이라는 기억이 더 오래 머물 것 같았기 때문이다. 아빠는 엄마 삶의 유일한 동반자였다. 나는 구급차를 부른 뒤 아빠의 거대한 차, 1988년산 올즈모빌 최신형에 올라탔다. 그 차는 너무 넓어서 나는 '침실 두 개 차'라고 부르곤 했다. 최대한 빠른 속도로 구급차를 따라갔다. 손에 베이비오일이 묻어서 핸들을 꽉 붙들 수가 없었다. 엄마는 바스라질 것 같은 아빠의 피부를 부드럽게 하려고 베이비오일을 발라주곤 했다.

미친 듯이 달려갔지만 제시간에 도착하지 못했다. 아빠는 들것에 실려 병원 침대에 눕혀지기 전에 죽었다. 마지막 순간 그에게 사랑한다는 말을 하지 못했다는 사실에 가슴이 찢어질 것 같았다.

아빠 장례식 날 나는 울지 못했다. 누구나 언젠가 죽는다는 듯이, 예기치 않았지만 누구나 알고 있는 일에 마주한 듯이. 나는 엄마를 위해 무너지지 않고 버텨야 했다. 게다가 아빠가 잘못된 자리에 묻히는 바람에 나는 그 일을 처리하느라 정신이 없었다. 엄마와 아빠는 당신들의 묫자리를 준비해두었는데 아빠가 오른쪽이 아닌 왼쪽에 묻힌 것이다. 결혼할 때와 같이 남자는 오른쪽, 여자는 왼쪽이 불문율이었다. 엎친 데 겹친 듯, 묘비는 오른쪽 빈 무덤에 세워졌다. 게다가 그것을 만든 회사는 파산해 문을 닫고 말았고 우리는 바로잡을 기회조차 없었다.

여섯 달이 지났다. 나는 일을 마치면 매일 아침 묘지에 들러, 잔디밭 끝쪽에 차를 댔다. 때때로 나는 무덤가에 앉아 있었다. 아빠 무덤은 동쪽을 향해 있었고 〈최후의 심판〉 그림 속 신의 얼굴과 일직선에 위치해 있었다. 그가 묻힌 곳에는 여전히 잔디가 없었고, 아침 공기에는 매연 한 점 섞여 있지 않았다. 아빠는 정말 온화한 사람이었다. 어릴 때 나는 늘 편식을 했는데, 먹기 싫은 음식은 삼촌 중 누군가에게 넘기곤 했다. 삼촌은 먹기 전에 내게 한마디씩 했다.

"넌 정말 까다로운 녀석이야. 괴짜인 네 아빠랑 똑같아."

그땐 무슨 소릴 하는지 몰랐다. 하지만 이제는 알고 있다. 그건 아빠가 할아버지나 삼촌들과 전혀 다른 사람이라는 뜻이었다. 그

기나긴 승리

는 여자들에게 추접한 말을 늘어놓지 않았고 그들이 욕처럼 지껄이곤 하는 인종차별적인 말도 결코 쓰지 않았다.

슬픔에서 빠져나오려고, 나는 소파에 등을 붙이고 앉아 포테이토칩을 미친 듯이 먹고 텔레비전에 나오는 홈쇼핑 채널을 몇 시간이나 보았다. 거기에 나오는 갖가지 색상의 지갑이나 놀랍게 아름다운 물건들을 보고 있으면 최면에 걸린 것같이 멍해졌다. 나는 사람들을 아름답게 변신시키는 프로그램을 보며 상담자의 목소리를 듣는 걸 좋아했다. 그들의 목소리가 외로움을 달래주었다. 한순간일 뿐일지라도. 하지만 정작 주문한 물건이 배달되면, 나는 돌려보내거나 뜯어보지도 않고 비키가 예전에 쓰던 방에 쌓아두었다. 나는 실제 상품이 아니라 상품에 매료되는 과정이 좋았을 뿐이다. 사고, 상품을 좇고, 그것이 도착하기를 기다린다. 나는 거기서 어떤 성취감을 느꼈다. 내게 만족감을 줄 어떤 상품이든 일단 도착하면 나는 흥미를 잃어버렸고 나는 원할 만한 또 다른 것을 찾아야 했다.

이유도 없이 몸이 아리고 아팠다. 극도로 쇠약해져 루푸스 검사도 받았다. 숨이 막혀왔다. 슬픔을 어떻게 감당해야 하는지, 엄마를 어떻게 위로해야 하는지 알 수가 없었다. 내가 확신을 갖고 할 수 있는 일이란 엄마를 차에 태우고 엄마가 좋아하는 식품점에 데려가는 것뿐이었다. 엄마는 트랙터만 운전했다. 우리는 우리가 겪은 상실에 대해 아무런 말도 나누지 않았다. 언제나 그랬듯이.

엄마를 도와 아빠 옷을 정리하는 날 나는 무너지고 말았다. 아빠의 낡은 작업복에선 여전히 경유의 시큼한 향이 나고 있었다.

어느 때보다도 그가 그리웠다. 부모님 침대에 앉아 무릎에 얹어놓은 옷에 얼굴을 파묻었다. 눈물이 쏟아졌다. 언제나 그대로인 침대 덮개 위에 앉아 숨을 크게 들이마셨다. 눈이 붓고 코가 빨갰다. 때때로 몸은 우리보다 솔직하다. 우리가 마주하기 두려워하는 것을 드러내고, 기억한다. 한번 울음이 터진 후로 나는 몇 주 동안 계속 울었다. 눈물과 함께 환상통은 사라졌다.

◉

압착소의 온실에서 나는 일 년 동안 일했다. 작업장을 감독하는 남자 관리자들이 나에 대한 불만을 제기했다. 내가 온실에서 일하는 다른 사람들과 달리 작업장에서는 일하지 않았기 때문에 공정하지 않다는 것이었다. 그래서 나는 튜브 만드는 공장으로 발령이 났다. 떠나기 전, 노조원 몇몇이 돈을 모아 내게 14캐럿 금 팔찌를 사주었다. 나는 매일, 어쨌든 그 팔찌를 잃어버리기 전까지, 그것을 차고 다니며 그들의 친절과 배려에 감사했다.

하지만 발령 직후 나는 일주일간 휴직해야 했고 그다음에는 관리자가 아니라 노동자로 돌아올 수 있었다. 타이어 성능 실험팀에 배정되고 얼마 후 나는 다시 휴직하게 되었고 열흘이 지나서 폐 수술로 휴직하게 된 관리자 대신 그 자리에 들어갔다. 어떤 멍청이가 플레이하는 핀볼 게임기 안에 들어와 있는 기분이었다. 아무 리듬도 이유도 없이 튕겨 나가기를 반복하니 말이다.

1990년에 나는 쉰두 살이었고, 결혼한 지 35년째가 되었다. 내 생의 반 이상을 찰스와 함께 살았다. 나는 타이슨에서 일한 시간을 빼고도 10년을 굿이어에서 일했다. 그해 나는 마침내 마감공정팀의 2교대조(오후 3시에서 11시까지) 관리자로 정규직 자리를 제안 받았다. 하지만 또다시 실업률과 물가가 올라갔고, 중동에서는 갈등이 고조되고 있었다. 노동자들은 불안해했고 공장 안에 팽팽한 긴장감이 돌았다. 내가 한 노동자에게 근무 태만을 지적한 그날 밤, 창문에 까맣게 선팅을 한 스포츠카(트랜스 암)를 타고 어떤 남자들이 나를 따라왔다. 사람이 없는 2차선 고속도로에서 그들은 내 차를 추월해 깜박이를 켜고 내 옆에 차를 세웠다.

나는 내 육기통 차의 발판을 차 바닥에 닿도록 밟았다. 아무것도 보지 않고 최대한 빨리 사람이 사는 집이 보일 때까지 차를 몰고 가서 찻길에 세웠다. 스포츠카는 쉽게 나를 따라잡았다. 백미러로 그 차 불빛이 반짝였다. 그들이 탄 차 시동이 꺼졌다. 나는 그들이 물러날 때까지 손바닥으로 경적을 울렸다. 다시 도로로 나왔다. 또 인적이 없는 길에 접어들자 스포츠카의 불빛이 어디선가 나타나 내 거울에 비쳤다. 나는 사냥감이 된 것처럼 심장이 터질 듯이 뛰었다. 내가 저놈들을 피해 살아남으면 총을 사겠다고 다짐했다. 주머니에 든 칼로는 더이상 충분하지 않았다.

그들은 집 가까이 도착할 때까지 나를 따라왔다. 다음 날 나는 루이스 캐럴 금은방에 갔다. 애니스턴에 있는 유일한 금은방인 그곳에서는 사진 현상도 하고 다이아몬드도 팔고 총도 팔았다. 나는 총을 갖게 되었다.

누가 나의 적인지 친구인지 결코 알 수 없었다. 교육 담당자 미치를 처음 만난 건 EEOC에서 내 문제를 조사하던 1982년이었다.

품질관리팀에서 혼자 일하던 어느 날 그가 다가와서 말했다. "혼자 일하는 거 괜찮아요?" 몇 년 후 미치는 최선을 다해 나를 지지해주었고 다른 관리자들에게 나를 경영 측 여성 대표로 만들자고 설득하기도 했다. 물론 그들은 언제나 비서들 가운데 한 명을 뽑았지만 말이다. 내가 이곳에 머물 수 있도록 도움을 준 사람들은 미치처럼 나를 대했다.

몇 년이 흐르고 1992년에 공장 관리자들 가운데 한 명이 나를 불렀다. 나는 또 해고당하는 줄 알았다. 나를 부른 사람은 시드였다. 그는 상냥하고 조용한 사람으로 성격이 좋고 공정했다. 그는 새로 생긴 소형 트럭용 레이디얼 타이어 생산부의 관리자 네 명 가운데 한 명으로 내가 선발되었다고 알려주었다. 거기서는 대형 승합차suv와 승용차 타이어를 만들었다. 나는 미치가 나를 추천했다고 생각했다.

새로운 부서는 첨단 기계와 최소한의 인원으로 운영되었다. 접착테이프로 묶어놓은 듯했던 엄청나게 낡은 기계들도 새것으로 다 바뀌었다. 승진에 관한 이야기를 듣고 오래되지 않아 오하이오주 애크런의 고위 간부가 새로 뽑힌 관리자 네 명을 만나러 개즈던을 방문했다. 방문이 이루어진 회사 내 클럽하우스는 경영진이 다른 공장에서 온 권력자들을 응대하는 데 이용되었고 작은 카페에서 비공개로 행사가 열리기도 했다. 그런데 새 상사가 나는 집에 가는 게 좋겠다고 말했다.

"저 사람들은 오늘 모임에 가는데, 전 안 된다는 말씀이신가요?"

내가 물었다. 나를 제외한 관리자 세 명은 모두 남자였다.

"그래, 당신은 집에 가는 게 좋겠어."

그가 말했다.

이의 제기가 통하지 않는다는 것을 알았고 나는 집에 돌아갔다. 하지만 내가 그 자리에 갈 수 없는 이유가 무엇인지는 결코 납득되지 않았다. 나는 그 문제를 그리 심각하게 고민하진 않았다. 저항할 엄두도 내지 못했다. 단지 일이 진행되는 방식의 문제라고 여겼다. 나는 어떻게 해도 '그들의 문화'에 결코 들어갈 수 없다는 생각에 익숙해 있었다. 내가 새로운 부서를 운영할 사람으로 뽑히는 영광을 얻은 그때, 실망감으로 우울해지고 싶지 않았다. 게다가 타이어 기술의 최첨단을 달리는 공장의 새로운 핵심 부서 아닌가.

나는 또 다른 영광의 순간도 경험했다. 헥터와 내가 마이애미에서 열린 전국 사교댄스 선수권대회에서 우승한 것이다. 나는 무대에 서기 직전에 집에 전화를 했고 필립이 받았다. 그는 오스카를 돌보고 있었다. 필립이 어릴 때 돈을 모아서 데려온 열네 살 먹은 닥스훈트. 때때로 필립이 우리보다 오스카를 더 사랑한다고 생각할 정도로 그는 오스카를 아꼈다. 수화기 너머에서 필립이 소리를 질렀다. 오스카가 죽었다.

무대에 올라서 음악이 시작되기 전 잠깐 나는 예기치 못한 소식에 슬픔을 떨치고 춤출 수 있을지 확신할 수 없었다. 하지만 일단 빠른 리듬의 음악 소리가 흐르자 마음이 진정되었다. 춤을 추기 시작하고 나는 거울들 속에 비치는 주위의 모든 것을 보았다. 어떤 여자가 보였다. 그녀는 흑백의 시폰 치마를 입고 빙빙 돌고 있었다. 몸을 움직이는 대로 놓아두는 그 여자는 또 다른 릴리였는데, 아주 오래전에 레슨을 시작한 것 같았다. 말아 올린 머리는 더이상 백발에 가까운 금색이 아니라 황금색으로 염색되어 있고 세상을 다 가진 듯이 보였다. 어릴 때 낸시 개울에서 수영할 때처럼 가슴이 확 트였다. 물속으로 뛰어들어 몸을 한 바퀴 돌리면서 발을 굴러 세게 앞으로 터지듯 나가면, 고요 속에서 부유하는 것이다. 수면 밖 공기와 부딪칠 때까지.

탱고, 왈츠, 지터버그.• 우리는 세 분야에서 모두 우승했다.

○

새 부서에서 나는 내가 좋아하는 감독관과 함께 일했다. 그는 내가 닮고 싶어하던 유형의 사람이었다. 우리에게 예전 근무 부서에서 긍정적인 점 세 가지를 묻는 것으로 회의가 시작되었다. 내가 어떤 곳에 근무하든 간에 내 차에 가서 가장 먼저 하는 일은 차가 괜찮은지 살펴보는 것이었다. 관리자의 차바퀴가 난도질되어 있는 건 정말 흔한 일이었다. 저번에 몇몇 노동자들에게 징계를 내리기 전까지 내 차는 파손된 적이 없었다. 말이 너무 많다고 내가 기록했던 남자는 "릴리, 난 이 일이 싫어"라고 말하고는 결국 일을 관두었다. 또 한 사람은 작업 중에 자고 있었고 내가 그에 대해 보고하자, 몹시 화가 난 채 내게 물었다. "제기랄, 릴리, 관리자

• 한국에서는 '지르박'으로 알려진, 미국 동부에서 유래한 스윙댄스.

는 너랑 안 어울려, 왜 이렇게 나를 성가시게 만드는 거야?" 그는 3일 정직 처분을 받았는데 그 비용을 보상하라고 나를 협박했다. 나는 흔들리고 싶지 않았다. 나는 연료 뚜껑을 사서 달았다. 누군가가 내 차 연료통에 설탕을 붓게 놔둘 수는 없었기 때문이다.

그것만으로 충분하진 않았다. 엄지손가락만 한 나사못이 내 차 바퀴에 박혀 있기도 했다. 그리고 얼마 안 있어 근무를 마치고 차에 갔을 때, 차는 살충제 범벅이 되어 있었다. 차를 씻고 나자 자동차 앞 유리가 잘려나간 것이 보였다. 손상되지 않은 줄 알았던 다른 한쪽 유리는 과속방지턱을 넘자 내 쪽으로 무너져 내렸다.

그런 일들이 내가 취해야 할 행동을 막을 순 없었다. 하지만 그들 역시 그 정도에서 멈추진 않았다. 내가 일을 마치고 버밍햄에 있는 병원에 만성 위궤양 검진을 받으러 간 날이었다. 그곳까지 가는 내내 차가 이상하게 굴러갔다. 검진 후에는 시동이 켜지지 않았다. 정비공이 차를 가게로 끌고 가서 검사하더니 내게 물었다.

"누구한테 얼마나 밉보인 거예요?"

"글쎄요, 그런 건 아닌데요."

"32년간 일하면서 이런 건 또 처음 보네."

"어떻게 된 거죠?"

"누군가 당신 기어 변속선에 손을 댔어요. 그게 없으면 파워핸들이나 브레이크가 말을 안 듣게 되죠. 이런 상태로 고속도로 같은 데서 더 오래 운전했으면, 크게 사고 나서 죽었을 거예요."

나는 이 일을 내 상사, 비즈니스센터의 관리자인 에릭에게 말했다. 대학에서 풋볼 선수로 뛴 적도 있는 그는 날씬하고 말쑥한 사람이었다. 하지만 그가 내게 한 말이란 "피해망상이야"가 다였다.

복수는 끝나지 않았다. 펜더(흙받기)가 부서지고 차가 긁혀 있었다. 나는 에릭의 상사인 에디에게 갔다. 그는 알아보겠다고 말했다. 나는 내 차를 주차장 입구의 관리실 옆에 댈 수 있도록 약속받을 때까지 사무실에서 나가지 않겠다고 말했다. 그렇게 하고 나서야 앙갚음이 멈추었다.

그런 해에도 끝은 오고, 1995년 12월에 에릭은 우리가 아래 작업장에서 일할 동안 내게 종이 한 장을 건넸다. 때때로 그는 제약회사에서 영업하는 자기 부인이 남자들로 가득한 사무실에서 일하는 게 얼마나 힘들지에 대해 나와 이야기하곤 했다.

"굉장한 크리스마스가 될 거야."

그가 웃으며 말했다. 종이에는 내가 받아본 적 없는 액수가 적혀 있었다. 나는 최고수행상이라는, 있는지 알지도 못했던 상을 받았다.

굿이어에서 16년 동안 일하면서, 1980년대 초 생계비 인상에서 성과급 인상으로 제도가 바뀐 뒤 내 임금이 인상된 것은 단 몇 차례에 불과했다. 나는 일 년에 고작 달마다 61달러를 더 받게 되었다. 일하는 기간을 통틀어 가장 많이 인상됐던 때는 공교롭게도 1982년, 내가 EEOC에 접수하기 이전이었다.

나는 에릭에게 고마워하며 너덜너덜해진 종이를 주머니에 넣었다. 몇 개월 전 나는 그에게 내 월급이 동기들과 비교해 어느 정도 수준인지를 물었다. 에릭은 최소에서 최대 금액이 적힌 원을 그리고 그 가운데 선을 놓았다. "자넨 중간에서 바로 아래야." 그리고 내가 더 아래가 아니라 중간에 가까운 건 내 태도와 열정 때문이라고 말했다. 타이어에 대한 지식이 부족한 것은 관리자로 승진한 다른 사람들과 비교할 때 언제나 내 평가를 망설이게 했지만, 그가 말하길, 해온 대로 계속한다면 곧 그런 판단은 달라질 것이라고 했다. 하지만 사실 내 임금이 주변의 관리자들의 최저임금에도 미치지 못했다는 것은, 훨씬 더 나중에 알게 되었다.

내가 최고수행상에 대해 몰랐다는 것은 놀라운 일이 아니었다. 굿이어에서 모든 것은 일급비밀이었다. 정치가들과 공장 견학 온 학생들은 완제품인 타이어만 볼 수 있었다. 마치 학생들이나 선생님들이 실제로 타이어 기계가 어떻게 작동되는지 알아내 다른 회사들에게 정보를 넘기기라도 한다는 듯이. 그러니 관리자들에게도 유리벽들이 세워진다. 누군가 임금이 인상될 때마다 액수가 적힌 종이 한 장을 그에게 살짝 건네줄 만한 구석진 장소가 사무실에 있어서는 안 되는 것이다.

나는 최고수행상을 받게 된 사실에 흥분했지만 회사 소식지에 이에 대해 단 한 줄도 적히지 않았다는 사실에는 당혹했다. 하지만 괜찮았다. 조용히 지내고 싶었으니까. 모두 힘든 시기에 가장 피해야 할 일이 동료들 사이에 질투와 시기를 유발하는 것이었다.

단 한 번 내가 회사 소식지에 실린 것은 사교댄스에서 우승한 것 때문이었다. 그 글에는 이런 제목이 붙었다. "릴리, 바람구두를 신다." 많은 사람 눈에 나는 굉장한 스타가 되었고 굿이어에서 일하는 동안에는 쭉 그랬다. 어떤 사람들은 심지어 춤 교습을 받기 시작하거나 아니면 그들 스스로 동아리를 만들어 춤을 배우기

도 했다. 굿이어에서 내가 이룬 많은 일, 심지어 가장 대단한 성과
도 언제나 타이어와는 전혀 상관이 없었다.

악어가 무릎까지 올라오다

> 여자는 티백과 같다. 뜨거운 물에 넣어보기 전까진 얼마나 강한지 알 수 없다.
> – 엘리너 루스벨트Eleanor Roosevelt

레이디얼 경량 트럭 업무의 현장감독으로 일한 지 4년이 지난 1996년 초봄, 나는 레이디얼 공장에 있는 타이어실의 부서로 이동했다. 그곳은 자동 레이디얼 전 단계 ARF(automatic radial full-stage) 기계가 타이어를 만드는 곳이다. 나는 계속해서 더 낡고 더 다루기 힘든 기계로 만드는 작은 레이디얼 승용차 타이어를 관리 감독했다. 타이어 제조자는 각 기계의 컴퓨터에 접속된 사항들에 따라 라이너, 플라이, 비드, 체이퍼, 벨트, 마지막으로 트레드 같은 부품들을 철제 드럼에 조립했다. 그러면 승강기는 열처리되지 않은 "녹색" 타이어들을 머리 위쪽의 컨베이어 벨트에 올려놓고, 벨트는 천장 아래의 벽을 따라 감기면서 이것을 경화기까지 운반한다. 거기서 마무리 과정으로 옮겨지기 전까지 타이어들은 열처리된다.

　내 업무는 우리 부서가 충분한 재고를 유지하게 하고, 기계에 올바른 사항을 입력하며, 타이어 제조자가 할당량을 충족시키고, 작업자들이 항상 안전장비를 착용하는지 점검하는 것이었다. 내가 타이어 제조자들을 관리하는 동안, 제프는 내 구역을 감사하기 시작하면서 오랫동안 나를 어떻게 라마다 호텔로 데려갈지만 궁리했다. 어느 날 그는 타이어 제조자들 주변을 어슬렁거리다가 그중 한 명의 뒤에 서서 그가 일하는 것을 지켜보고 있었다. 건너편 방에서 경고 신호판이 켜졌다. 그 신호판들 옆에는 공장 전체에서 그날 발생한 부상자 합계가 쓰인 게시판이 걸려 있었다. "오늘 보고된 부상자: 5명."

　제프가 마지막으로 우리 부서를 방문했을 때 언제나 그랬듯 그는 거기 서서 체크는 하면서 안전 감사는 신경도 쓰지 않았다. 대신에 그는 휴식 테이블에 앉아서 몇몇 사람과 골프 게임, 주말 동안 낚시를 가서 쓴 미끼 등에 대해 잡담을 나누었다. 그러니 우리가 전쟁터라고 부르는 다음번 관리자 회의에서 그가 한 감사를 보고 나는 놀라지 않을 수 없었다. 그는 우리 부서의 작업부들이 안전장비를 착용하지 않았다고 기록했다. 나는 보고서를 훑어봤다. 전체 관리자들을 통틀어 나 혼자만 형편없는 평가를 받았다.

　나는 다른 모든 사람처럼 벌레 눈을 닮은 커다란 고글을 쓰고 발끝 부분이 철제로 된 규격 부츠를 신고 있는 우리 부서 작업자들을 조사하는 제프를 봤다. 기계와 산업용 환풍기의 소음은 귀를 먹먹하게 했기 때문에 사람들은 귀마개도 하고 있었다. 제조자는 제프가 뒤에 서서 그를 감시하며 전체 부서를 지켜본다는 것을 전혀 알지 못했다. 매주 하는 감사는 여덟 가지 사항을 따른다. 안전, 품질, 생산, 낭비, 출석, 관리, 팀 회의, 비용 절감. 그다음 번에 나는 제프가 안전장비를 착용한 우리 부서 제조자들을 지켜볼 때 바로 곁에 섰다. 그는 같은 짓을 다시는 하지 못했다.

거대한 팬이 뿜어내는 뜨거운 공기가 나를 건드렸다. 나는 제프 옆을 지나며 짧은 목례를 했다. 몇 년 동안 그는 상대적으로 먹이사슬의 위에 자리한다고 스스로 주장했지만, 자신이 기대한 최고 수준의 관리를 하지는 못했다. 그는 강등되었다. 시간이 지나면서 공장 전반에 걸쳐 그를 존경하는 눈빛은 줄어들었고, 그의 영향력 역시 예전과 같지 않았다. 앨라배마의 전 미식축구 선수들처럼 덩치가 큰 사내들이 일이 끝난 후 주차장에서 맥주를 마시다가, 재미로 그를 내다꽂는 장면을 몇 번이나 보았다.

마침내 제프가 떠나는 것을 바라보며 나는, 그가 마지막 보고서에 뭐라고 썼을지 궁금해하면서, 내 걱정도 함께 사라지길 바라며 깊은 숨을 내쉬었다.

○

제프는 계속해서 나에 대한 감사 점수를 형편없이 매겼고, 매주 감사 요약을 읽으면서 내가 분노하게 만들려 애썼다. 그는 안전 사항뿐 아니라 다른 사항에서도 점수를 깎았는데, 그가 우리 부서 타이어 제조 기계가 언제나 최고 용량으로 운행되지 못하고 있다고 주장할 때도 나는 평정심을 유지하려 애썼다. 나는 몸을 곧게 세우고 서서 춤출 때 배운 것처럼 어깨를 쭉 폈다. 어떤 여성이 댄스 경연장에서 이야기하는 것을 들은 적이 있다. 우리는 화장실에서 몸치장을 하던 중이었고 그녀는 친구 옆에 서서 빨간 립스틱을 바르고 있었다. 거울에 비친 자신을 향해 몸을 기울이더니 한동안 입술 칠하는 것에 집중하며 조용히 있던 그녀는 곧 만족한 듯 몸을 일으켜 세우더니, 거울에 비친 자신에게 말했다. "넌 웃으면서 경연에서 이길 수 있어. 하지만 어떻게 스스로를 대하는가가 더 중요해." 그렇게 말하며 그녀는 금색 립스틱 뚜껑을 닫고는 입술을 화장지로 가볍게 두드렸다. "신발 상자를 등 뒤에 끼웠다 생각하고 어깨를 펴야 해. 발동작을 하다 실수할 수는 있겠지, 하지만 심사위원들이 네 발만 보고 있지는 않을 거야. 심사위원들은 너의 침착한 모습에 더 감동을 받을 거라고."

제프가 공정하게 감사를 진행하지 않았다는 사실을 증명할 수는 없었다. 내가 할 수 있는 일은 단지 품위를 유지하며 스스로를 지탱하는 것이었다.

상황이 더이상 나빠질 수 없다는 듯이, 에릭을 대신하여 에디가 나의 상사로 왔다. 에릭은 2년 동안 날 승급시켜줬고, 불과 몇 달 전 내게 최고수행상을 주었다. 에디는 내가 몇 년 전 성희롱 문제를 제기했을 때부터 내게 반감을 품고 있었다. 관리자들이 인사이동을 하는 이유는 세 가지 중 하나다. 승진한 사람을 대체하거나, 그 전 관리자보다 더 많이 생산할 수 있거나, 아니면 처벌이다. 에디는 에릭의 인사이동으로 우리 부서의 비즈니스센터 관리자로 왔다. 나는 그것이 나에게 어떤 의미가 될 것인지를 생각했다.

EEOC와의 일이 있고 난 뒤 한때 에디 밑에서 일한 적이 있었다. 그는 1986년에 나에게 해고 소식을 알리기 전, 우리 부서의 감독으로 잠깐 있었다. 그 뒤에 나는 타이슨으로 갔다. 그가 내게 1992년 경량 트럭 레이디얼 부서를 시작할 네 사람 중 한 명으로 선택되었다는 축하장을 보냈을 때 나는 감격했다. "당신은 지난 몇 년간 열심히 일해주었고, 이 기회를 얻을 자격이 됩니다"라는 글이 내게 힘이 되었다. 그의 축하장은 나를 문제를 일으키는 사람이라 여겼던 누군가에게 내가 인정받았음을 의미했고 이는 노조원들이 나에게 금팔찌를 준 것만큼 중요한 일이었다.

나는 낙심할 때면 이런 일들을 떠올렸다. 그의 축하장만 본다면 에디의 태도는 부드러워 보였지만, 나는 걱정이 되었다. 애크런에서 개즈던 공장으로 돌아온 어느 관리자가 내게 귀띔을 하기로는 새로운 부서에 있는 술고래와 저주받은 여자들을 없애버리라고 공장 관리자가 에디에게 말했다는 것이다. 그 관리자는 매정하고 용서가 없기로 잘 알려져 있었으며, 지난번 관리자 회의에서 '여자들은 공장에서 문제만 일으키므로 굿이어에는 필요하지 않다'는 말을 하기도 했다. 그의 말은 아무런 이의 제기 없이 사람들에게 받아들여졌다. 나의 아주 오래된 싸움이 물거품이 되어버리는 건 아닐지 걱정되었다.

그러나 에디와 제프보다 당시 내게 가장 큰 걱정거리는, 내 몸이었다. 위장이 오랫동안 제 기능을 못하고 있었는데, 갑자기 더 나빠졌다. 나는 식사를 제대로 하지 못했다. 그냥 눈에 보이는 대로 너무 많이 먹거나, 너무 적게 먹기 일쑤였다. 두어 달 동안 화장실에서 물을 내릴 때면 빨갛게 물든 변기를 보고 낙담했다. 나는 그 피를 못 본 척했다. 하지만 통증이 너무 심해지자 더이상 덮어둘 수 없었다.

나는 결국 결장 수술을 받게 되었다. 의사는 스트레스 때문이라고 했다. 몸을 통과하는 음식물이 소화기관을 찢어놓을 정도로 직장 근육이 팽팽해져 있었다.

내가 송수신 겸용 무전기를 가지고 있을 때 제거된 나의 후미는 공장에서 좋은 농담거리였다. 모든 관리자들은 무전기를 지니고 다녔는데, 보통 남자들은 거기다 대고 욕만 해대기 때문에 나는 무전기를 꺼둘 때가 많았다. 그러면 그들은 내가 대답하지 않는다고 화를 냈다. 회복을 위해 병원 침대에 누워 있을 때, 혼자 기도했고, 살아 있음에 신에게 감사했다. 나는 의사가 퀼트를 하듯 내 몸에 바느질하는 걸 상상했다. 내 몸에서는 어떤 암도 발견되지 않았다. 그동안 나는 직장암으로 돌아가신 외할머니 릴리를 생각하며 직장암을 걱정했던 것이다.

엄마도 그랬을 것이다. 수술 전에 드라마 같은 몽상을 하며 나는 내 장례식을 상상해보았다. 누가 올까? 어떤 말을 할까? 내 가족들이 뭐라고 할지 확신할 수 없었다. 나는 가족들의 삶에서 너무도 많은 귀중한 순간을 놓치고 살았으니까. 이제 다시는 체험할 수 없는 시간들 말이다. 나는 여전히 비키의 결혼식을 돕지 못한 것에 마음이 쓰였다. 신부 어머니로서 당연히 했어야 하는 일들이었는데. 이미 몇 년이 지났다. 비키와 빌은 가을의 첫날, 간소하지만 아름다운 결혼식을 치렀다. 나는 엄청나게 시간외근무를 해

기나긴 승리

댔고, 욕심만큼 결혼식에 신경 쓰지 못했다. 비키와 빌이 모든 것을 처리했고, 신부 들러리의 옷을 바느질한 것은 나의 엄마였다.

나는 거의 모든 것에 함께하지 못했다.

찰스가 병장 계급장을 받는 것을 보러 텍사스로 날아가지도 못했고, 그의 학위 수료식에도 참석하지 못했다.

그리고 아빠가 돌아가시기 전 충분한 시간을 함께하지도 못했다.

이 모든 일이 있은 뒤에 굿이어의 사람들은 대체 뭐라고 할 것이며 어떻게 반응할까? 누군가는 내가 좋은 관리자였고, 내가 생산 목표를 달성했고, 회사 일을 잘했다고 말해줄까? 누군가는 당연히 내가 문제를 일으켰다고 말할 테지, 그런데 누가 어떤 말을 하든 무슨 상관이 있나? 당시 날 괴롭혔던 건 다른 물음이었다.

살면서 나는 무엇을 했는가?

◉

창밖으로 보이는 가지만 앙상한 나무는 추수감사절이 성큼 다가왔음을 알려줬다. 추수감사절은 내가 가장 좋아하는 휴일이었다. 또한 찰스와 칠면조 요리를 하고, 손자가 제일 좋아하는 파이를 구울 생각에 마음이 편안해졌다. 최근 몇 년 동안, 휴일은 기쁘다기보다는 성가시게만 느껴졌다. 하지만 이번 추수감사절엔 내가 건강한 것이 감사하게 느껴졌고, 가족에게도 마음속 깊이 고마워했다. 지난 몇 년 동안 당연히 그랬어야 하는 것처럼, 이번 추수감사절엔 스트레스 때문에 휴일을 망치지 않도록 우리의 시간을 즐겁게 보낼 계획이었다.

나는 내가 일과 가정을 잘 분리하며, 스트레스를 잘 관리하고 있다고 생각했다. 하지만 아니었다. 말하기 부끄럽지만 나는 집에서 벌컥 화를 내기 일쑤였다. 심지어 비키의 댄스 신발을 사러 갔을 때는 가게 같은 공공장소에서도 화를 냈다. 그 신발이 제대로 염색이 안 됐다는 것을 알고 계산대에 있는 남자에게 너무 고약하게 군 나머지 결국 그는 보안요원을 불렀다. 이제 비키와 손자들과 함께할 가족 휴가 동안, 망가진 몸으로 나는 침대에 몸져누워 있을 것이다. 내 손자들, 벌써 열 살인 윌, 다섯 살인 로스와 놀지도 못할 것이다. 애들은 참 빨리도 자란다. 나는 손자들을 챙기겠다고 스스로에게 한 약속을 지키려 했지만, 해마다 가족들과 가는 바다 여행 때마다 나는 쓰러졌다. 나는 또한 찰스에게도 냉정하게 대했다. 그의 어떤 말이나 행동도 날 기쁘게 하지 못했다.

하지만 뭔가 더 거대한 것이 다가오고 있었다. 나는 이제야 깨달았다. 회사가 나를 혹사시켰지만 나는 회사에 분노를 표출하는 대신에 내 건강을 해치고 있었고, 이는 나의 가정에 영향을 주고 있었다. 나는 애꿎은 사람들을 몰아세우기도 하고, 아니면 좌절감을 혼자 속으로 삭였다. 말 그대로 말이다. 내 몸은 내가 마주하고 싶지 않은 상황을 내게 알려주고 있었다. 나의 일은 그 모든 고통을 감내할 가치가 없는 것이었지만, 나는 패배를 인정할 준비가 되어 있지 않았다. 나쁜 일보다 좋은 일이 더 많다고, 스스로를 위로했다.

나는 굿이어에서 생산적인 시간을 보냈다고 생각하려고 했다.

그것은 단지 상사가 누구인지 그리고 내가 속한 부서가 어떤 부서인지에 좌우되는 일이었음에도 그랬다. 어쨌든 의사는 내 머릿속에 들어와 모든 것을 간파해내고는, 내게 일을 줄이거나 하지 않으면 더 큰 문제로 다시 병원에 오게 될 것이라 말했다. 겁이 났다. 나는 언제나 굿이어에 일생을 걸었다고 생각했다. 삼십 년을 일하고 내가 은퇴할 때면, 찰스와 나는 모든 의료 혜택을 받을 것이라 생각해왔다. 삶을 이어가기 위해서, 또한 집을 사고, 차를 사고, 대학 등록금을 내느라 쌓인 빚들을 갚기 위해서, 가능한 한 많은 퇴직연금을 모아야 했다.

텔레비전이 조용히 켜진 병원 침대에 누워서 나는 찰스가 침대 옆 의자에 누워 자는 모습을 지켜봤다. 그의 존재는 나에게 위로가 되었다. 여전히 넓은 그의 어깨와 강한 몸이 멋져 보였다. 수술하기 전 대기실에 있을 때 저 멀리서 내 담당의와 이야기 나누는 키 큰 남자의 실루엣을 봤다. 잘생긴 남자의 모습에 심장이 뛰었다. 그는 찰스였다. 그 모든 시간을 겪고서도 사춘기 소녀 때 느꼈던 두근거림을 여전히 느낄 수 있었다.

우리는 많은 시간을 함께했지만, 떨어져 있던 시간들이 너무 괴롭게 느껴졌다. 그는 줄곧 나를 참아줬다. 아마도 너무 많이. 가끔은 그를 떠나 아이들을 혼자 키우고 싶을 때도 있었다. 나는 나를 가장 아끼는 사람들을 방치하고 있었다. 가끔은, 가족들과 함께하는 복잡한 삶의 문제를 해결하는 것보다 일하러 가는 것이 쉽게 느껴졌다. 만약 찰스가 침례교도가 아니었다면 우리는 아이들이 십대였던 그 시절 이혼했을지도 모른다.

편한 자세를 찾으려고 몸을 뒤척거리면서 진통제가 효과 있기를 바랐다. 텔레비전 화면 속에서 출연자가 돌아다니는 것을 지켜보다가 침대를 높이기 위해서 몸을 뻗었다. 진통제가 누그러뜨리지 못한 치밀어 오르는 감각이 나를 덮쳤다.

내 몸은 무언가를 얘기하고 있었고 나는 들었어야 했다. 내 삶은 달라져야 했다. 하지만 너무 늦었다면 어쩌지? 나는 그렇지 않기를 기도했다.

◉

수술이 끝나고, 나는 크리스마스 휴가 전 마지막 주에 직장으로 돌아왔다. 종종 사람들이 치료를 받고 일터로 돌아오면 가벼운 업무를 맡기도 하는데, 에디는 나를 비서인 샤론이 일하는 사무실에서 함께 일하도록 해주었다. 예전에 밤근무를 마치고, 아침에 일하러 온 샤론과 이야기를 가끔 나눈 적이 있었다. 그녀에 대해 잘 알지 못했지만, 나보다 더 오래 굿이어에서 일하고 있다는 건 알고 있었다.

하루 종일 샤론과 일하면서 그녀가 8년 동안 현장감독관으로 일했다는 사실을 알게 되었다. 그녀는 밤근무를 할 수 없었고, 부담이 덜한 일을 택해야 했다. 그녀는 어린아이를 혼자 키웠고, 샤론의 딸을 돌봐주던 분이 암으로 세상을 떠났을 때 샤론은 근무 일정을 바꿀 수밖에 없었다. 샤론은 현장감독관으로 돌아오라는 제안을 몇 년 전부터 받고 있다고 했다.

"왜 제안을 받아들이지 않았어요?"

나는 그녀가 아직도 비서 일을 하는 게 놀라워 그녀에게 물었다.

"받아들였지. 한 달에 3200달러를 어떻게 거절할 수 있겠어. 그러면서 스스로에게 남자들과 같은 월급을 곧 받을 수 있을 거라고 말했지."

"무슨 일이 있었던 거예요?"

"타이어실에서 일을 시작했어. 하지만 첫 월급을 받고서 무슨 일이 벌어졌는지 알았지. 내가 비서로 일할 때와 월급이 똑같은 거야."

"그래서 어떻게 했어요? 누군가에게 얘기했나요?"

"처음엔 그러지 못했어. 일이 어떻게 돌아가는지 알잖아. 희망이 없어 보이지만 긍정적으로 생각하고 계속 일을 했지."

그녀는 나를 지나쳐 사무실 창 너머를 보았다. 나는 몸을 돌려 그녀가 쳐다보는 곳을 봤고, 거기엔 밤근무 현장감독관들이 수다를 떨고 있었다. 그들만의 공간으로 나가기 전에 그들이 손을 모으고 환호성을 지르는 것을 상상했다. 나는 다시 샤론에게로 시선을 돌렸다.

"당신도 내가 타이어실에 있을 때와 같은 상황이었잖아요. 몇 명이나 관리했었죠?"

"쉰두 명이었나."

"관리하기에 참 많은 수네요."

"그렇지. 그뿐만 아니라 트럭 운전사들도 관리해야 했고, 점검하는 것도 내 일이었지. 그래도 몇몇 오래된 사람들은 정말 좋았어. 또 기계 바로 앞에서 잠들어버리는 사람도 있었고, 5분마다 쏘다니는 사람도 있었어."

"그 얘기 좀 해봐요. 완전 고양이들을 키우는 것 같죠. 어떤 무리는 쉬러 가는 시간, 밥 먹으러 나가는 시간까지 일이 재야 했다니까요. 어떤 때는 그 사람들이 도망갈까 봐 스톱워치를 들고 따라다닐까도 했어요."

"그래도 사람들 문제는 별거 아니었어. 걱정거리 중 가장 사소한 거였지. 내 월급은 절대 변하지 않았어. 최악의 문제는 그냥 현장에서 일하는 사람들이 나보다 월급을 더 많이 받는다는 거였어. 나는 그들을 관리하는 사람인데 말이야."

"그래서 어떻게 했어요?"

"몇 달 지나고 나서, 그 문제에 대해 물었더니 대답해주더라고. '우리도 거기에 대해 알아보는 중이야'라고. 그래서 나는 계속 믿었지. 다음 달은 제대로 된 월급이 나올 거야. 거의 한 달이 지나서, 또 월급이 오르지 않기에, 나는 다시 물었지. 내 월급이 대체 언제 오르느냐고. 또 같은 대답만 들었어. 2주 정도 지나서 다시 갔더니, 절대 못 믿을 거야. '정말 미쳤구나. 우리는 너한테 그런 돈을 줄 수 없어'라는 말을 들었거든."

나는 사람들 입에서 괴상한 말들이 쏟아져 나오는 것을 종종 들었고, 샤론이 그 말을 들었을 때 어떤 기분이었을지 알고 있었다.

"뭐라고 했어요?"

"'그게 정답이네요'라고 했지. 내가 정말 미쳤었나 봐. 같은 돈을 받고 그 일을 계속하는 건 정말 미친 일이야. 그래서 그때 이 사무실로 돌아왔지."

"그 상황에서는 그게 최선이에요. 그런 식으로 타이어실에서 일을 계속할 수 없었을 거예요."

"그래, 그렇지. 월급을 20퍼센트 올려준다고 하긴 했지만, 그래도 여전히 관리자로서 벌 수 있는 돈 근처에도 못 갔는걸. 그리고 지난달에 그러더라고. 내가 해고자 명단에 있다고."

나는 뭐라고 위로할 말을 찾을 수 없었다.

샤론은 책상 서랍을 열어 껌을 꺼냈다.

"아, 정말 담배를 펴야겠어."

샤론은 껌 포장지를 벗겨 입에 넣었다.

"나는 해고되면 뭘 해야 할지 모르겠어."

나는 그녀가 굿이어에서 일하면서 감당해야 했던 희생을 보고 있었다. 샤론은 키가 적당히 크고 마른 체형이었지만, 최근에 체중이 많이 준 것 같아 보였다. 카키색 바지는 그녀가 일어설 때마다 엉덩이 주변에 헐렁하게 매달려 있었다.

문이 열리고 아침근무 현장감독관 중 한 명이 도넛을 먹으며 걸어 들어왔다.

"안녕, 아가씨들. 오늘은 뭘 해야 하지?"

샤론의 책상에 빵가루 조각을 떨어뜨리며 그녀의 어깨너머로 작업자 명단을 자세히 들여다보았다.

샤론은 나를 곁눈질하더니 그에게 결근자를 표시한 보고서를 건넸다.

"릭이 또 빠졌어?"

그는 보고서를 훑어보며 입안 가득 도넛을 물고 말했다.

"그러게. 얼마나 더 결근할지 모르겠네. 그래도 데이브가 릭을 대신해서 왔어. 또 필요하면 대체할 근무자들도 몇 명 있고."

"고마워. 아가씨들, 오늘도 착하게 굴고, 문제 일으키지 말라고."

그는 윙크하며 문을 닫고 나가 여전히 수다를 떨고 있는 다른 현장감독관 무리에 합류했다.

전에 샤론을 잘 알 기회는 없었지만 그 짧은 시간 동안, 나는 그녀와 공감할 수 있었다. 당연히 제조 작업은 업무 특성상 남자든 여자든, 모두에게 힘든 일이다. 그리고 대부분의 사람이 수많은 질병을 안고 은퇴했다. 등 질환, 폐 질환, 심장 질환 등. 나의 부서에서 타이어를 만들던 젊은 사람 한 명은 그만두기 전에 나에게 말했다.

"이곳은 죽음의 덫이에요. 나는 여기서 죽을 생각이 없어요."

경화기에 의해 치명적인 죽음을 맞이하는 것과 유독성 화학물질로 병을 얻어 천천히 죽는 것 중 어느 것이 더 최악일까? 모르겠다. 하지만 그가 너무 젊었기에 이해할 수 없었던 것을 나는 안다. 굿이어는 직원들에게 다른 어느 곳보다 많은 돈을 벌 수 있는 능력을 주었다. 대부분의 사람에게 그것은 아이들을 대학에 보내고, 가족들이 받는 불이익의 악순환을 깰 수 있다는 것을 의미했고, 이는 위험을 무릅쓸 가치가 있는 일이었다.

하지만 그렇지 않은 사람들, 즉 샤론 같은 이들에게, 희생은 한없이 커져갈 뿐이었다.

기나긴 승리

1997년 1월 1일, 원래의 작업 부서인 타이어실로 돌아온 나는 새롭게 꾸려진 교대조에 투입되어 저녁 5시부터 다음날 아침 7시까지 일했다. 첫날 근무가 끝났을 때는 기쁨을 느꼈다. 느긋하게 빈둥거리던 긴 연휴가 끝나고 작업자들이 생산하기를 머뭇거릴 때 차가운 기계들을 구슬려서 작동시키는 작업은 정말 끔찍한 일이었다. 나는 아직 몸이 좋지 못했다. 수술한 지 얼마 되지 않아서 몸이 여전히 제대로 움직이지 않았다. 나는 우리 부서가 제대로 정리되어 있는지 확인하기 위해서 빨리 출근해야 했는데, 등 아래쪽이 아파서 딱딱한 콘크리트 바닥에 오래 서 있는 것은 견디기 힘들었다.

아침 관리자 회의가 끝나고 에디는 사무실로 나를 불렀다.

"잠깐 나 좀 보지."

그가 말했다.

내부관리자가 이미 그곳에 앉아 있는 것이 보였다. 세상에, 평가를 하려나 봐. 수술 후 집에 머무는 동안, 나는 에디가 우편으로 보내준 자기평가서를 받았다. 찰스 차에 타고 평가서를 제출하러 공장까지 갔지만, 나는 거기에 대해 아무런 얘기도 듣지 못했다. 사무실에서 일할 때 관리자들이 평가받는 것을 본 적이 있었다. 올해의 첫 평가 대상자는 내가 된 것이다. 다른 관리자들이 매년 다른 시기에 우리를 평가하는데, 그런 평가는 산발적으로 이루어졌다. 거의 20년 동안 일하면서 내가 평가를 받은 건 열 번도 채 못 된다. 몇 번 되지 않는 임금 인상 역시 찢어진 쪽지에 인상률만 겨우 적혀 있을 뿐이었다. 나는 최고수행상을 받은 1995년 12월에 8퍼센트 임금 인상을 받은 뒤로 어떠한 평가도 받지 못했고, 다시 말해 임금 인상도 없었다.

내부관리자는 요점만 말했다. 나는 해고당하는 중이었다.

"우리는 지금 회사 규모를 축소하고 있습니다. 개즈던 작업장 전체를 단계적으로 폐쇄할 계획입니다."

그는 잘 훈련된 장례식 안내자 같이 고독한 목소리로 설명했다. 그가 하는 말을 미처 다 소화하기도 전에, 에디가 치고 들어왔다.

"올해 당신 실적은 형편없어. 가장 낮다고."

나는 충격을 받았지만 바로 변론하기 시작했다.

"나는 평가를 받은 적이 없는데 어떻게 그렇게 말할 수 있죠?"

"다른 관리자가 당신을 평가한 걸 가지고 있어."

에디는 대답했다.

"내가 상을 받았을 때를 말하는 건가요? 그때가 저의 최고의 해였는데요."

"아니, 지금 나는 제프가 한 감사를 말하는 거야."

대단하시군. 제프가 한 그 감사는 온통 거짓말이었다.

"제 기록이 그렇게 형편없지 않다는 걸 당신도 알잖아요. 우리 작업자들이 장비도 잘 착용하고, 기계를 멈추게 한 적 없다는 것도 알잖아요. 당신도 봤잖아요."

"나는 몰라. 내가 아는 건 여기 감사 보고서에 적힌 것뿐이야."

나는 아드레날린이 솟구치는 걸 느꼈다. 맞받아쳐 싸우고 싶었다. 나는 한동안 중심에서 밀려나 있었다. 관리자 회의에서 퇴출

기나긴 승리

당한 상태였으며, 중요한 메모조차 전달받지 못했다. 나는 단단한 부츠 안에서 발가락에 힘을 꽉 주고는 다시 말했다.

"제 기록은 그렇게 나쁘지 않고, 절대 나빴던 적이 없어요."

나는 에디에게 감사가 잘못된 것일 뿐만 아니라 제프가 하는 상식 이하의 행동을 말하려고 했다. 제프는 다시 퇴근 후에 술 한 잔 하자며 껄떡거리기 시작한 것이다. 하지만 제프가 대체 왜 그러든 간에, 나는 그의 부적절한 언행을 자세히 이야기하지 못했다. 그러는 순간 내 위치가 얼마나 위태로워질지 알기 때문이다.

"난 제프가 해야 하는 일을 제대로 했을 것이라 믿어. 당신 일에 대해서는 지난 11월에 다른 사람들 모두에게 공지했을 때 당신에게도 알리려 했지만, 당신이 병가를 내지 않았어?"

에디는 내가 반박할 모든 것에 즉각적으로 반응할 준비가 되어 있는 것처럼 보였다.

"그렇다면 12월엔 왜 말하지 않았나요? 일주일간 돌아왔잖아요."

"자네의 연휴를 망치고 싶지 않았네."

나는 다른 질문들을 해댔지만 에디는 내 말들을 잘라내며 손을 내저었고, 나는 멈추었다.

"잠깐 있다 얘기하지."

내부관리자가 사무실을 떠나자 에디는 말했다.

"걱정 마, 릴리. 당신을 대체할 사람은 없어. 쫓겨날 일은 없을 거라고."

바로 그런 식이었다. 산 넘어 산, 강 건너면 바다였다.

에디는 어쨌든 회의가 끝나자마자 '재취업 주선 상담가'를 만나게 했다. 대화하는 동안 나는 지쳐버렸고, 그리고 상담가의 말이 귀에 들어오지 않았다. 나는 에디가 나를 자르지 않는다는 말에 희망을 걸고 있었다. 그래서 방치해두었던 이력서를 다시 보려고 하지 않았고, 애니스턴의 사무실에 있는 상담가에게도 마음을 열지 않았다. 상담가는 내가 그녀의 도움에 흥미를 보이지 않자 몹시 짜증을 내며 소리쳤다.

"대체 왜 당신을 그렇게 대접하는 회사에서 일하고 싶은 겁니까?"

그 이유는 나에겐 명확했다. 나에 대한 감사 보고서에 뭐라고 적혀 있든 나는 내 일을 잘 수행했고, 내 일을 즐기고 있었다. 나이를 무시할 수는 없는 일이니, 수입이 좋은 다른 직업을 찾기란 쉽지 않을 것이다. 내 인생을 선택하는 갈림길에서 이 여인은, 내게 월마트에서 인사하는 일을 제외하고 다른 선택이 있다고 생각하는 것일까? 나는 그만둘 생각이 없었다.

"매달 1일과 15일에 당신은 여기 오겠죠. 그러면 내가 왜 여기 있는지 알게 될 거예요. 나는 계속 은퇴 설계를 해야 해요."

나는 예순이다. 굿이어가 내 경력의 전부다.

다음 달도 나는 회사가 나를 해고할 계획을 실행할지 불안해하며 보내야 했다. 계속해서 롤러코스터를 타는 기분이었다. 하지만 나는 여전히 내 자리에 남아 있었다. 한 현장감독관이 심장마비를 일으켰고, 나는 다른 관리자와 함께 그의 일을 나누어 내 작업량에 더해 그 일까지 해야 했다. 나를 해고한다는 말은 더이상

기나긴 승리

나오지 않았고, 사무실로 불려 갈 때마다 나는 똑같은 말을 들었다. 누구도 나를 대신할 사람은 없었다. 공장을 닫을 것이란 얘기도 더이상 들리지 않았다. 1997년 나는 어느 해보다 훨씬 많은 업무를 처리해야 했다.

과다한 업무는 은퇴한 찰스와 함께할 시간이 없었다는 것을 의미했다. 그는 은퇴를 두려워했고, 매클렐런부대에서 자리를 정리하도록 2년 연장을 제안했을 때 그는 덥석 그 기회를 잡았다. 마침내 은퇴한 뒤에도 찰스는 필립을 돕는 데 헌신했다. 필립은 부동산 시장에서 쓴맛 단맛을 다 보고, 내가 레스토랑에서 그를 위해 케첩과 머스터드소스를 챙겨 와야 할 만큼 어려운 시간을 보내고 있었다. 필립은 아파트와 건물들, 집들 그리고 애니스턴에 있는 역사를 간직한 비앤비bed-and-breakfast• 몇 채를 관리하고 있었다.

찰스는 필립이 자산을 관리하고 택시 전등을 제조하는 작은 회사를 잘 운영하도록 도울 기회를 얻게 되었고, 이는 그들 관계를 개선할 좋은 방법이었다. 하지만 경제적인 압박은 필립을 굴복시켰다. 필립은 함께 일하기 힘든 사람이 되었고, 그의 기분은 그네를 타듯이 요동치며 예측하기 어려워져만 갔다. 나는 찰스가 임대료를 수금하거나 사람들을 쫓아내기 위해서 아파트 문을 노크하러 다니는 것이 싫었지만 찰스는 끝까지 포기하지 않았다. 그런

• 　아침밥을 제공하는 민박 등의 숙박업소.

상황은 내가 상상해온 그의 은퇴 후 모습이 아니었다. 하지만 나는 의사의 걱정에도 불구하고, 찰스에게 신경 쓰지 못한 채 여전히 굿이어에 매달려 시간을 소모하고 있었다.

◉

기온이 치솟고 비는 거의 오지 않는 여름이 되었을 무렵 나의 인내심은 바닥을 드러내기 시작했고, 자잘한 일들이 나를 괴롭혔다. 타이어실에 근무하는 나의 직원들은 폐기물을 최소화한 공로로 날개 달린 발 모양의 굿이어 로고가 선명하게 새겨진 은색 나스카 레이싱 재킷을 상으로 받았다. 굿이어는 많은 경주용 차량에 스페셜 타이어를 제공했고, 애크런에 있는 공장은 스페셜 타이어를 시험할 자체 경주로도 갖추고 있었다. 나스카와 업무적으로 아주 긴밀한 관계에 있는 데다가 대부분의 남자들은 이 경기에 열광했기에, 재킷은 대단한 상이었다. 내가 받은 재킷은 엑스트라 라지 사이즈로, 마치 오버코트처럼 보였다. 내가 그것을 걸치자 남자들은 웃음을 멈추질 못했다. 나는 그 옷을 한 번인가 두 번 입고 말았다. 거기에 대해서 나는 입을 다물었다. 하지만 종이에 베이는 것처럼, 예상치 못한 상처는 조금씩 쌓여나갔다. 나는 재킷을 찰스에게 주었지만, 찰스에게도 그건 너무 컸다.

나는 그 사랑스러운 재킷에 대해선 아무 말도 하지 않았지만, 에디가 보내는 이메일에 언제나 '사내들에게'라고 쓰는 것에 대해서는 물어보았다.

"당신 부서에 남자들만 있는 게 아니라는 걸 모르는 건가요?"

"릴리, 우리는 할 일이 많잖아. 이런 얘길 하는 건 내 시간, 당신 시간 그리고 회사의 시간을 낭비하는 것뿐이야."

"저는 그렇게 생각하지 않아요. 제가 유일한 여자라고 이런 식으로 저를 없는 사람 취급하는 건 불공평하다고 생각해본 적은 없나요?"

그다음부터 그는 메일을 보낼 때 이렇게 썼다.

"사내들과 숙녀분께".

그리고 며칠 지나지 않아 에디는 작은 회의실에서 나를 궁지로 몰았다.

"릴리, 당신 생산량이 또 내려갔어. 일을 제대로 하고 있지 않군."

나는 그의 말을 증명할 종잇조각이나, 숫자 하나 보지 못했다.

"생산량을 보여주세요, 그리고 2주일만 주세요. 문제를 해결할게요."

내가 말했다. 그는 서류철과 클립보드를 손에 들고 있었지만 둘 중 어느 것도 쳐다보지 않았다.

"문제는 다른 두 지역의 관리자들이 당신을 누를 만큼 열심히 일하고 있다는 거야."

"그건 사실이 아니에요. 생산량 보고서를 보여주시고 문제를 해결할 시간을 주세요. 제가 할 수 있다는 걸 알잖아요."

"안 돼."

나는 그가 쥐고 있는 보드를 가져와 보고 싶은 충동이 생겼다.

"문제가 뭔지를 모르는데, 그럼 저도 해결할 수 없어요."

그는 자리에 앉더니, 서류철을 테이블에 올려놓으며 목소리를 낮췄다.

"자넨 딱 나 같네. 계속 빙빙 돌 뿐이지. 자네가 할 수 있는 건 없어, 그렇지 않나?"

"무슨 말씀인지 모르겠네요."

"나도 공장 관리자와 비슷한 회의를 한 적이 있었네. 그는 내게 똑같은 말을 했지. 내가 일을 잘 못한다고 말이야. 그래서 나도 자네처럼 행동했지. 젊은이들이 그러듯이 그냥 내버려둘 수 없었으니까."

에디는 최근 현장에서 내가 누락하지도 않은 것을 누락했다며 나를 비난했었다. 다음 날 아침에는 주차장으로 향하는 문으로 나를 데려가더니 "다른 관리자들을 혼내려면 자네에게 화를 내는 수밖에 없어. 아니면 골치 아픈 일이 생겨서 말이야"라고 속삭였다. 내가 들은 것 중에 사과에 가장 가까운 말이었다.

"나도 수치들을 확인하고 싶어서 헨리에게 계속 부탁했네. 헨리는 내가 그를 찾아갈 것이라 예상하고 있었을 거야. 나도 자네에게 그러려고 했지만, 그러질 못했어."

나는 에디 역시도 거대한 바위틈에 끼여 있다는 것을 알았다. 누구도 공장의 얽히고설킨 이해관계를 피할 수 없었다. 누군가는 나를 내보내고 싶어했다. 나의 생산량이 낮아졌다고 말하는 것은 그가 자리를 지키기 위해서 윗자리에 있는 관리자를 기쁘게 하기 위한 방식이었다.

"헨리가 보여주던가요?"

그는 흠칫 놀랐다.

"그럴 필요 없었어. 생산량 숫자는 한치도 변하지 않았거든."

"거짓말하는 걸 알면서도 어떻게 참는 거죠?"

"대체 무슨 얘길 하는 건가? 우리는 같은 처지라고. 하지만 나는 언제 입을 다물어야 하는지 알지. 가만히 있으면 자리라도 지킬 수 있어. 자네는 물러서야 할 때가 언젠지 아직 모르는군."

"이런 일을 왜 하는 거죠? 불공평하다는 걸 알잖아요."

"자네는 언제나 싸우려고만 하는군. 내버려두질 못해, 그렇지?"

"하지만 여전히 당신은 내게 하는 비난에 대해 아무것도 증명해주지 않았죠."

"앞으로도 그럴 거네."

그는 닫혀 있는 서류철을 집어 들고 걸어 나갔다. 나는 언제 다시 만날 수 있는지 물었다. 그는 나를 돌아보더니 소리를 질렀다.

"당신 정말 구제 불능이군, 릴리. 제발 부탁을 들어주게. 은퇴를 하라고!"

◉

얼마 지나지 않아, 관리자 아침 회의에서 제프가 감사를 발표했다. 나는 형편없는 관리자가 되어 있었다. 그는 내가 기계를 제대로 잠그지 않았고, 그래서 낮은 점수를 줄 수밖에 없다고 했다. 좌절감이 덮쳐왔다. 나는 제정신을 유지할 수 없었고, 화를 억누르지 못했다. 에릭이 나의 상사일 때 잘못된 감사에 대해서 이야기한 적이 있었다. 내가 이야기할 때 그는 친절했다. 하지만 그는 내게 시간을 내기엔 늘 너무 바빴다. 나는 제프에게 이야기를 하기로 결심했고, 회의가 끝나고 그를 따라 그의 사무실로 갔다.

"시간 있으세요?"

"물론이지."

그는 내게 앉으라고 권하진 않았다.

"당신이 왜 우리 부서의 등급을 낮게 매기는지 알아야겠어요. 당신도 알다시피 우리 부서 직원들은 안전장비를 잘 착용하고, 기계들도 언제나 잘 작동하고 있어요."

다른 사람들이 감사를 할 때는 우리 부서의 평가가 언제나 좋았다는 것을 언급하지는 않았다.

"어젯밤 무슨 일이 있었나보군. 기계에 무슨 문제라도 있었나?"

"아니요. 당신 감사에 문제가 있는 것 같아요. 하나하나 다 잘못 표시되었어요. 당신이 우리 부서를 감사하는 동안 내가 보는 그대로 봤잖아요. 우리 팀은 안전장비를 다 착용했어요. 하지만 여기 적힌 것은 다르네요."

"후……. 이봐, 진정하라고, 릴리."

"아니요. 나는 잘못한 게 없어요. 당신도 이런 짓은 그만둬야 할 거예요. 우리 팀원들의 안전 기록은 어느 팀보다도 좋아요."

나는 기록지를 흔들어댔다.

"나보고 이런 걸 계속 받으라는 건가요? 보세요. 전부 틀렸어요. 대체 어떻게 안전장비를 착용하지 않았다고 할 수 있는 건가요? 그리고 기계들이 뻔히 잘 작동하는데 왜 아니라고 하는 거

기나긴 승리

죠?"

"나는 내가 본 걸 기록했을 뿐이네."

제프는 세상 누구보다 거짓말을 잘한다. 내가 모를 거라고 생각하는 걸까?

"그렇다면, 당신 눈부터 점검해봐야겠군요."

제프는 낄낄거렸다.

"젠장, 릴리, 나도 어려운 위치에 있다고. 저기 저 덩치 큰 늙은이들 보이지? 내가 저들 이름을 써낸다면 저들은 난리를 부리고 나를 이리저리 밀쳐대며, 욕을 하겠지."

나는 그가 하는 말을 이해했다. 다른 관리자들이 그와 난투를 벌이는 것을 봤다. 제프는 다른 이들보다 덩치가 작았고, 다른 덩치들을 이기지 못할 것 같았다. 하지만 그것이 그가 나를 이렇게 엉망으로 만들어도 된다는 걸 의미하지는 않는다.

"그렇다면 골프를 그만두고 복싱이나 배우세요. 당신 상황이 어떻든 저와는 상관없는 일이잖아요."

"물론 그렇지. 하지만 당신 점수를 깎는 게 나한테 훨씬 쉬운 일이거든. 당신은 고작 조그만 여자일 뿐이니까. 내 뒤에서 내 욕도 할 수 없는."

나는 아랫입술을 강하게 깨물었다. 고작 조그만 여자라고? 누군가 그런 말을 한다는 게 도대체 있을 수나 있는 일인가? 웃기지도 않았다.

"게다가, 나는 누군가는 써내야 한다고."

제프는 손가락으로 귀를 팠다.

"모두 다 좋은 등급을 받을 수는 없지 않겠어?"

손가락의 먼지를 튕기며 말했다.

◉

나에 대한 제프의 감사는 변하지 않았다. 여름이 끝나갈 무렵
에디는 그의 사무실로 나를 불렀다.

"릴리."

그는 언제나 그렇듯 꾸짖는 듯한 목소리로 나를 불렀다.

"기술부에 공석이 있는데, 자네가 면접을 보러 가게. 내가 그
자리에 자네를 계속 추천했네."

그는 관자놀이 근처가 희끗희끗해지고 머리숱도 적어지고 있
었지만, 성격은 원숙해지지 않았다.

나는 구석으로 몰린 듯한, 익숙한 느낌을 받았다. 부서를 이동
할 이유가 없었다. 나는 타이어실을 좋아했다.

"지금 있는 곳이 좋아요."

나는 감정을 드러내지 않고 사무적인 말투로 일관했다.

"면접은 다 당신을 위한 거야. 신중히 생각해보게."

80년대 초에 EEOC의 조사 기간 동안 나는 품질관리실로 부
서로 옮겼었는데, 그 일은 전혀 도전적이거나 흥미롭지 않았다.

"아뇨, 정말로 저는 지금 있는 곳에서 잘 지내고 있어요."

"변화는 나쁜 게 아니라네, 릴리. 우리는 모두 저항하고 거부하
지만 가끔은 변화가 우리가 할 수 있는 최선의 선택이라고."

그는 작은 나무 책상 뒤에서 뭔가를 쓰고 있었다.

철제 의자에 앉아 있는 동안 배가 땅기는, 강한 고통이 내 몸을 강타했다.

"제가 지금 자리에서 잘 지내는 걸 아시잖아요. 직원들도 다 좋고요."

나는 말했다. 만약 내가 타이어 제조자에게 징계라도 내린다면 에디는 내 말을 지지하지 않을 테지만, 그래도 그건 사실이었다.

그는 다시 앉으며, 펜 뚜껑을 덮더니 노란 공책 위에 올려놓았다. 그는 의자에 기대어 앉아 마침내 나를 쳐다보았다. 그는 손가락을 모아서 손으로 피라미드 모양을 만들었다.

"나도 나에게 변화라는 선택이 주어졌을 때 똑같이 느꼈다네. 하지만 몇 주 뒤에 결국 부서를 이동하는 것이 내게 최선이라고 설득당하고 말았지. 충고를 받아들이는 게 내게 유리했고, 오클라호마의 로턴으로 옮겼어."

전근 가야 했던 그에게 안타까운 마음이 잠깐 들었다. 그는 개즈던에서 평생을 살았고, 개즈던은 그의 삶의 전부였으며, 그는 26년 동안이나 일했다.

"에디, 저는 잘 모르겠어요. 저는 한동안 타이어실에 있었고, 말했듯이 나는 거기가 좋아요."

"말해줄 수 있는 건 내가 전해들은 것뿐이네. 변화는 자네에게 좋은 일이야. 자네가 원하는 다른 선택 사항은 없을 거네."

무슨 선택 사항? 어디에도 선택이란 없었다.

"다른 사람도 옮기나요? 아니면 저만 여자니까, 저 혼자만 옮겨가는 건가요?"

그는 몸을 앞으로 기울이더니 딱 한마디만 했다.

"자네 문제에 대해 계속 다른 사람 탓만 하는 걸 관둬야 할 걸세, 릴리. 자네의 임금이 그대로라는 것에 감사해야만 해. 그리고 내가 자네라면, 일을 기쁘게 받아들일 걸세. 여기 다른 사람들은 다 해고를 당하고 있다고."

"저는 부서를 여러 번 옮겼어요. 아시다시피 그게 제게 필요한 일이라면 했어요. 하지만 저는 정말 여기에 있고 싶습니다."

그리고는 더이상 반박하지 않았다. 해고와 좌천에 대한 소문은 계속해서 떠돌고 있었고 공장이 문을 닫는다고 하던 지난해에는 몇 사람이 해고를 당했지만, 내가 알기로 관리자들은 해고되지 않았다. 휴게실에서 엿들은 소문으로는 임금이 동결됐다고 하지만 몇몇 부서의 관리자들 월급은 올랐다.

"당신이 받아들이지 않겠다고 한다면, 더이상 일을 하지 못할 걸세. 크리스가 이 일에 대해 이야기하려고 자네를 기다리고 있으니, 가서 그를 만나보게."

나는 지시받은 대로 크리스에게 가서 기술부 공석에 대해 이야기를 나눴다. 나는 이동되기를 기다렸지만 굿이어의 방식대로 내 자리를 대신할 사람을 찾고 품질관리부에서 자리가 나올 때까지 몇 달 동안 내 자리를 지킬 수 있었다.

◉

크리스마스 휴일이 또다시 다가왔다. 공장이 쉬기만을 기다렸다. 그러면 나는 가족과 시간을 보낼 수 있다. 하지만 휴일은 내가 원하는 대로 되지 않았다. 크리스마스 며칠 전, 의사가 엄마의 목에서 레몬만 한 종양을 발견했다. 엄마는 몇 년 동안 목에 통증을 느끼고 있었고, 목이 아파서 숨을 헐떡이지 않고서는 잠을 잘 수 없었다. 하지만 누구도 병의 원인을 찾지 못했다. 폐암이었다.

진찰실에서 엄마는 얇은 가운을 입고, 마치 어린 소녀처럼 다리를 달랑거리며 검진 의자에 앉아 있었다. 의사를 기다리는 동안 나는 엄마의 가운이 젖히지 않도록 가운 끈을 뒤쪽으로 다시 묶어주었다.

마침내 의사가 들어왔고, 엄마는 종양이 어떤 것인지 물었다. 의사는 좀 더 확실한 검사를 위해서 휴일이 끝날 때까지 기다려야 한다고 말했다.

"악성일 것 같나요?"

엄마는 무의식적으로 발목을 교차시키고 있었다.

"담배를 피셨나요?"

차트를 보면서 의사는 물었다. 엄마는 다리를 멈췄다.

"네."

의사가 엄마의 눈을 똑바로 쳐다봤다.

"그러면 스스로 대답하실 수 있겠네요."

의사의 말이 내 마음에 와서 박히고 그 말의 무게가 심장에 와서 묻히는 동안, 시간이 녹는 것처럼 느껴졌다. 방 안을 메우던 엄마의 쌕쌕거리는 소리와 간호사의 고무 신발이 바닥에 닿아 끽끽거리는 소리가 점점 멀어지고, 의사가 하는 말은 마치 루이스와 물속에서 대화할 때처럼 이상하게 들렸다.

"확실한 건 말이죠,"

그가 말을 이었다.

"만약 암이라면, 모든 환자에게 말하긴 하지만, 암이 얼마나 진행되었든 치료를 위해서 모든 힘을 다 쏟을 거라는 겁니다. 가능하다면요."

그 후 나에게 따로 이야기하는 것이 무엇이었든 엄마에 대한 진단은 좋지 않았다. 어쩐 일인지, 엄마는 의사의 마지막 말을 듣지 못했다. "가능하다면요". 그래서 그녀는 자신과 다른 이들에게 병이 나아지고 있다고 말했다. 엄마는 마음의 준비가 되어 있었다. 자신이 이 병을 어떻게 감당해야 하는지, 그녀는 알고 있었다. 내가 그녀를 돌봐야 하는 시간이 왔다.

◉

우리는 최선을 다해 휴일을 보냈다. 새해가 밝았고 나는 정식으로 부서를 이동했다. 1998년 1월 나는 기술팀 엔지니어가 되었다. 이는 품질관리부의 허울뿐인 명칭이었다. 예전 나의 부서에 있던 한 사람이 내가 맡았던 관리직으로 승진했다.

품질관리부는 타이어가 운송되기 전, 타이어가 마지막으로 가는 곳이다. 조사 지역은 2만 평이며, 천장은 몇 층 높이여서 비행기 격납고를 연상시킨다. 나의 주된 작업은 125개의 허머• 타이어

• 기동성이 뛰어난 신형 다목적 차량.

를 수작업으로 확인하는 일이었다. 만약 일을 끝내고 가는 작업 팀이 그것을 미루고 가면, 125개를 더 해야 하는 것이다. 조사관 에게 최악의 상황은 불량 타이어가 나오는 것인데, 그러면 기계를 내린 다음에 생산 라인 중 어느 곳에서 문제가 발생했는지 알 때 까지 불량 타이어와 사투를 벌여야 한다.

내 작업 시간에 처음으로 한 일은 열처리 작업장으로 가서 경 화 압축기를 준비하는 것이었다. 압축기에서 일할 때마다 어떤 현 장감독관이 내가 맡을 업무를 알려주면서 했던 마지막 말에 대 해 생각했다. 내가 문 쪽으로 걸어 나가고 있을 때 그가 내 이름을 불렀다. 그의 심각한 어조에 의아해하며 뒤를 돌아보았다. "릴리." 그가 말하길, "당신이 무얼 하던 경화 압축기에서 실수해서는 안 됩니다." 그가 미처 끝맺지 못한 말은 '그렇지 않으면, 끝장이에요' 였다. 덜 마른 빨래 같은 찜찜함을 느꼈다.

열처리 압축기는 거대한 와플 기계와 비슷한데, 타이어의 마지 막 모양을 잡아주며, 접촉 면 모양을 새긴다. 그리고 법에 정해진 대로 제품인식에 요청된 옆면에 생산과 모델의 접촉 면의 새김 비 율과 온도 등 여러 중요한 정보를 표시한다.

생산 과정에서 다양한 종류의 타이어가 만들어지는데 종류에 따라 타이어 무늬는 달라진다. 그래서 각 작업조는, 특히 나는 최 소한 세 가지 다른 무늬를 이중으로 확인해야 했고, 새 타이어들 을 장착할 때마다 각각의 무늬 특징이 제대로 들어갔는지 확실히 해야 했다. 그 작업을 하기 위해서 최종 마무리의 현장감독관 한 명이 나에게 준 타이어 특징들을 요약해서 출력했다. 그리고 나서 특정한 타이어에 대한 시간의 길이, 온도와 증기 압력의 단계 치수와 번호를 조정했다.

열처리된 타이어는 25분 동안 경화기 안에서 300도가 넘는 열을 받는다. 수압으로 방출되는 타이어를 잡아서 컨베이어 벨트로 보내기 전에 내가 검수를 했다. 나는 왁스를 얇게 바른 종이를 가지고 직접 손으로 전체 타이어를 투사하여, 모양이 정확하게 똑같은지를 확인했다.

기술팀 엔지니어로서 내 첫 작업조 일이 끝나자마자 나의 작업에 대한 이해는 깊어졌다. 나는 혼자 작업하며 질문이 있으면 다른 현장감독관을 불렀다. 내가 질문하자 그는 나를 도울 시간이 없으니, 얼마 되지도 않는 작업에 최선이나 다하라고만 말했다. 다른 모든 부서에서는 언제나 설명을 들을 수 있었고, 오랜 시간 훈련을 받았는데 말이다.

타이어 경화 구덩이에서 작업을 마치고, 나는 허머 타이어를 내려서 부분 확인을 했다. 어느 날 밤 타이어를 확인하면서 손으로 타이어를 빙글빙글 돌려 콘크리트 바닥에 착지시켰다. 이마에 흐르는 땀을 파란 셔츠 소매로 닦으면서 타이어를 거기에 잠시 내려두었다. 그러고는 몸을 굽혀서 타이어를 다리에 받치고, 희미한 조명 아래 타이어를 하나하나 손전등으로 비추어보면서, 열처리되는 동안 응어리가 지거나 타서 눌어붙은 곳이 없는지 표면을 살폈다.

타이어의 안팎을 다 살피고, 커다란 타이어를 수레에 싣고 또 큰 18륜트럭으로 운반하기 위해 승강 장치를 찾고 있었다. 나는 트럭 운전사들이 실을 수 있도록 타이어를 그곳에 쌓아두었다. 그런데 승강 장치는 어디에도 없었다. 승강 장치 없이 나 혼자서 그 타이어들을 수레에 실을 수는 없는 노릇이어서 나는 바닥과 빈 트럭 사이에서 이 80파운드짜리 도넛과 씨름하고 있었다. 그때 타이어 열처리장에 있던 젊은 동료인 바비가 타이어를 싣는 동안 손상을 막으려고 파랗게 칠해둔 벽 쪽으로 걸어가고 있었다. 우리 부서에는 서너 명이 일하고 있었고, 대부분의 시간을 나는 혼자 일했다. 나는 그의 관심을 끌려 했지만, 그는 쳐다보지 않았다.

"이봐요."

나는 말했다.

"잠깐 나 좀 도와줄래요? 이 타이어들을 직접 실어야 해서요."

"유감이지만 내가 도울 거라 생각하지 말아요. 바쁘거든요."

바비는 계속 걸어갔다. 그의 바지 뒷주머니는 씹는 담뱃갑 모양을 따라 천이 해져 있었다.

남부에서는 이럴 때 '쓸개만큼 시게 군다'고 한다.

"얼마 안 걸릴 거예요."

목소리를 높이지 않고 재빨리 말했다. 그는 멈춰 돌아섰다.

"보세요, 나도 할 일이 있다고요. 게다가 모두들 당신은 문제만 일으키니까 가까이 하지 말라고 이야기하던데요."

실리지 못하고 내 앞에 놓여있는 타이어들을 훑어보더니 그는 가던 방향으로 다시 몸을 돌렸다.

"혼자 알아서 하세요."

나는 쌓여 있는 또 다른 승용차용 타이어들을 쳐다봤다. 그건 겁먹을 만한 광경이었다. 그리고 나는 바비의 굳은 표정을 보았고, 그의 보이지 않는 분노를 들었다. 나는 그들이 나를 원하지 않는 만큼 나 역시 여기 있기를 원하지 않는다고 말하고 싶었지만, 어떤 말도 의미가 없었다.

휴식을 취하면서 품질관리 구역에서 최종 마무리의 선착을 감독하는 관리자인 로드니를 찾았다. 내가 그에게 말했다.

"당신도 알다시피, 마지막 작업조가 또 타이어를 확인하지 않았어요."

키가 큰 로드니는 동정심에 머리를 흔들며 혀를 끌끌 찼다. 그는 나만큼이나 오래 일했다. 그가 일을 처음 시작할 때 그의 상사 중 한 명은 백인 우월주의자였고, 그는 내게 속마음을 털어놓기도 했다. 그는 흑인이었고, 조금도 과장하지 않고 불안해했다.

"알다시피, 몇 사람은 아무것도 할 줄 몰라요. 하지만 당신을 완전히 복종시키려 할 거예요. 어떤 수단이든 다 동원해서요."

그가 말했다.

"그렇죠. 나도 알아요."

그는 계속 말했다.

"한번은 내가 생산량을 부풀린다는 얘기를 들었어요. 하지만 그다음에 조사한 관리자는 오히려 내가 축소해서 말한다는 걸 알았죠. 그 사람 표정을 봤어야 하는데. 그건 그들이 들춰내려 한 사실이 아니었으니까. 하지만 알게 되고 말았죠."

"운이 좋았네요."

"나는 다른 흑인 관리자들한테 이렇게 말해요. '당신이 하는 일을 알고 일한다면 누구도 흠잡을 수 없다'고."

"설명을 듣지도 못했는데 대체 어떻게 무슨 일을 하는지 알겠어요?"

나는 내가 투덜거리는 소리에 민망했다.

"계속 물어야지요."

"하고 있어요. 몇 번이나 물었어요. 또 물어볼 거예요. 물으면 대답해줄 것 같지만 안 그래요."

"릴리, 당신도 나만큼이나 오래 일했잖아요. 내가 처음 일을 시작할 때 나는 여전히 버스 뒷자리에 앉아 있어야만 했어요. 대체 그들이 당신을, 몇 번을 해고하려 했나요? 그리고 그때마다 절대 굴복한 적 없잖아요. 이미 몇 번이나 겪었고, 그들에게 한 방 먹였잖아요. 그들이 칼을 내려놓도록 만들었잖아요. 내 말 오해하지 말고 들어요. 나는 당신이 여기 있는 누구보다 뛰어나다는 것을 알아요. 그들은 이런 게임에선 전문가예요. 다시 한 번 그들이 당신을 단두대로 내몰았어요. 하지만 기억해요. 당신은 절대 굴복하지 않을 거예요."

누군가 로드니를 불렀다. 그는 내 등을 툭툭 치더니 짧은 미소를 내보이고 떠났다. 나는 불평하는 것을 관두고, 다시 힘을 끌어올려서 일을 끝내야 했다. 하지만 지난 몇 년 동안 나는 지쳤다. 실망감이 가득 밀려와도 분노를 목구멍으로 삼키며, 착한 작은 고슴도치처럼 일하도록 나 자신을 몰아세웠다. 나는 묵묵히 최선을 다하고 똑똑하게 일하면 장점들이 부각될 거라고 생각했다. 하지만 그렇지 않았다. 그럴 리 없었다. 일이 어떻게 돌아가는지 투명하게 보일 때까지 너무 많은 시간을 허비해야 했다. 나는 가능한 한 많은 돈을 벌어야 했고, 그렇다. 그것보다도, 특별한 사람이라는 것을 증명할 필요가 있었다. 그건 돈의 문제가 아니었다. 나는 오랫동안 내게, 그리고 나의 가족들에게 해를 입히는 상황에 노출되어 있었다. 그것은 어느 정도는 내가 이곳에서 받아들여지기를 고대해왔기 때문이다. 춤을 춘다거나 손자를 얻거나 하는 보상과 안락함이 내 삶에 주어졌지만, 나는 굿이어가 나를 대하는 태도가 변화하기를 비밀스럽게 희망했고, 그 희망을 놓을 수 없었다.

지난해에 대한 연례 평가 결과가 나오기 바로 며칠 전이었다. 내가 결장 수술로 떠나기 전 한 달도 채 안 되는 기간 동안 내 관리자였던 폴을 만났다. 그는 내가 그렇게 바라던 임금 인상을 받을 수 없을 거라 이야기했다. 제프의 감사를 들먹거리며 나의 수행 능력이 형편없으며, 팀 회의에 참석하지 않은 것을 특히 꼬집어 비난했다.

나는 되받아쳤다.

"그래요. 맞아요. 에디가 초과근무 수당을 동결했고, 작업자들은 돈을 주지 않으면 회의하기 위해 한 시간이나 일찍 오지는 않겠지요."

내가 그토록 만족시키고 싶던 사람들이 그럴 가치가 없는 이들이라는 사실을 깨닫는 건 끔찍했다. 나는 새로운 부서에서 주어진 나의 임무를 성공적으로 수행해야만 하는 중요한 이유가 없다는 것을 알았다. 싣지 못한 허머 타이어를 쌓아둔 곳으로 돌아

오면서, 나도 모르게 실수하지 않고 얼마 동안 경화기를 조작할
수 있을지 곰곰이 생각해보았다.

◉

　나는 2월에 며칠의 휴가를 내고 의사가 엄마에게 최선일 거라
고 생각한 화학 치료와 방사능 치료를 받을 수 있는지 검사하기
위해서 엄마를 병원에 데려갔다. 버밍햄으로 운전하는 동안 엄마
는 평소보다 조용했고, 그녀의 쌕쌕거리는 숨소리와 배고픔에 꼬
르륵거리는 내 뱃소리만이 정적을 메웠다.

　"오늘은 좀 어때요? 지난밤에 잘 잤어요?"

　내가 물었다. 엄마는 베개에 기대어 있을 뿐 매일 밤 거의 쉬
지 못했다.

　"매일 똑같지. 그냥 그래."

　나는 우회전을 하면서 그녀를 흘끗 봤고, 그녀의 단단한 입술
은 불명예스러운 비밀이라도 간직한 듯 안으로 말려들어가 평소
보다 더 얇아져 있었다.

　"네가 원래 나를 데리러 온다던 시간에 맞춰 왔다면 내 기분은
좀 나았겠지. 너는 오지 않는데 나는 기다리고 또 기다리고…….
찰스에게 막 전화하려던 참이었어."

　라디오를 켰다. 엄마는 내가 일주일의 휴가를 얻는 게 얼마나
힘든 일인지 전혀 몰랐다. 엄마가 아프다는 것을 회사에 말할 수
없었고, 게다가 나는 공장에서 겪는 내 문제를 그녀와 전혀 나누
지 않았기 때문에 그녀는 내가 그 일을 해결하는 게 얼마나 힘든

지 이해하지 못했다. 일하러 가지 않는 모든 시간을 엄마에게 쏟고, 일이 끝나자마자 할 수 있는 한 최선을 다해 엄마 집으로 달려왔다. 잠깐 차를 멈추고 그녀를 차 밖으로 몰아내는 상상을 했다. 하지만 엄마가 힘겹게 숨 쉬는 소리를 듣자 잠깐 든 추한 생각에 부끄러워졌고, 계속 운전을 했다.

"말했잖아요, 가끔 관리자 회의를 한다고. 그리고 9시까지 엄마 집으로 안 가고 회의를 했으면 지금도 일하고 있을 거예요. 빨리 온 거라고요."

"나는 정말 이해할 수가 없구나. 여덟 시간이 근무시간인데 대체 왜 열두 시간을 일하는 거니? 아무도 그렇게 일하지 않아."

대체 정확히 똑같은 저 말을 나는 몇 번이나 들었으며, 아침 회의에 참석하기 위해 늦게까지 남아 있어야 한다고 몇 번이나 설명했을까? 머리가 쇳덩이처럼 무겁게 느껴졌고, 나는 떽떽거렸다.

"엄마는 정말 잘 대해주려야 잘 대해줄 수가 없는 사람이라고 누가 말해주지 않던가요?"

엄마는 내게서 얼굴을 돌리더니 한마디 말없이 창밖을 쳐다봤다. 나는 내가 내뱉은 말을 즉시 후회했다. 내가 늦게 데리러 온 것을 불평했지만, 그녀가 화를 내는 이유는 사실 나와는 상관없는 것이었다. 그녀는 암에 걸렸고, 나는 화풀이 대상일 뿐이다. 내가 과민하게 반응한 것이다. 평소에 찰스에게 하듯이 얼굴을 붉히며 소리를 질러버렸다. 내 신경도 엄마처럼 너무 날카로워져 있었다. 잠도 잘 수 없을 만큼.

검사 결과 암은 첫 진단 때보다 더 진행되어 있었다. 내 영혼을 가뿐하게 만들어주는 건 봄 날씨뿐이었다. 나는 퇴근길에 하늘과 맞닿은 선을 샅샅이 살펴보곤 했다. 마치 네잎클로버를 찾던 소녀 시절처럼, 내가 행운의 상징으로 여기던 빨강 머리 딱따구리를 찾던 그때처럼. 놀란 듯 나뭇가지에서 날아오르는 찌르레기 떼 따위를 멍하게 바라보며 정신을 놓고 있었다. 그 새들의 윤기 나는 까만 날개가 하늘에 잉크처럼 번져갔다. 나는 방사능 치료를 위해서 엄마를 애니스턴까지 데려다주러 가기 전에 그곳에 오래 머물며 그들의 단순한 아름다움을 경이로워했다. 다음 근무를 가기 전에 집에 들러 쉬려 했는데, 그 전에 엄마 집에 음식과 약이 충분한지 확인해야 했다. 마감공정에 레이라는 동료가 합류하기 전까지 매일이 똑같이 흘러갔다.

레이는 분쇄기 뒤로 걸어가서, 반사적으로 내게 기계 작동법을 설명하는 동안 내려두었던 레버를 당겼고, 그러자 문이 닫혔다. 나는 강철 문에 끼면서 바닥으로 쓰러졌고, 내 무릎이 용접시의 고정용 도구인 바이스 그립 안으로 눌려 들어갔다. 고통이 다리에서 사타구니로 솟아올랐다. 마치 늦은 밤 모든 프로그램이 끝난 뒤 텔레비전이 하얗고 검은 점들로 덮이는 것처럼 세상이 뿌옇게 흐려졌다. 아무 말도 나오지 않아 그냥 레이를 쳐다봤다. 레이가 레버를 올리기 전 그대로 서 있던 잠깐이 길게 느껴졌다. 나를 누르던 문이 다시 올라가자마자 몸을 돌려 무릎을 움켜잡았다. 레이가 일어설 수 있도록 도와주었고, 나는 절뚝거리며 공장 뒤편에 있는 병원으로 갔다.

굿이어의 간호사는 내 다리가 부러지지 않았음을 확인해주었지만 무릎은 야구공만 하게 부어올랐다. 나중에 알았지만 연골이 찢어졌고, 기계 안에서 질긴 고무 덩어리가 엉킨 것처럼 무릎뼈 아래가 엉망이 되었다. 그때서야, 그 어느 때보다 더 절실히 알았다. 굿이어에서 남은 나날 동안 단두대의 날카로운 날을 피하려면 무엇보다도 운이 필요하다는 것을 말이다.

호랑이 꼬리에 매달리다

호랑아 호랑아, 환하게 불타는
한밤 숲속에서
어떤 불멸의 손 또는 눈이
너의 무서운 균형을 빚어냈지?
- 윌리엄 블레이크William Blake

무릎 치료를 위해 전문 치료사에게 예약하려 했는데, 그와 시간을 맞추려면 몇 주를 기다려야 했다. 그동안 할 수 있는 최선을 다해 쉼 없이 일했다. 그러다 작업하기 전, 내 아지트에 있는 편지 더미에서 종잇조각을 발견했다. 내 이름과 타이어실에서 일하는 다른 관리자 세 명의 이름이 적힌 그 쪽지를.

쪽지에는 내 임금이 1달러 단위까지 적혀 있었고, 남자 관리자들 임금도 있었다. 내 임금은 그들보다 몇 천 달러나 적었다. 나는 정확히 4만4724달러를 벌었고, 남자 관리자 중 가장 많이 받는 이는 5만9028달러, 다른 관리자들은 그와 비슷하게 5만8464달러와 5만8226달러를 받았다. 그날이 어떻게 지나갔는지 모르겠다. 마치 누군가 나에게 뜨거운 기름을 한 냄비 퍼부은 것처럼 안 팎이 시커멓게 타버린 듯했다. 1분이라도 누군가에게 내 마음을 보여주고 싶었다. 다른 사람들은 이걸 다 알고 있는지 궁금했다. 그리고 가족이라 생각하고 잘 지내온 시간을 떠올리며 불안과 걱정을 다 던져버리고 싶었다. 그날 밤 나는 내내 모욕감과 충격에 빠져, 무엇을 어떻게 해야 할지를 놓고 한참을 씨름했다. 만약 내가 쪽지를 모른 척한다면, 나는 이 사실을 감수하며 살아갈 수 없을 것이다. 그것은 나 자신을 갉아먹을 게 뻔하다. 하지만 만약 얘기를 꺼낸다면, 내가 예상한 것보다 무시무시한 보복이 따를지도 모른다.

그날 작업이 끝날 무렵, 나는 걸을 수나 있을까 걱정이 되었고, 내 몸은 궁지에 몰린 나의 감정을 지켜내기 위한 노력으로 흠뻑 젖었다. 집으로 돌아오면서 보통 베이컨 비스킷을 사러 가는 하디스에도 들르지 않고, 언제나 나를 위로해주던 컨트리음악을 틀어주는 라디오도 켜지 않았다. 아침 태양을 맞으며 잭슨빌로 곧장 오면서, 분노와 슬픔, 두려움이 내 몸을 흐르도록 두었다. 기쁨은 아니었지만, 혈액순환이 되지 않던 팔과 다리로 다시 피가 퍼져나가듯, 긴장했던 몸이 풀어지는 것 같았다.

1998년 3월. 그날, 집으로 향하는 그 길은 너무 길었다. 굿이어에서의 내 삶이 내 눈앞에서 번쩍일 때마다 나는 운전대를 너무 꽉 쥐어 손가락이 저려왔다. 엄마가 구워준 케이크를 가져갈 때마다 직원들은 케이크를 테이블에 놓기도 전에 거의 먹어치웠다. 그런 모든 순간이 떠올랐다. 진지했던 순간들도 스쳐갔다. 내가 관리하던 직원들. 그 사람들은 말도 거의 없었고, 말을 붙여도 겨우 고개만 끄덕이는 게 다였는데, 초과근무 수당을 제대로 받을 수 있도록 내가 챙겨주고, 휴가 날짜도 챙겨주자, 돌봐준 것에 고마워했다.

내가 가장 화났던 것은 오히려 일어날 수 있었던 일에 관해서였다. 굿이어가 나를 관리자로 받아들였다면 나는 더 많은 일을 해냈을 것이고, 더 헌신했을 것이다. 타이어를 만드는 것뿐 아니라, 공장을 일하기 더 좋은 곳으로 만드는 데 도움을 주었을 것이다. 나보다 뒤에 일하게 되었을 여자 직원을 위해서도 많은 변화를 만들 수 있었다. 하지만 그 대신에 오랜 세월 동안 회사는 나를 없애려고만 했다. 내가 한 일이라곤 살아남기 위한 것뿐이었다.

그 숫자들이 내 마음을 마구 휘젓고 다니는 동안, 고생 끝에 낙이 올 거라 믿었던 것이 순진해빠진 생각이었음을 깨달았다. 물론 일을 시작할 때도 나는 순진하지 않았다. 처음부터 나 자신을 증명하려면 남자들보다 더 오래 일하고, 더 똑똑해져야 한다는 것을 알고 있었다. 그리고 그렇게 했다. 내 작업장이 제대로 돌아갈 수 있도록 빨리 출근했고, 늦게 퇴근했다. 안 된다는 말은 거의 하지 않았고, 배우기를 멈추지도 않았고, 절대 포기하는 일도 없었다. 그리고 해야 하는 일을 다 해냈다. 우리 생산량은 언제나 많았고, 불량은 적었다. 언제나 결근도 가장 적게 했다. 어디서 기계가 고장 나면 사람들이 제일 먼저 찾는 이는 바로 나였다.

그 숫자들은 전혀 상식적이지 않았다. 그 쪽지에 적힌 그들의 임금을 나는 감히 쫓아갈 수 없었고, 그렇다고 다시 시작할 수도 없었다.

무엇이 나를 위한 길인지, 무엇이 옳은 길인지 알고 있었지만, 집으로 돌아오는 길에 그래도 신중하게 생각을 거듭했다.

내가 짊어져야 할 위험을 알고 있었다. 많은 사람이 몇 년을 싸우면서 그 견고하던 투지를 잃고 무력해지는 것을 봤다. 그것은 내 삶에서 가장 힘든 싸움이 될 것이 뻔했고, 이제는 '하얀 모자'를 쓴 사람이 이길 것이란 보장도 없었다. 싸움을 도와줄 변호사를 구할 비용도 없었다. 그리고 은퇴를 일 년도 남겨두지 않은 상황에서 연금을 잃을 수도 있었다. 하지만 신중히 생각한 결과, 최소한 선한 쪽이 이길 수 있다는 것, 그리고 여전히 변화를 만들 수 있다는 것을 증명하기 위해 노력이라도 해야만 했다. 그것은 나의 본성이며, 나도 나를 어쩔 수 없었다. 차에 혼자 앉아 있으려니 집에 가고 싶어서 못 견딜 지경이었다. 그 상황에서 내가 나아가야 할 길이 뚜렷하게 보이길 바랐다. 무슨 일이 일어난 건지 남편에게 말하고 싶었다. 찰스가 내 옆에 있다면 내가 해야 할 일을 제대로 할 수 있을 것 같았다.

마침내 집에 도착했고, 바나나를 심어놓은 옆길을 지났다. 조합원 한 명이 자신이 기르던 것을 건네줘 심게 된 바나나는, 녹색 싹이 갈색 줄기에서 솟아나와 겨울 동안 까만 비닐로 덮어두었다. 집으로 걸어가는데 커피향이 났다. 남편은 부엌에서 뒤돌아보지 말자고 쓴, 내가 가장 좋아하는 명패 옆에 서서 잔에 커피를 따르고 있었다. 나는 우리의 작은 부엌 앞에 서서 앉지도 못하고 있었다.

기나긴 승리

"피곤해 보여. 커피 마실래?"

찰스가 물었다.

나는 고개를 끄덕였다. 남편은 내가 언제나 쓰는, 매클렐런에서 받아온 컵을 찬장에서 꺼냈다.

"오늘 너무 힘들었어."

그는 내가 좋아하는 방식대로 커피를 만들며 내가 앉을 수 있도록 자리를 마련했다. 나는 앉기 전에 주머니에서 쪽지를 꺼내 찰스에게 건넸다.

"이게 뭐야?"

"읽어봐."

남편은 읽더니 눈이 휘둥그레져 나를 올려다봤다.

"이거 장난이나 그런 거야?"

"아마 아닐걸."

커피를 한 모금 마셨다.

"나는 이미 마음을 정했어. 당신이 날 설득할 게 아니라면, 난 아무리 생각해봐도 이 일이 쉽게 끝날 것 같진 않아. 버밍햄에 가서 EEOC에 문제를 제기할 거야."

두번째로 문제를 제기하는 것이었다. 그리고 이 두번째는 지난 첫번째를 아무것도 아닌 일로 만들 만큼 엄청난 싸움이 될 것이다.

남편이 나를 바라보았다. 그의 머리카락은 이미 몇 년 전부터 하얗게 변했지만, 뭔가를 해야겠다는 것을 깨달았을 때 언제나 그랬듯이 그의 눈은 놀랍도록 선명한 파란빛으로 밝게 빛나고 있었다. 좋은 신호였다. 잠시 뒤에 남편은 쪽지를 우리가 마주 앉은 테이블에 올려놓았다.

"몇 시에 출발할까?"

그 어느 때보다 그가 사랑스러웠다.

◉

다음 날 아침 버밍햄으로 가는 내내 찰스와 나는 거의 말을 하지 않았다. 내 눈앞에 놓인 일들을 떠올리지 않으려고 나는 차창 밖으로 관심을 돌렸다. 지나는 숲을 바라보고, 하얗게 만개한 층층나무를 경이롭게 바라보며 사슴이 지나가는 것을 볼 수 있길 바랐다. 길을 몇 번 잘못 든 끝에 마침내 EEOC 건물을 찾았다. 경비를 지나 붐비는 대기실로 걸어 들어갔다. 구석의 빈자리를 찾으려 했지만, 방의 한가운데 앉게 되었다. 사람이 많은 것을 나도 좋아하지 않지만, 찰스는 정말 질색했다. 자리에 앉지도 않고 "나가서 커피랑 신문 좀 사 올게"라며 급히 달려 나갔다.

그를 원망할 수 없었다. 병원 대기실처럼 침울한 분위기가 느껴지는 그곳에선 모두가 커피와 신문을 손에 들고 오랫동안 기다리고 있었다. 내 옆에 앉은 여자를 힐끗 봤다. 그녀는 비키와 비슷한 나이였다. 무슨 일로 왔는지 궁금했다. 나는 테이블 위의 더미에서 잡지를 꺼내 읽는 체하면서 주변을 둘러봤다. 거기 있는 사람들은 각자의 사연을 이야기하기 위해 기다리고 있었다. 대체 어떤 경험들이 그들을 이곳으로 모이게 했을까? 나와 비슷한 일들? 나처럼 긴장하고 있으려나? 그 공간은 내가 전혀 어울리고 싶은 마음이 없는 곳에, 내 의지와는 상관없이 벌어진 일들 때문에 억지로 끌려와 있다는 생각이 들게 했다.

잡지를 뒤적거리며 앨라배마에서 치러진 셀마행진Selma march 의 서른세번째 기념일에 관한 기사를 읽으려 노력했다. 하지만 앨 라배마는 부정적인 이야기로만 뉴스에 실린다는 사실이 서글퍼, 기사에 집중할 수 없었다. 긍정적인 기사는 대학 풋볼 최우수상 인 하이즈먼 트로피 시상에 관한 것뿐이었다.

내 옆에 쌓인 잡지들을 샅샅이 뒤지다가, 굿이어에서 교육받 을 당시에 면접을 봤던 것이 떠올랐다. 몇 년 동안 그 일을 떠올리 지 않았지만, 버밍햄으로 오는 길에 굿이어에서의 다른 기억들과 함께 생각나고 말았다. 그때 면접관의 말은 내 머릿속에 박혀서 기분 나쁜 노래처럼 머리를 휘젓고 다녔다. 면접관은 공장 임원이 었는데, 내가 주방 싱크대 앞이 아닌 굿이어에 있어야 하는 이유 를 말해보라고 했다. 그리고 대체 왜 굿이어가 여성 노동자를 원 치도 않는 그 시기에, 거기서 일을 찾으려고 하는지도 물었다. 이 것은 한참 전의 일이었고, 나는 세상이 많이 변화했다고 생각했 다. 그 쪽지를 발견하기 전까진 말이다.

몇 년 동안 나는 남자들이 하는 일을 모두 해냈다. 공장의 2층 높이까지 매달려 올라갔다. 검은 탄소를 처리하기 위한 곳간차부 터 타이어용 고무와 안료를 혼합하는 기계까지 다루었다. 차선 하나만큼 넓은 위험한 컨베이어에서 일을 시작했고, 비가 오나 눈 이 오나 일했다. 다 나 혼자 한 일이다. 몇 명 안 되는 여자 관리자 들이 있었지만, 왔다 갈 뿐이었다. 그들은 일을 그만두거나 파업 을 두려워하면서, 그들을 도와줄 사람을 애타게 기다렸다. 브루스처럼 좋은 사람은 옳은 일을 대변하려다 고통을 겪었다. 브루스는 1982년 내가 처음으로 EEOC에 제소할 때의 노조 위원장으로, 나를 위해 앞장섰다. 그는 그 진정성 때문에 노동조합 대표 자리를 잃었고 그다음 해 노조 위원장 선거에서 대패했다. 나는 그토록 참된 인간에게 그런 일이 일어난 것이 늘 안타까웠다.

마침내 내 이름이 불렸을 때, 답답할 만큼 비좁은 방에서 EEOC 직원인 올리 크룸스를 만날 수 있었다. 그녀는 매력적이고 밝은 여성이었다. 좁고 사방이 막힌 방에서 낯선 이에게 굿이어에서 겪은 나의 경험을 털어놓았다. 몇 시간 동안 점심도 거르고, 휴식 시간도 갖지 않고, 엄마의 검사를 위해서 휴가를 갔다가 돌아왔을 때 발생한 타이어 불량에 관해서 내가 비난의 대상이 된 상황을 이야기했다. 나는 실제로 불량 타이어들을 보거나 잘못된 설명서를 보지도 못했다. 나는 단지 1만 달러의 손실이 발생했고, 그들이 나를 어떻게 할지 결정을 내리는 중이며, 아마도 내가 업무 중지를 당할 것이라는 사실만 통보받았다. 그해에 누군가 흑색 안료를 잘못 섞어서 7600개 이상의 타이어가 불량품이 된 일이 있었다. 하지만 누구도 그 일로 처벌받지 않았다.

이야기하는 동안 나는 내가 이야기하는 추한 모습에 갇히고 말았다. 그리고 불쌍한 올리는 당혹스러운 이야기의 세부적인 내용들을 계속 물었다. 대화는 멈출 것처럼 느리게 진행되었다. 너무나도 고통스러웠다. 살에 깊숙이 박힌 고집스러운 조각 덩어리를 뜯어내는 것 같았다.

그녀는 다른 사항에 대해서도 물어왔다. 제프의 불공평한 감

기나긴 승리

사 보고에 내가 저항했던 일이나 그다음에 일어난 일, 그가 나에게 치근덕거린 일과 나에 관한 평가를 들먹거리며 라마다 호텔로 나를 끌어들이려는 역겨운 짓을 한 것을 이야기해야 했다. 내가 수행한 일에 대해서 에디와 짧게 이야기 나누면서 나에 대한 평가 점수가 낮은 것은 내가 제프의 치근덕거림을 받아주지 않아서 발생한 것임을 넌지시 알렸다. 에디는 내 말을 무시했고, 나는 더 이상 아무것도 하지 못했다. 내 평가가 불공평하다는 것을 그가 보게 하려고, 나는 이미 충분히 노력했기 때문이었다. 이상하고 추악한 사건들, 내가 오랫동안 마음에만 담아둔 일들과 말들을 입 밖으로 꺼내는 동안, 내가 그런 잘못된 일을 당할 만한 무언가를 저질렀다는 생각이 끊임없이 쫓아왔다. 꼬인 생각이란 걸 알았지만 그래도 나는 계속해서, EEOC 직원이 혹시나 조금이라도, 내가 굿이어에서 그런 대접을 당할 만했다고 생각할까 봐 걱정했다. 이런 걱정은 트라우마와 같은 것일 테다. 벌어진 일들을 전부 이해하려면 스스로를 원망하는 수밖에 없다.

상담이 끝났을 때, 올리는 나보다 더 흥분해 있었다.

"알고 있지요? 이 사람들은, 내내 당신을 괴롭혀온 거예요."

나는 지갑을 챙기고 서서 그녀와 악수를 했다.

"그럼요. 20년 가까이 그래온걸요."

◉

EEOC의 질문 사항 서류를 작성하는 동안에도, 벌어진 모든 일에서 내가 느꼈던 감정은 조금도 나아지지 않았다. 상담 전보다 오히려 더 걱정이 되었다. 억지로 서 있는 기분이 들었고, 급변하는 감정들에 사로잡혀버렸다. 늦은 밤, 덤불 속에 누군가가 숨어 있을지도 모른다는 두려움을 애써 쫓아내야 할 때와 같은 상황이었다. 그건 비이성적이지만, 판도라의 상자를 연 것처럼 분노에서 두려움으로 또 걱정으로 번져가는 뒤섞인 감정들이었다. EEOC의 조사를 기다리는 외에 할 수 있는 일은 없다고 체념하는 게 다였다. 그건 몇 달이나 걸렸다. 비록 다시 일해야만 한다는 생각이 나를 압도함에도, 무슨 일이 있었건 간에 사회보장을 받을 수 있는 예순두 살까지 남은 1년을 버텨야 했다.

1998년 3월 말의 그 긴 하루는 정치가 깊숙이 스며들어 있는 복잡한 정의 체계와 엮인다는 게 어떤 것인지, 그리고 그것과의 싸움이 어떤 것인지를 알게 해주었다. 나는 미로 속으로 걸어 들어갔고, 미로의 출구는 십 년도 더 지난 뒤, 일흔한번째 내 생일이 지나서야 찾을 수 있었다.

부상 때문에 나는 다리에 칼이 박힌 듯한 고통을 느꼈다. EEOC와의 짧은 만남 뒤에, 나는 치료사를 만날 수 있었다. MRI를 찍었고, 그다음 날 관절 수술을 받았다. 회복하고 물리치료를 받기 위해 당분간 일을 쉬기로 했다. 무릎 수술 후에는 목발을 짚어야만 걸을 수 있었다. 집에서 쉬는 몇 주 동안 집 안에서 뭔가 썩는 듯한 악취가 계속 났다. 그냥 뒷마당에 죽은 쥐가 썩나보다 생각했다. 신문을 읽는 동안 도저히 집중할 수 없었고, 가로세로 낱말 맞추기를 하려 했으나 간단한 단어도 철자가 생각나지 않았다. 밤에는 잠을 제대로 잘 수 없었고, 잠이 들어도 악몽을 꾸기 일쑤였다. 높은 빌딩의 끄트머리에 위태롭게 서서 떨어질 거라는 공포에 떨고 있는 꿈을 거의 매일 꿨다. 꿈에서 깨어나면 심장은 미친 듯 뛰었고, 다시 잠들 수 없었다.

그러다가 어느 날 아침, 옷을 챙겨 입고 밖으로 나갈 결심을 했다. 머리를 빗고 있는데 누가 쳐다보는 느낌이 들어 뒤를 돌아봤다. 찰스는 읽고 있던 책을 손에 들고선 침실과 이어지는 복도에 서서 나를 쳐다보고 있었다. 난처한 기색이 역력했다.

"왜 그래?" 내가 물었다. "왜 그렇게 날 보고 있어? 뭐 잘못된 거라도 있어? 내가 또 커피 물을 올려뒀나?" 나는 종종 커피 물을 올려두고 잊곤 했고, 밤중에 차고 문을 열어두기도 했다.

찰스는 망설였다. 그러더니 나를 머리부터 발끝까지 위아래로 훑어봤다.

"오늘 그렇게 입고 있으려고?"

나는 얼른 내 차림을 살펴봤다. 수술 뒤에 편하게 입으라고 비키가 준 남색 스웨터를 입고 있었다. 거기엔 얼룩이 군데군데 묻어 있었다. 언제 마지막으로 세탁했는지 떠올리려 했지만 기억이 나지 않았다.

손으로 문질러 얼룩을 지워보려 했다.

"오늘 밤에 빨지 뭐."

나는 말했다.

"릴리, 대체 며칠째 그 옷만 입고 있는 거야?"

찰스의 말은 마치 얇은 스타킹만 신고 부드럽고 따뜻한 카펫 위를 걷다가 차가운 냉장고의 철제 손잡이에 닿은 것 같은 충격으로 다가왔다.

"정말 걱정이야, 릴리."

남편이 말했다.

"요즘 당신은 당신이 아닌 것 같아."

나는 손가락 끝을 문지르면서 손을 내려다봤다. 군사통행권을 재발급하면서 알게 됐는데 내 손가락에는 지문이 이미 사라져버렸다.

"제대로 생활하려면 시간이 좀 걸릴 것 같아."

그는 고개를 저었다.

"그게 그렇게 간단한 문제가 아니야."

옆에 놓인 남편이 읽던 책의 표지를 찬찬히 살펴봤다. 남편은 책 내용을 조금 얘기해줬다. 그리스도가 재림할 때 그리스도와 공중에서 만나는 체험이 어떻게 일어났는지, 그리고 사람들이 그 결과 지상에서 어떻게 사라졌는지에 관한 것이었다. 어둠으로 둘러싸인 행성이 그려진 불길한 느낌의 표지가 나는 마음에 들지 않았다. 내가 딴사람처럼 행동하고 있는 것을 스스로 깨달아야 한다며 마치 대참사를 예감하는 듯이 말하는 찰스의 충고도 마음에 들지 않았다. 하지만 그가 옳았다. 수술 후 나는 예전처럼 행동할 수 없었고, 남편은 실생활의 많은 부분을 도와주었다. 이제는 진짜로 도움을 받을 차례였다. 나는 너무 어설프게 생각했던 것이다. 내가 알고 있는 많은 사람이 '굿이어의 정신과 의사'로 알려진 개즈던의 정신과 의사를 만나러 간다는 걸 떠올렸다. 대화가 끝나자 찰스는 옆에 있는 테이블로 다가가더니 전화번호부

를 내게 건넸다. 나는 번호를 찾아서 가능한 한 가까운 날로 예약
했다.

그 쪽지를 발견한 이후로 나는 예전과 같아질 수 없다는 두려
움 같은 것에 압도당했다. 고요하고 안전한 주디 쿡 의사의 진료
실에서는 내 깊은 곳에 자리한 생각과 감정을 털어놓을 수 있었
다. 기간을 더 연장한 의료휴가 동안 무릎은 천천히 낫고 있었고,
이제는 감정적인 상처를 치료하기 시작했다.

처음엔 나의 조각들이 얇은 비늘처럼 쉽게도 떨어져 나갔다.
마지막엔 아무것도 남지 않을 것만 같아 두려웠다. 어쩌면 또 다
른 낯선 사람일 뿐인 정신과 의사와 이야기하는 건 안정적이지
않았고, 그녀를 방문하고 며칠이 지났을 때 나는 나아지는 게 아
니라 더 나빠지고 있다고 느꼈다. 아주 오랜 기간 나는 내 문제들
을 억누르고 지냈다. EEOC 직원에게 내가 겪은 일들을 말하고 난
뒤로, 그때 터져 나온 모든 감정들은 봉합되지도 감춰지지도 않
았다. 이것들은 나를 앞질러 앙갚음을 준비하고 있었고, 이 사실
이 오히려 나를 안심시켰다. 내 삶이 얼마나 엉망이 되어가고 있
는지, 내가 나 스스로를 얼마나 갉아먹고 있는지 조금씩 알게 되
었다. 나는 고통스런 일들에 직면했다. 나는 굿이어를 가족으로
받아들이고 내 진짜 가족들을 방치했다. 엄청나게 충격적인 이
사실을 알게 된 뒤에 찰스와 비키, 필립에 대한 내 태도를 고쳐야
만 한다는 것을 알았다.

다시 운전할 수 있게 되면서, 엄마가 방사능 치료와 물리치료
를 받을 수 있도록 애니스턴에 있는 병원으로 태우고 다녔다. 엄

마는 그녀답게도, 의사의 지시를 따라야 할 때마다 고집을 피웠다. 의사는 밖에 나가서 햇볕을 쬐는 것이 해롭다고 경고했지만, 의사가 잔소리한 지 얼마 지나지 않아 엄마는 마당 한가운데서 직사광선을 받고 앉아 있었다.

엄마가 정원사에게 잔디에 관해 설명할 때, 그 사람은 잔디 깎는 기계에 기대어 고개를 끄덕였다. 엄마의 실내복 깃은 열린 채 벌어져 있었다. 엄마의 피부는 한때는 아름다운 올리브색이었지만, 지금 옷 사이로 보이는 엄마의 가슴은 방사능 치료로 인해 물집투성이였다. 마치 고무 독에 의한 것처럼 엄마 피부가 타버린 것을 보지 못했다면 나는 엄마와 정원사가 대화하는 모습을 보고 웃었을지도 모른다. 우리가 처음 결혼했을 때가 떠올랐기 때문이다. 엄마는 찰스에게 잔디를 깎게 하면서 찰스를 엄청 괴롭혔다. 결국 찰스는 그만두고 말았다.

어느 날 엄마와 병원에 가면서, 엄마가 스스로를 병들게 하고 있단 걸 이야기하려 했다.

"의사가 하는 말 좀 들으세요. 아니면 더 나빠질 거라고요."

나는 주장했다.

"조용히 좀 하렴. 네가 지금 두통이 생기게 하고 있잖니."

아니다. 태양 빛이 엄마에게 두통을 주었다. 하지만 엄마는 돌보는 이의 역할에 익숙했지, 돌봄을 받는 역할은 서툴렀다. 언제나 그녀의 방식대로 해왔던 엄마가 누군가의 얘기를 들을 거란 기대는 할 수 없었다.

몇 달 새에 엄마의 암은 빠르게 퍼졌고, 건강은 당황스러울 만치 빠른 속도로 악화되었다. 3월에 폐렴으로 입원했고, 퇴원한 뒤에 나는 엄마와 함께 지내게 되었다. 일주일이 지나고, 손님방의 딱딱한 침대보다는 낫지만 그래도 울퉁불퉁해서 불편한 소파에서 벗어나 하루만 쉬려고 집에 가서 자고 오기로 결심했다. 휴식도 좀 취하고 머릿속도 좀 정리하고 싶었다. 굿이어에서 전화가 왔었다. 그들은 내가 그토록 긴 시간 동안 돌아오지 않는 것을 이해하지 못했고, 더이상의 휴가는 문제가 될 거라 통보했다. 나는 나의 일상으로 돌아가야 한다는 걸 알고 있었다. 하지만 의사가 한 말이 걱정되었다. 의사는 내가 원래 하던 일로 돌아간다면 2년 안에 불구가 될지도 모르며, 무릎 전체를 대체해야 할 거라고 경고했고, 부담이 덜한 일을 권했다. 오랜 휴가로 내 자리가 위태로워지는 걸 원하지 않았지만, 또한 내게 주어진 일들을 스스로 조절할 수 있기 전까지 복귀하고 싶지도 않았다.

내가 주방에 가방을 내려놓기도 전에 전화가 왔다. 엄마가 열이 40도 가까이 된다고 했다. 나는 서둘러 엄마 집으로 되돌아갔고, 가는 동안 다시 병원에서 한동안 지내야겠다고 생각했다. 엄마의 체온을 쟀더니 정상이었다.

"엄마, 괜찮아요. 아무 일 없어요. 여기가 답답해서 그런 걸 거예요. 창문을 좀 열면 나을 거예요."

나는 엄마가 드리워둔 커튼을 걷으며 말했다. 엄마는 쏟아지는 햇살에 얼굴을 찌푸렸다.

"얘, 여긴 너무 밝아서 내가 싫어하는 걸 너도 알잖니."

"저도 알죠. 그래도 바람이 좀 들어오면 시원할 거예요. 저는 지금 가봐야 해요. 뉴스 보시게 텔레비전을 켜둘게요."

"배나무에 물주는 걸 잊지 마. 너 또 잊었더구나. 물을 먹지 못하면 죽을 거야."

엄마는 봄에 정원사에게 배나무를 심게 했고, 엄마는 그 나무에 배가 열리는 것을 얼마나 기다리는지에 대해서 언제나 이야기했다. 나는 반대로 무슨 일이 일어날지 언제나 전전긍긍했고, 심지어 잡지 구독도 하지 못했다. 내년에 어떤 일이 일어날지 누가 알겠는가?

"물뿌리개는 차고에 있어."

엄마가 말했다.

"몇 시에 올 거니?"

내가 텔레비전을 만지작거리는 동안 엄마가 물었다. 나와 함께 엄마 간호를 도와줄 사람을 구하자고 사정했지만 엄마는 낯선 사람을 집에 들이는 것을 꺼려했다.

"오늘 오후요."

나는 텔레비전 소리가 적당하게 맞춰진 것에 만족하며 답했다.

"확인하러 오후에 돌아올 거예요."

떠나면서 나는 다시 말했다.

"배나무를 잊으면 안 돼. 내 말 들었지?"

"안 잊어요."

허약한 나무에 물을 주면서 엄마의 요구가 늘어났다는 사실을 깨달았고, 그것이 사실이든 엄마가 지어낸 것이든 매번 이러한 위기 속으로 속수무책 끌려들어갈 수는 없다는 생각이 들었다. 나는 다른 모든 일을 내려놓고 이 일에만 열과 성을 다할 수는 없었다. 현실적인 경계선을 세워야만 했다. 내겐 충실해야 할 중요한 의무가 있지만, 어느 정도까지 내가 이러한 위기에 휘둘려야 할까?

의사는 계속해서 내 의료휴가를 연장했다. 내가 더 적절한 직업을 찾게 할 의도였다. 그렇지 않으면 내 무릎을 영원히 망치게 될 것이었다. 그러는 6월 내내 엄마는 입원과 퇴원을 반복했다. 엄마는 혈액장애가 심해져 가까이서 지켜봐야 했고, 자주 수혈을 받아야 했다. 나는 스스로를 챙기려 최선을 다했지만 엄마를 돌보는 일에 둘러싸여버렸다.

어느 날 오후, 병원에서 엄마가 수혈받을 때를 기다리고 있었다. 이런 형태의 침묵이 불편했는지 그녀는 외할머니를 밤낮으로 돌보던 이야기를 시작했다.

"나는 내 엄마를 혼자 내버려둔 적이 없었어. 단 한 번도."

엄마는 침대에서 천장을 보면서 말했다.

"나는 엄마를 위해 뭐든 했다."

엄마가 외할머니를 잃었을 때를 생각하면 마음이 아팠다. 그때 엄마는 어렸고, 엄마가 되었지만 여전히 소녀였다. 하지만 나는 엄마가 보내는 무언의 책망 앞에서 아무런 말도 할 수 없었다. 지난번에 엄마가 수혈받을 때 나는 심부름을 다녀왔고, 돌아왔을 땐 엄마가 방 안에서 혼자 구토물에 숨막혀하고 있는 것을 발견했다. 간호사들은 수다를 떠느라 그 상황을 모르고 있었고, 나는 뛰어나가 간호사를 불렀다.

엄마가 불평하는 걸 들으면서 며칠 전처럼 이상한 일을 벌이지 않길 바랐다. 엄마는 내가 단 하룻밤 집에 가는 것에도 엄청난 불만을 가졌다. 물을 마시지 않아 탈수 증상을 일으켰고, 온도를 최대로 높인 전기담요에 누워 있기도 했다. 우리는 엄마를 다시 병원으로 보내야 했고 그러자 엄마는 사람들에게 아무도 자신을 돌보지 않는다고 이야기를 퍼뜨렸다. 모두들 나와 남편이 오가는 것을 봤기 때문에 그 말이 나를 괴롭히지는 못했지만 말이다.

나는 엄마가 자신을 혼자 두었다는 이야기를 꺼내기 전까지는 평정심을 유지하고 있었다. 그날은 비키의 셋째 아들인 알렉스가 태어나서 나는 비키에게 가봐야 했다. 나는 나의 고생을 제대로 인정받고 싶어, 스스로를 변호했다.

"엄마, 우리 그 문제는 넘어간 거 아니었어요? 엄마도 알다시피 별일 아닌 일로 내가 자리를 비운 것도 아니고, 가능한 빨리 돌아왔잖아요. 어쨌든 여기 있잖아요. 그러니 그 일은 그만 잊고 넘어가요."

마침내 간호사는 수혈 준비가 되었다며 엄마를 휠체어에 앉혀 떠났다. 침묵에 싸인 살균실에서 기다리면서 내가 한 일이 중요하든 중요하지 않든, 내가 엄마를 화나게 했다는 사실이 힘들었다. 내가 소파에서 자는 것조차 엄마의 화를 돋우었다. 손님방을 쓰지 않는다며 나를 질책했다. '엄마를 기쁘게 할 방법은 없다'고 나는 스스로 되뇌었다. 그리고 그 전에는 절대 하지 않았던 생각을 하고 말았다. '엄마를 나를 싫어하나 봐. 그래, 엄마는 나를 싫어하는 거야.' 엄마는 내게 주겠다고 했던 거실용 가구 세트를 친척에게 줘버렸다. 며칠 전에는 엄마 옷을 챙기려고 살펴보다, 내가 몇 달 전

잃어버려서 밤낮으로 여기저기 들쑤시며, 집안 곳곳을 한참을 뒤졌던 양말을 찾았다. 내내 엄마 옷 주머니에 있던 거였다.

나는 엄마의 이런 이상하고도 악의적인 행동을 이해할 수 없었다. 최근에 엄마 집 다락방에서 상자에 켜켜이 쌓인 새 책들을 발견했다. 책마다 빳빳한 겉표지에는 엄마의 이름, "에드나 맥다니엘"과 책을 산 날짜가 엄마의 단정한 손 글씨로 적혀 있었다. 엄마는 아버지가 돌아가신 후 독서모임에 참여했다. 그런데 엄마는 책을 한 번에 한 달 분량씩 샀다. 책을 한두 권씩 사는 것을 이해하지 못하는 듯했다. 다락에 쌓인 책을 보면서 나는 엄마가 내 어린 시절 내내 아버지나 내가 책 사는 걸 반대했던 일을 더더욱 납득할 수 없었다.

내 생각이 마치 의사나 간호사들에게 들리기라도 하는 것처럼, 일어서서 문을 닫고는 그 문에 기대어 서서 눈을 감았다. 나는 왜 이 시점에 엄마의 행동이 변했다고 생각하는 걸까? 엄마를 기쁘게 하려고 애쓰는 것은 내게 끊임없이 실망의 올가미를 씌우는 일과 같았고, 암이 엄마를 사정없이 파괴하자 엄마는 더 비이성적으로 되어갔다. 세상을 맹렬히 비난하고, 나를 동네북처럼 두들기는 것이 죽음에 대한 공포를 이겨내는 엄마만의 방법 같았다. 내가 기대를 버리는 길밖에 없었다. 나는 엄마를 계속 돌봐야 했고, 그녀의 비난을 마음에 담아둬서는 안 되었다. 나는 엄마가 비난하듯, 나쁜 사람은 아니었으니까.

그런 깨달음을 온몸에 주입시키면서 휠체어에 탄 엄마가 돌아오길 기다렸다. 엄마의 팔은 수차례의 수혈로 여기저기 멍이 들고 밴드가 붙어 있었다.

◉

7월 말이 되어 나는 조금 부담이 적은 일을 배정받고 일터로 복귀했다. 2월에 있었던 불량 타이어로 인한 생산 중지는 로드니와 노동조합의 다른 한 사람 그리고 나까지 포함하여 세 명에게 책임이 돌아갔고, 그 둘에게는 3일간 무급정직이 내려졌다는 말을 들었기에 나는 걱정이었다. EEOC에 내가 이야기했듯 타이어 400개를 폐기하는 일이 발생했고 그 직후 나는 엄마의 검사 때문에 일주일간 휴가를 갔다.

타이어 생산 중지가 발생하고, 누군가를 탓하는 온갖 비난이 떠돌았다. 지난해에 타이어 옆면의 위아래가 뒤집혔다든가, 무늬가 잘못 찍혀 나왔다든가 하는 등의 이유로 생산 중지가 수차례 발생했다. 대부분 타이어가 방출된 뒤 문제가 발견되었다. 문제가 일찍 발견되면, 과정 중에 코드를 바꿔서 상황을 바로잡을 때도 있다. 하지만 그런 경우가 아니라면 타이어는 칼로 조각이 난다. 조각 난 타이어들은 똑같은 실수를 하지 말라는 경고의 의미로 문제점이 명시된 채 현장에 전시된다.

2월에 일터로 복귀했을 때, 공장 관리자는 어떠한 징계 조치를 내릴지 결정하는 중이라고 얘기했다. 그 이후, 현장감독관 중에 키가 작고 뚱뚱한 데이비드란 사람은 온갖 방법을 동원하여 내가 무급정직을 당할 거라 얘기했다. 내가 실제로 정직당하기 전까지 매일같이 말이다. 내가 "처분을 내리려면 제발 적절한 절차부터 지키시죠. 다른 모든 사람에게 공평하게 적용되는 방법으로 말예요"라고 말하기 전까지, 그는 가능한 다양한 방식의 처분 가능성을 상기시키며 나를 괴롭혔다. 나는 타이어 생산 중지로 인해 정직당한 사람을 그때까지 한 번도 보지 못했다. 그래서 모든 사람이 다 알고 있는 생산 중지 사례들을 언급하면서 왜 그간엔 아무도 이런 방식으로 처벌받지 않았는지 물었다.

"미안하네, 릴리."

그가 전혀 미안하지 않은 어조로 말했다.

"자네가 맞아. 우리는 월급쟁이에게 일관된 절차를 적용하지 않아."

7월에 다시 일할 날을 준비하고 있을 때, 데이비드가 일곱시에 출근하라고 연락했다. 관리자 회의는 밤 근무가 끝나고 여섯시에 하기 때문에 무슨 일이 벌어질 거란 예감이 들었다. 어쨌든 나는 여섯시 회의에 참석했다. 어느 누구도 날 쳐다보거나 말을 걸지 않았다. 나와 반대 근무조에 일하는 기술엔지니어가 거기 있는 게 이상해 보였다. 데이비드는 회의 후에 나를 그의 사무실로 불렀다.

"정말 미안하네."

그는 말했다.

"자네에게 많은 일이 있었다는 걸 알고, 나도 정말 이러고 싶지 않네만, 무급정직 처분을 내려야만 하네."

내게 책임이 있다는 것을 절대 납득할 수 없었지만, 그런 오명에서 결코 벗어날 수 없었다. 그제야 나는 그가 회의가 끝난 뒤에 정직 처분 얘기를 하고, 나를 돌려보내려고 했다는 것을 알았다. 그는 내가 회의에 참석하는 걸 원치 않았다. 나를 대신할 이가 이미 그 자리에 있었기 때문이다. 다른 이들에 대한 경고의 의미로 나의 무급정직을 공표하려 했을 그들의 계획이 눈에 선했다.

데이비드는 책상을 가로질러 나에게 서류 한 장을 건넸다.

"뭐죠?"

"우리가 논의한 사항이 적혀 있네. 아래쪽에 자네 서명을 하면 되네."

거기엔 아무것도 적혀 있지 않았다. 하지만 내가 서명하기 전에는 그는 날 보내지 않을 거란 걸 알았고, 결국 난 서명을 했다.

회의가 끝나고, 나는 낮근무를 준비하는 관리자들 사이로 걸어갔다. 고개를 곧게 세우고 내게 날아오는 질문들을 무시했다.

"어디 가는 거야?"

"정직당한 거지?"

"왜 지금 가나?"

"누가 가라고 한 거야?"

내가 경비원들을 지나칠 때 그중 한 명이 내게 물었다.

"잠깐, 당신 방금 들어가지 않았나? 왜 지금 가는 건가?"

굴욕적이었다.

나는 3일간 무급정직을 당했고, EEOC에 사건 보고서를 제출했다.

그 일이 있은 지 얼마 지나지 않은 8월 중순쯤, 나는 여전히 부담이 덜한 근무를 하고 있었고 내 상관은 말했다.

기나긴 승리

"만약 원래 하던 일로 돌아오지 않겠다면 내가 해줄 수 있는 일은 없네."

그의 경고로부터 얼마 지나지 않아, 나는 이메일을 하나 받았다. 그 이메일에는 4개의 기술부 엔지니어 자리를 없앨 것이고, 모든 직원에게 규정이 실행되는 11월 1일에 조기퇴직을 권한다고 쓰여 있었다. 메일을 닫고, 뻣뻣한 무릎을 책상 아래로 쭉 폈다. 두려움. 당연하다. 20년을 채워서 원래 예정일인 내년 2월 1일까지 버틴다면, 더 높은 연금을 받을 테고, 사회보장을 받을 수도 있다. 그러면 빚도 더 빨리 해치울 수 있다. 지금까지 19년 10개월을 버텼다. 2월까지 3개월을, 조기퇴직 제안으로부터 버틸 수 있을까? 부서를 옮기지 말았어야 했다. 원래 일하던 곳인 타이어 성형실의 지역관리자로 있었다면 이런 일이 일어나지 않았을 거라는 생각이 들었다. 그 일은 해고 대상이 되지 않았으니까.

어째서 나는 굿이어를 그만두는 것보다 엄마의 죽음과 마주하는 것을 더 잘 받아들일 수 있었을까? 아마도 나는 엄마의 암을 통제할 수가 없었기 때문에, 그래서 엄마의 요구를 결코 충족시킬 수 없을 거란 사실을 받아들이는 법을 배웠던 것 같다. 내가 '그 쪽지'를 발견한 이후로 명확해진 사실은 내가 굿이어에 한 번도 받아들여진 적이 없다는 사실이다. 그러니 내가 진정으로 이기는 유일한 방법은 남은 내 삶을 스스로 제어하는 것뿐이었다. 만약 이런 상황에서 내가 일을 관두지 않는다면, 나는 해고를 당하고 그때까지 쌓아온 퇴직금 몇 푼도 잃었을 것이다. 더이상 호랑이 꼬리에 매달려 있을 수 없다는 것, 그게 진실이었다.

2년 동안 내가 어디에 있든, 굿이어를 떠나라는 압박을 받았다. 나는 계속 버틸 결심을 하고 찰스와 의사가 내 건강을 걱정하는 걸 무시했다. 엄마가 당신이 죽어가는 것을 받아들이지 않았듯이 나 역시 내 일이 끝나가는 것을 받아들일 수 없었다. 내 임금이 남자들보다 훨씬 적다는 것을 알았을 때 나는 떠나는 것밖에 어쩔 도리가 없다는 걸 결국 이해했다. 그들은 마침내 나를 몰아냈지만, 그들이 의도했던 방식으로는 아니었다. 그들이 나를 그렇게 밀쳐낸 결과 내게 남은 것은 엄마 생명을 파괴하는 암처럼 급속히 퍼져가는 분노와, 80퍼센트밖에 되지 않는 임금과, 그동안 내가 일한 햇수인 19가 새겨진 날개 달린 발모양의 에메랄드 로고였다.

❂

일단 퇴직을 알리고 나니 나를 대체할 두 명을 훈련시키는 일이 내게 배정되었다. 나는 12일을 연속으로 일하고 하루를 쉬었고, 10월의 마지막 근무일까지 또 12일을 일해야 했다. 그때 엄마는 늘어난 종양과 폐 안의 체액으로 인해 심각한 상태였다. 10월의 남은 나날을 병원에 있어야 했고, 그래서 나는 하루의 휴가를 엄마와 보냈다. 10월 말이 되자 엄마는 새로운 치료를 시작하길 원했지만, 의사가 엄마를 위해 해줄 수 있는 건 더이상 없었다. 남은 방법이라고는 그녀를 가능한 편하게 해주는 것이었고, 그래서 엄마를 요양원으로 모셨다.

은퇴 후 첫날, 나는 엄마와 단둘이 방 안에 앉아 있었다. 펼쳐

기나긴 승리

진 카드가 테이블 위에 덩그러니 놓여 있었다. 그 카드는 몇 달 전 조합원들이 보낸 것으로 "케이크를 만들어준 분께"라고 적혀 있었다. 나는 차가워진 커피를 마셨고 스티로폼 컵의 가장자리를 얼룩지게 하던 내 립스틱은 갈라진 입술 위에서 점점 옅어졌다. 커피가 차가운 건 아무 상관없었다. 나는 엄마 옆을 떠날 수 없었다. 나는 줄곧 엄마 곁을 지키며 잠도 의자에서 잤다. 며칠 동안 엄마는 겨우 눈만 뜨고 있었고, 엄마가 한 몇 마디 말이라곤 나를 "엄마"라 부른 것이 전부였다.

의자를 엄마 쪽으로 당겨 앉아, 엄마 손을 내 손에 포개어 얹었다. 손이 너무 가벼워 놀랐다. 마치 나비의 날개가 펄럭이는 듯 내 손을 가볍게 스치는 것처럼 흔들렸다. 다른 한 손을 들어 비키가 잠들 동안 해주었듯이 엄마 이마의 머리카락을 부드럽게 쓸었다. 엄마의 표정은 부드러워 보였고, 어렸을 때 스토브에 데워둔 담요로 내 두 발을 감싸주던 엄마의 모습이 떠올랐다. 어렸을 땐 엄마가 내 침대 곁에서 떠나지 않고 얘기하도록 오랫동안 붙잡고 있었다. 엄마는 할 일을 끝내면 지체하는 법 없이 돌아섰다. 나는 살아오는 동안, 잠자기 전 조용한 순간이나 스쿨버스에 오르기 전 자신 없던 순간마다, 엄마가 "사랑한다"고 말해주길 기다렸다. 하지만 나의 어떤 부분이 엄마를 그렇게 실망시켰는지, 엄마는 그 짧은 말 한마디 해주지 않았다.

생각과 기억 속에서 헤매다 손에서 느껴지는 고요함을 뒤늦게 알아차렸다. 나는 엄마의 얼굴에 귀를 가까이 갖다 댔다. 엄마의 터덜거리던 숨소리가 조용했다. 나는 가만히 앉아 있었다. 놓기가 두려웠다. 나의 어떤 불가피한, 망연자실하여 취하는 실제적 행동이 이 고요함을 깨뜨릴까 두려웠다. 슬픔은 부끄러움으로 깊어졌다. 나 역시 한 번도 엄마를 사랑한다 말하지 않았다.

08 명예를 지키자

우리의 명예를 지키자.

— 굿이어 모토

1998년 10월 31일. 조기퇴직을 하고 나서 바로, 굿이어의 변호사에게서 연락이 왔다. 회사는 내가 EEOC에 제기한 고소에 얼마 되지 않는 돈으로 합의할 것을 제안했다. 삶의 소용돌이가 내 인생에서 끝나지 않고 휘몰아치는 것을 느꼈다. 난 두 살을 더 먹었고, 쪽지를 발견했으며, 고소를 했고, 무릎 수술을 받았고, 엄마를 간호하면서 내게 주어질 것이라 들었던 승진을 놓쳤고, 이른 퇴직을 받아들여야만 했다. 시련은 끝나지 않고 더해져만 갔다. 이제 그만 끝내자는 생각, 앞으로는 찰스와 내 손자들에게 집중하고 싶다는 생각에 부서에서 두번째로 낮은 봉급을 받던 사람의 급여를 기준으로 2년간의 급여 소급분을 받는 것에 동의하겠다는 제안서를 작성했다. 그러나 굿이어는 어떠한 답도 하지 않았다.

그로부터 얼마 지나지 않은 1999년 10월, 나는 EEOC로부터 전년도에 제기했던 문제에 대해 고소할 권리를 얻었다. 난 곧바로 내가 소개받은 개업 7년 차의 젊은 고용차별 전문 변호사 존 골드파브Jon Goldfarb에게 연락했다. 그는 무료 변호를 자청했고, 그가 변호한다는 사실은 내게 희망을 주었다.

우린 버밍햄에 있는 그의 사무실에서 만났다. 내 이야기를 하자, 그는 차분히 들으면서 메모를 했고 가끔씩 어떤 사건에 대해 다시 이야기해달라고 했다. 내 이야기를 듣는 그의 짙은 갈색 눈에서 분노의 불길이 일렁였다. 존은 단도직입적으로 말했고, 나는 자신감을 얻었다. 그는 카리스마가 있는 사람은 아니었지만, 그의 눈동자 속의 강렬함은 나의 권리를 옹호해줄 적합한 사람을 찾았다는 확신을 심어주었다.

다행히도 존은 그날 바로 내 소송을 맡기로 결정했다. 나는 가끔 그때 그가 그 후에 따라올 일들과 그 최종 결과를 알았다면 그날 똑같은 결정을 내릴 수 있었을지 궁금하다. 재판이 끝날 때까지 우리가 준비한 서류를 한데 쌓는다면 거의 3층 건물 높이가 될 것이다. 요즘은 전자 서류로 처리되는 변론 취지서, 진정서, 항소서 같은 것이 20세기에는 팩스나 우편, 수기로 전달되었기 때문에 일은 더 어려웠다.

1999년 11월 24일 고소를 하고 2003년 실제 재판이 열리기까지 3년 이상이 걸렸다. 펑크 난 타이어 조각들(통칭 "악어들")과 사고 난 자동차 잔해들을 피하고, 어지럽혀진 고속도로와 건설 지연 따위와 싸우며 버밍햄으로 오고 간 거리가 얼마나 되는지 모르겠다. 처음 만났을 때 두 아이의 아버지였던 존은 공판이 시작될 무렵 네 아이의 아버지가 되어 있었다.

3년여의 나날 동안의 지출을 로펌의 시간과 이런저런 자잘한 비용을 합쳐 환산하면 50만 달러 이상이었다. 지출이 너무 커서 그것을 충당하느라 401K(퇴직연금보장) 계좌까지 써야 했다. 찰스는 우리가 아무것도 없이 시작해서 살아남았으니, 결국에는 아무것도 없이 끝나더라도 어떻게든 살아갈 수 있다고 내게 계속 말해주었다. 고양이가 드나들 수 있을 만큼 커다란 구멍이 뚫린 마룻바닥 위에서 살던 가난한 때로 다시 돌아가고 싶지 않다는 생각과 두려움, 야심, 가족에 대한 사랑으로 인해 나는 평생을 일만 하고 살았지만, 가난을 상상하는 것은 그렇게 두려운 일이 아니었다. 오히려 '착취당했다'는 감정에 사로잡혀 남은 평생을 살 바에야 경제적으로 파산하는 것이 훨씬 나을 터였다.

수십 억 달러 매출의 기업을 고소하는 일에 따르는 감정적 비용을 어떻게 계산할 수 있을까. 내가 소송을 걸었던 그날부터 매일, 아침에 눈을 뜰 때부터 저녁에 눈을 감을 때까지 그 결과와 관련해 내가 할 수 있는 일이 전혀 없다는 사실에 괴로웠다.

긴장을 풀기 위해서, 숨을 깊게 쉬려 애썼다. 조금만 시간이 나면 재판 생각이 떠올라 마치 감옥에 갇힌 듯 숨이 막혔고, 어서 시간이 지나 재판 다음 날이 되어 있기만을 바랐다. 그러나 예측할 수 없는 미래에 대한 여러 걱정 속에서도, 내가 질 것이라는 생각만은 하지 않으려 애썼다. 그 대신 내가 할 수 있는 일에 집중하려 했다.

이 시기 찰스와 함께 있는 시간은 내게 가장 큰 즐거움이었다. 결혼해서 아이를 낳은 이후 처음으로 찰스와 나는 함께 집에서 시간을 보낼 수 있었다. 그는 작업장에서 어슬렁거리며 엉뚱하지만 정교한 새집을 만들었고, 먹이통에 맛있는 새 모이를 그득하게 채울 때나 다양한 새 모이통을 만들어 시험할 때는 다람쥐들과 싸우기도 했다. 남편은 거실에서 불이라도 난 듯이 다급하고 끈질기게 내 이름을 불렀다. 놀라서 달려가 보면, 찰스가 다람쥐를 막을 수 있다고 확신하며 만든 새 모이통 위에 교활한 다람쥐가 침입해 빙글빙글 돌고 있는 모습을 창문으로 바라보면서 불평하고 있었다. 다람쥐들은 매번 그의 노력을 무산시켰다. 찰스가 정원을 돌볼 때 나는 종종 싼 물건들을 찾으러 다녔다. 내가 텔레비전을 볼 때면 그는 테드 터너나 빌리 그래험, 베어 브라이언트 같은 사람들의 전기를 읽었고, '레프트 비하인드Left Behind' 시리즈의 거의 모든 책을 섭렵했다.

밤에는 그가 정말 좋아하는 「로 앤 오더Law & Order」 같은 텔레비전 쇼를 봤지만, 정의가 실제 삶에서 어떻게 실현될 수 있을지는 여전히 알 수 없었다. 소송이 실제로 관여하는 세계의 깊이와 폭을 짐작할 수 없었고, 모든 상황이 잘 풀린다 해도 내 사건을 증명하는 것이 얼마나 어려울지 알 수 없었다. 굿이어를 고소하는 일은 마치 아이를 낳는 일 같았다. 산모는 아기가 나오는 바로 그 순간까지 그것이 어떤 기분인지 절대 알 수 없다. 얼마 지나지 않아서 나는 텔레비전에서 보았던 대부분의 법률 용어와 관용구들에 익숙해졌다. 증언 녹취록, 선서 진술서, 소환장, 변론 취지서, 중재, 증인 목록, 증거물 목록, 강제 청구, 약식 판결, 고양이 발 이론cat's paw,[*] 보복적 성희롱 같은 것들. 이중 몇몇은 그때까지 전혀 들어보지 못하던 것이었다. 이런 용어들은 끝이 없었다.

물론 굿이어 측은 자료들을 넘겨주길 거부하면서 가능한 소송 과정을 지연시켰다. 그들은 너무나 아무것도 아니라는 듯 계속 일을 늦추었기에 마침내 2000년 가을, 근무 기록과 다른 핵심 서류들을 거듭 요청하며 몇 달의 준비를 한 끝에, 존은 그가 열람할 수 없었던 정보들, 이를테면 남성 근무자들의 임금률과 같은 것을 제출하도록 법원이 굿이어 측에 명령해줄 것을 요구할 수 있었다. 다행히도 법원은 요청을 받아들여 굿이어에 자료 제출을 명령했다.

내가 남자 동료들에 비해서 얼마나 싼 노동력이었는지 서류상 실제 임금 차이를 보고 나니, 굿이어의 인사부에게 내가 웃음거리였으리라는 것도 이해할 수 있었다. 내 눈으로 직접 차이를 확인하면서 오랫동안 의심했던 사실을 눈으로 보는 일은 생각하던 것 이상으로 상처가 되었다. 나에 대해 지금까지 굿이어가 정당했던 적은 결코 없었고, 앞으로도 없을 것임이 너무도 분명했다. 그 사실이 오랜 준비 기간의 고통스러운 기억들과 함께 나를 더욱 분

---

[*] 〔원저자 주〕고양이 발 이론: 차별에 대한 고용주의 법적 책임에 대한 이론이다. 차별적 의도를 가진 하급 관리자가 상급 관리자의 부정적인 고용 결정에 영향을 끼칠 수 있기 때문에, 하급 관리자의 행동과 권고에 대한 고용자의 책임이 더욱 확대되어야 한다는 내용.

노하게 했다.

○

증언 녹취록을 준비하기 위해 존과 나는 내게 무슨 일이 언제 일어났는지에 대해 이야기하며 수많은 시간을 보냈다. 증언 녹취록이란 가장 부정적인 시각으로 책 속에 기록된 삶과 같은 것이라고 존이 설명했다. 굿이어측 변호사는 내가 오래전에 일어난 사건과 대화를 돌이켜 이야기할 때 쉽사리 혼란에 빠질 수 있다는 것을 잘 알고, 내게 굿이어에서 근무하던 동안의 일을 하나하나 모두 질문할 것이다.

증언하기로 한 날이 다가오자 나는 몹시 불안해졌다. 그러나 해야 할 일을 하기 위해서라면 지옥불이라도 통과하겠다고 마음먹었다. 그리고 다른 많은 사람처럼 결코 포기하지 않겠다고 다짐했다.

증언은 10시간이나 계속되었고, 고통스러웠다.

나의 증언을 공격하던 상대측 변호인은 법률회사 브래들리 아란트 로즈 앤 화이트Bradley Arant Rose & White의 노련한 기업 전문 변호사였다. 처음 제이 세인트 클레어는 내게 기본적인 질문만 했다. 그 중년 남자는 완벽하게 재단된 정장을 갖춰 입고 있었다. 그는 내게 풋볼에 관한 농담을 하며 평범한 사람처럼 행동했다. 그러나 곧, 점차 은밀한 어조로 나의 대답들을 하나하나 분해하기 시작했다. 개방적이고 친근했던 태도는 사라지고, 마지막 몇 시간 동안 그는 내게 계속해서 똑같은 질문만을 수없이 반복했다.

기나긴 승리

극심한 혼란에 심장이 빠르게 뛰어서 금세 속이 메스꺼워졌다. 그가 무얼 하려고 하는지 알 수 있었다. 나를 무너뜨리고, 혼란스럽게 만들어, 내가 실수하도록. 그래서 내가 했던 말의 그물 속에 걸려들기를 그는 기다리고 있었다. 난 가까스로 진실을 붙잡았다. 그날 땀을 너무 많이 흘려서, 내 재킷 겨드랑이에 생긴 짙은 초승달 모양의 얼룩은 세탁소에서도 지울 수 없었다. 난 그 파란 정장을 그 후 다시는 입지 않았다.

내 증언이 끝나고, 모두 열 명이나 되는 굿이어의 직원이 증언할 때마다 나는 참여했다. 테이블 건너편에 앉아서 그들이 굿이어사의 근무 환경에 대해 옹호하듯 설명하는 것을 차가운 눈초리로 바라보았다. 어떤 공장 관리자 하나는 완전 미쳐버려서 존에게 고래고래 소리를 지른 끝에 퇴장해야만 했다. 상대측 변호사는 그 남자의 심장이 재판과정의 스트레스를 견딜 수 없었던 것이라 주장했다. 예전에도 그는 흥분해서 소리를 지른 적이 있다. 그때 나는 놀라지 않았다. 이번에도 그는 나를 위협하지 못했으며, 상황에 대한 통제력을 잃어버린 무력한 분노만을 표출할 뿐이었다.

그다음 증언이 끝났을 때, 오랫동안 악랄하게 나를 대했던 예전 공장 관리자가 내 손을 붙잡고는 말했다.

"미안하네. 난 이 일이 잘 마무리돼서 당신이 당연히 받아야 할 대가를 받기를 바라네."

난 그의 심경이 바뀐 것에 꽤나 놀랐다. 그때 그는 이미 은퇴한 이후였다. 성과에 대한 압박과 공장 내부의 정치적 압력으로부터 벗어나자 전과는 다른 시각을 갖게 된 것일까 생각했다.

◉

존이 고소장을 제출했을 때, 내가 주장하는 기소 조항 중 4건이 3개의 개별 법률에 해당되었다. 그것은 동일임금법the Equal Pay Act, 연방민권법 제7장Title VII of the Civil Rights Act of 1964 그리고 고용상 연령차별금지법the Age Discrimination in Employment Act이다.

첫번째 기소 조항은 동등한 기술과 노력, 책임을 요구하는 직무와 유사한 근로조건의 직무와 관련해 남녀 임금 차별을 금지하는 1963년 동일임금법에 해당한다. 내 변호사는 내가 남성 동료들과 "유사한 조건에 놓여 있었으며"(즉 내가 유사한 자격과 경험, 굿이어의 근무연수를 갖췄으며), 동일한 작업을 수행했음에도 더 적은 임금을 받았다고 주장했다. 또한 기술엔지니어로 이동된 이후에도 "고의적이고 악의적인" 방식으로(즉 행위의 결과에 대해 충분히 인식한 채로) 내가 여성이라는 이유 때문에 다른 남성 기술엔지니어들보다 적은 임금을 받았다고 밝혔다.

해당 법안에 따르면 나는 임금 차별을 경험했을 경우 차등 임금을 지불받은 마지막 날로부터 2년 동안, EEOC에 "소송할 권리"를 획득하기 위한 통고 제출 절차 없이 바로 변호사를 고용하여 소송을 신청할 수 있다.

동일임금법이 고용주에게 동일 노동에 대해 동일 임금을 지불하는 것을 거부할 수 없음을 보장하는 반면, 연방민권법 제7장은 더욱 폭넓게 성차별을 규정하기 때문에 고용주는 여성의 직무 이동, 승진, 임금 인상을 거부할 수 없으며, 사회적 성에 따라서 피고용인을 차별하거나 임금을 적게 지불하기 위해 직무 평가를 조작하는 행위 등을 금지한다. 그 모든 상황을 내가 겪었기 때문에 나는 연방민권법 제7장에 따라 EEOC 사무실을 통해 법적 절차를 시작해야 했다.

두번째 기소 조항은 "차별적 대우"를 주장하는 것으로, 연방민권법 제7장에 해당한다. 나는 봉급에 있어서 차별을 받았다. 나는 남성 관리자와 "동등하거나 또는 상당히 동등한" 직무를 수행했지만 "상당히 유사한" 업무에 대해 그들보다 적은 임금을 받았다. 나는 언제나 다른 사람들보다 먼저 초과근무를 신청했지만, 다른 남성 관리자들이 모두 제의를 받은 후에야 가장 마지막으로 내게 기회가 돌아왔다. 나는 고용조건과 직무평가에 있어서도 차별을 받았다. 남성들은 똑같은 방식으로 일을 해도 직무평가에서 나보다 더 높은 점수를 받았다. 나는 회의에서도 배제되었고, 동의 없이 관리직에서 쫓겨날 수밖에 없었으며, 그 결과 임금은 적게 받고 인사고과에서는 낮은 평가를 받았다. 관리자 열여섯 명 중 나 혼자 지역관리자 자리를 잃었고, 내 빈자리를 채운 것은 남성이었다. 내가 관리직에서 물러나자 경영진에는 더이상 여성이 존재하지 않았다. 어떠한 직업훈련도 절차 매뉴얼도 없이 나는 무척 힘든 과업을 수행해야 했다. 나는 추정상 실수했다는 이유로 정직을 당했지만, 유사한 실수를 한 어떤 남성도 나처럼 쫓겨나진 않았다.

연방민권법 제7장에는 차별적인 금액으로 발행된 급료지불수표 날짜로 차별 행위의 시작점을 정하는 임금인상법the Paycheck Accrual Act으로 알려진 조항이 포함되어 있다. 다시 말해서 각각의 급료지불수표 발행일이 새로운 차별 행위에 대한 기준점이 되는 것이다. 이 조항은 이후 내 사건이 진행되면서 아주 중요한 요소가 된다.

세번째 기소 조항은 고용상 연령차별금지법에 해당하는 것으로 역시 차별적 대우에 관한 내용이었다. 나는 나이 때문에 차별받고 나보다 어린 동료에게 자리를 내어줘야 했다. 이십대의 남자가 내 빈자리를 차지했다. 어린 남성 지역관리자가 동일한 직무에 대해서 훨씬 많은 봉급을 받았다. 그런 사건들이 일어났을 때 나는 마흔이 넘었고, 지역관리자 중 가장 나이가 많았다. 상사에게 차별에 대해 항의했지만 그는 직무 변환을 수락하는 것이 내게 가장 좋은 일이라고 말했다. 재고용을 신청했을 때는 심하게 보복을 당했다. 굿이어가 재고용하지 않을 것이라는 말을 내가 들었을 때, 실제로는 이미 한 명이 재고용되었고, 다섯 곳의 지역관리자 자리가 비어 있었다.

내가 놓인 작업환경이 내게 적대적이고 폭력적이었기 때문에, 우리는 연방민권법 제7장에 따라서 네 건의 기소 조항으로 부당퇴직 소송constructive-discharge complaint을 신청했다. 내가 기술엔지니어로서 경험했던 참기 힘든 근로조건이 강제적으로 나를 퇴직하도록 유도했다는 의미다. 너무나도 적대적이고 폭력적인 작업환경 때문에 나는 우울증으로 고생했고, 치료를 받아야만 했다. 결론적으로 기술엔지니어일 때의 근로조건과 부당한 징계가 내

기나긴 승리

의사에 반해서 내가 퇴직하도록 강제했다는 내용이다.

재판과정이 법률 해석과 재해석으로 가득한 진창이었기에, 이렇게 딱딱하고도 지루한 지점들에 대해 이야기하지 않을 수 없다. 성차별이 내 직장 생활에 끼친 파급효과, 성차별이 내 수입과 삶의 수준을 완전히 파괴한 결과를 가져왔음에 주목하는 것 역시 매우 중요한 일이다. 굿이어사는 사실상, 남은 생애 동안 나를 하층 시민으로 강등시켰다.

◉

사실발견절차가 끝나자 굿이어 측은 내가 주장한 사항에 대한 소송을 기각할 것을 내용으로 하는 약식 판결 요청을 신청했다. 존은 그것이 차별 소송 과정에서 일어나는 전형적인 대응이라고 나를 안심시켰다. 우리 사건은 존 오트John Ott 치안판사가 담당했다. 그는 타이어 생산 중지 때문에 내가 받은 3일간의 정직을 제외한 모든 주장을 약식 판결로 처리할 것을 권고하는 보고서를 제출했다. 그는 타이어 생산 중지에 책임이 있는 다른 사원들의 경우와는 달리 내게만 정직이 명령되었다는 내 주장이 충분한 증거가 있음을 그 근거로 들었다. 우리는 그의 판결에 대한 나머지 부분을 세번째 조항에 근거하여 항소했고, 첫번째 패배를 맛봤다.

클레먼U. W. Clemon 판사는 앨라배마 최초의 흑인 연방판사이고 민권운동가로 오래 활동한 사람이었다. 그는 치안판사의 보고서를 무작위로 검토하여 사건을 선택한다. 2002년 7월 31일, 클레먼 판사가 오트 판사의 보고서에 대한 우리의 이의신청을 승인했다. 내가 여성이기 때문에 차별적인 임금을 받았다는 연방민권법 제7장에 근거한 주장, 연령 차별에 대한 주장, 재고용에 대한 보복적 거절에 관한 주장, 부당한 정직에 대한 주장을 수용했다. 그러나 보복성 평가와 직무 이동에 관한 주장, 부당 퇴직에 관한 주장, 부족한 직업훈련에 관한 주장, 동일임금법에 따른 차등 임금에 대한 주장 등은 치안판사의 권고안을 수용하였다. 나중에 동일임금법에 따른 차등 임금에 대한 사항이 포함되지 않았기 때문에 그 사건이 적절하게 다루어지지 못했다는 비판이 나왔다. 오트 판사가 기각한 내용을 클레먼 판사 역시 옹호했지만, 우리는 제7장에 근거한 차등 임금에 대한 주장에 기초해서 다시 앞으로 나아갈 수 있었다.

공판일은 존의 서른아홉번째 생일이자, 그의 네번째 아이의 출산 예정일인 2003년 1월 21로 정해졌다.

내 건과 같은 사건의 경우 대부분 재판까지 가지 않고 합의하는 게 일반적이었고, 재판과정 중 언제라도 그런 상황이 발생할 수 있었다. 공판일 3주 전에 사건을 협상하기 위해서 굿이어의 변호사인 제이 세인트 클레어를 만났다. 수백 건의 사건을 중재한 유명한 고용 변호사인 펀 싱어Fern Singer가 협상을 중재하고 합의를 이끌어내려고 했지만 전혀 도움이 되지 않았다.

굿이어 측은 한 가지 제안을 했는데 내 변호인은 그것이 불충분하다고 판단했다. 그들은 내가 좋아한다고 생각하는 인사부장 토머스와 함께 일주일에 이틀을 근무하는 조건으로 나를 2년 동안 재고용하겠다고 제안했다. 그것을 받아들이면 나는 토요일과 일요일에 공장의 그을음 닦는 일을 하게 될 것이 뻔했다. 이 중재 안이 나오자마자 나는 내 직무 이동에 토머스가 책임이 있다는 것을 알았다.

중재를 준비하는 동안 펀은 "법이란 자주 멍청이가 된다"고 말했지만, 이때 나는 이 말의 의미를 정확히 알지 못했다. 그러나 이 길고 긴 여정의 끝에서 나는 그녀의 말을 이해하게 되었다. 중재가 끝나고 나서 분명해진 것은, 내가 그들이 제안하는 얼마 되지 않는 금액이 아니라 정당하게 내게 지급되어야 했던 돈을 원한다는 사실이었다.

○

공판일이 될 때까지 나에 대해 증언해줄 사람을 찾으려고 백 명이 넘는 사람에게 전화했다. 대부분 거절했고, 그 이유는 다양했다. 우선 그들은 일자리를 잃을 수 없었다. 논란을 피하고 싶어 했고, 굿이어가 신경계의 중추와 같은 역할을 하는 마을에서 그들 자신과 가족들이 위험에 처하게 되는 상황을 두려워했다. 우리는 가까스로 네 명의 증인을 확보했다. 샤론과 로드니, 예전 관리자였던 카렌과 조합 배관공인 조가 그들이다. 카렌을 제외한 나머지 세 명은 여전히 공장에서 일하고 있었기 때문에 증언을 하는 것은 개인적으로 크나큰 위험을 감수하는 일이었다. 나는 이 사건에 대한 그들의 헌신을 그 무엇으로도 갚을 수 없으리라는 것을 당시부터 잘 알고 있었다. 그들이 증언하고 나서 일자리를 잃게 될까봐 나는 무척이나 걱정했지만, 그들은 그만두지 않았다. 그들은 내 전화를 퉁명스럽게 받지도 않았고 또한 갑작스레 전화를 끊지도, "생각해볼게"라며 대답을 주저하지도 않았다.

존이 하는 일은 직접증거와 상황증거를 통해 내 주장이 진실임을 증명하는 것이었다. 직접증거는 서류나 사람들이 말했던 것, 실제 임금 차이 등이 될 수 있었다. 수백 명의 남성 사원을 거느린 굿이어 역사상 뛰어난 여성 관리자 중 하나인 내가 왜 그렇게 얼마 되지 않는 봉급을 받았느냐는 질문에 대한 가능한 다른 모든 설명을 제거함으로써, 배심원들로 하여금 진실이 무엇인지를 추론하도록 만드는 것들이 상황증거다.

존은 내가 형편없는 직무 수행자였기 때문에 낮은 봉급을 지급받았다고 굿이어가 주장하리라는 것을 알고 있었다. 그 사항에 대해서 우리는 수많은 증거를 가지고 있었다. 우리는 사실발견절차 동안 확보한 증거들로 내가 차별받았음을 보여줘야 했다.

공판을 앞둔 몇 주 동안, 나는 매일 존과 그의 사무실에서 재판을 준비하며 시간을 보냈다. 그는 나에게 각각의 증거가 의미하는 바를 자세하게 설명했고, 손해배상에 관련된 법률 용어들을 내가 정확하게 이해하는지를 확인했다. 우리는 증인 목록을 검토하며 누가 무엇을 말할지 상의했다. 또 내가 증인석에 섰을 때 그가 할 질문과 상대편 질문에 답변하는 연습을 했다.

"진실에 딱 달라붙어 있어요."

그가 내게 상기시켰다.

"그러면 잘할 거예요."

그러나 공판일을 앞두고 며칠 동안 나는 잠들지 못하고 걱정을 했다. 만약 내가 법정에서 패배한다면, 굿이어가 나에게 소송 비용에 대한 책임을 물을 지도 몰랐다. 집을 잃게 될지도 모른다는 사실에 나는 겁에 질렸고, 두려움은 내 안에서 더욱 무겁고 강하게 자리 잡았다. 그런 잠 못 드는 밤마다 서재에 웅크리고 앉아 TV 채널을 바꾸며 부스럭거리는 소리를 내서 찰스를 깨웠다. 그는 내 곁으로 와서 나를 안아주며 물었다.

"당신이 무얼 하고 있는지 확실히 알고 있는 거지?"

나도 모르게 그를 밀쳐냈다. 이 일을 시작할 때만 해도 난 감수성이 풍부한 타입의 사람은 아니었다. 그러나 한밤중에 침대에서 일어난 것은 내가 우리 가족을 이런 진창 속에 끌어들였다는 사실 때문에 불안해졌기 때문이다. 난 숨 쉴 공간이 필요했다.

"아니, 모르겠어. 내가 무슨 일을 시작한 건지."

그는 내가 나 자신과 세상 사이에 만든 거리를 무시하고 다시 내 곁으로 다가왔다.

"이 모든 일을 꼭 겪을 필요는 없어."

"벌써 너무 멀리 와버렸어. 정말 많은 사람이 우리를 믿고 있어. 난 해내야만 해. 그저 두고 볼 순 없어. 우리는 사람들이 나에게 그리고 우리에게 저런 식으로 하도록 놔두어서는 안 돼."

늦은 밤, 텔레비전 화면 속에서 정신을 분산시켜줄 만한 것을 찾으려 리모컨을 꼭 쥐고 자꾸 채널을 바꾸었다.

찰스는 일어나서 시리얼 그릇을 챙겨 왔다. 우리는 다시 침대로 돌아갈 때까지 두 개의 쇼핑 채널 사이를 오갔다. 이 시기에 찰스가 해준 것처럼 내 곁에 있어줄 다른 사람은 상상할 수도 없다.

◉

마침내 재판일이 되었다. 어떻게 굿이어에서 겪은 그 모든 일들이 며칠간의 법정 싸움으로 요약될 수 있을까? 그것은 한 사람의 인생을 신문 부고란의 토막 기사로 대체할 수 있으리라는 생각만큼이나 불가능해 보였다. 재판 하루 전날 밤, 기도를 하며 500쪽가량 되는 나의 증언 녹취록을 검토했다. 다시 생각해보니, 가장 중요한 것은 내가 이 일이 올바르다고 진심으로 생각했다는 사실이다. 무엇이 정의인가? 내가 겪었던 것들을 떠올려보았다. 법정에서 일어날 일들은 내가 전에 겪었던 그 어떤 것과도 다르리라는 것을 난 알고 있었다.

그날 아침 나는 출근할 때처럼 검정 바지에 파란 셔츠를 입었다. 옷을 차려입을 필요가 있다고 존이 말했기 때문에, 위에 검정색 재킷을 걸치긴 했다. 존은 내가 스커트를 입고 힐을 신고 법정에 서길 원했지만, 난 타이어실에서 지역관리자로 일할 때 했던 것처럼 입었다. 기름 얼룩을 가리기 위해 나는 항상 검정색 바지를, 대부분 파란 셔츠를 입었다. 재판 기간이라고 내가 다른 사람이 될 수는 없었다. 나는 일한 만큼, 정당하게 얻어야 했던 대가를 돌려받길 원할 뿐이었다.

재판 당일인 2003년 1월 21일은 지독하게 추웠다. 존과 나는 커피 주전자 하나를 모두 비운 후 애니스턴 법원으로 출발했다. 노블 거리에 있는 2층짜리 벽돌 건물 앞에 차를 세우고서 찰스는 자동차 시동과 히터를 켜놓은 채 자동차 안에 가만히 앉아 있었다.

그가 내게 말했다.

"드디어 왔어. 바로 우리가 오랫동안 목표로 해왔던 그곳이야."

난 고개를 끄덕이며 두 손을 비볐다.

"그래, 바로 여기네."

장갑을 끼며 대답했다. 법원 건물의 하얀색 코린트식 기둥들이 어렴풋이 보였다.

그는 내게 몸을 기울여 이마에 키스했다. 그러고는 엔진을 끄고 내 등을 가볍게 쓰다듬었다.

"이제 어떻게 되는지 지켜볼 시간이야."

그는 차문을 열면서 말했다. 자동차 배기가스 같은 냄새의 차가운 바람이 우리를 감싸 안았다.

찰스와 나는 법정에 들어서서 존이 앉아 있던 테이블 뒤편에 앉았다. 세련되게 차려입은 상대편 변호사 제이 클레어와 로널드 켄트는 배심원석 바로 옆에 자리하고 있었다. 클레어 변호사는 서류를 검토하고 있었다. 다가오는 전투를 위한 듯 복장을 갖춰 입고 구두는 반짝반짝 빛났다. 단정한 용모의 젊은 변호사 켄트는 나와 친하게 지냈던 굿이어의 인사부장과 함께 앉아 있었다.

우리가 법정에 들어서기 전 존은 서류로 가득한 갈색 상자들을 끌고 왔다. 그 상자들은 낡아 보였다. 그는 흔들거리는 이젤을 세워놓고, 커다란 도표들을 정리하고 있었다. 그 도표들이 좁은 법정 바닥으로 넘어지지 않기를 나는 바랐다. 다행히도 재판이 시작되기 얼마 전 존의 파트너인 마이크 퀸Mike Quinn이 도착했다.

우리에게 매우 다행스러운 일 중 하나는 존과 마이크가 훌륭한 팀이라는 사실이었다. 그들은 서로를 매우 잘 보완했다. 60대에 키가 작은 마이크는 개방적인 태도를 가진 베테랑 변호사였다. 그는 매우 사교적이라서 누구와도 편안하게 이야기 나눌 수 있는 사람이었다. 그는 이사회에서 기업 중역들과 업무 처리하는 일을 마치 집 앞 현관에서 이웃집 사람과 대화하듯이 편안하게 할 수 있는 사람처럼 보였다. 그에 반해 존은 말이 그렇게 많은 편은 아니지만, 내가 만난 사람들 가운데 가장 투지가 넘치고 열정적으로 일하는 사람이었다. 그는 자신이 하는 일과 정의를 추구하는 데 있어 매우 끈질겼다. 존은 배심원들이 유대인 변호사를 좋아하지 않을 것이라고 걱정했지만—존은 외부에서 시골 마을로 내려와 사람들에게 그들 일에 대해 이리저리 이야기하는 순진한 이상가처럼 보일 수 있었다—나는 그가 이 재판에서 이길 수 있는 유일한 사람이라고 믿었다.

배심원 선정 전 클레먼 판사는 상대편 변호사들에게 합의를 하라고 충고했다. 그들은 내게 합의를 제안했지만, 그 수준은 정말 형편없었다.

배심원 선정이 시작되자 주변 자치주에서 온 남성과 여성 몇명이 법정으로 줄지어 들어왔다. 내 나이 또래로 보이는 여성도 있었다. 그녀는 나의 언니라 해도 믿을 만큼 나와 닮아보였다. 굿이어 측 변호사들은 그들이 배심원에서 제외시킬 수 있는 세 명가운데 한 명으로 그녀를 선택했다. 배심원 후보자들은 누구나예상할 만한 몇 가지 질문을 받았다. 나나 내 가족 중 누구라도 알고 있거나, 굿이어에서 근무하지는 않았는지와 같은 질문들 말이다. 또 가장 좋아하는 텔레비전 프로그램이 무엇이냐는 질문에서부터 그들이 사업체를 경영하는지, 관리직에 있는지, 남성이 여성보다 더 많은 임금을 받아야 한다는 믿음을 가지고 있는지까지 질문 범위가 확대되었다. 한 시간이 지나자 일곱 명의 배심원단이 선정되었다. 내 남은 인생이, 일곱 명의 모르는 사람들 손에 쥐여져 있었다. 배심원으로 선정되는 것은 그들이 가장 원하지 않는 일 중 하나일 것이다. 그때까지 나는 배심원 의무를 불편한 일이라고 여겼다. 그러나 이날 이후 다시는 그런 생각을 하지 않았다.

그들을 보지 않으려고 애썼음에도 나는 그들이 나에 대해 그리고 존과 마이크, 굿이어 변호사들에 대해 어떤 생각을 하는지 궁금했다. 그들을 처음 봤을 때, 마흔 정도 되어 보이는 젊은 남자가 무척 신경 쓰였다. 그는 간호사였다. 그와 체격이 좋은 여자, 중년의 여성 노동자가 있었고, 배심원단 중 여자는 그 두 명뿐이었다. 그들이 나와 비슷한 경험을 했을지 궁금해졌다. 제지 회사에서 은퇴한 지 얼마 되지 않았다는 나이든 남자는 굿이어사의 남성들 가운데 몇 명과는 절친한 사이일 수도 있겠다는 생각마저 들었다. 그들이 나와 내 증언에 대해 어떻게 생각할지, 무엇을 느낄지 전혀 알 수 없었다.

◉

배심원들이 착석하고 내가 첫번째 증인으로 호명되었다. 증인석에 서자 나는 바로 옆에 있는 굿이어 측 변호사들과 마주 보게 되었다. 존과 마이크의 자리는 훨씬 멀리 있었다. 높다란 아치형 지붕의 나무를 덧댄 텅 빈 발코니가 증인석 건너편으로 보였는데, 그것을 보고 있자니 영화 「앵무새 죽이기To Kill a Mockingbird」가 떠올랐다. 그 영화의 배경이 되는 1936년의 남부와 지금은 많은 것이 달라졌지만, 판사가 바뀌었을 뿐이지 당시에는 흑인이던 피고에게는 그리 많은 것이 바뀌지 않았다는 생각이 들었다. 북부 앨라배마에서 여성을 대하는 태도가 얼마나 바뀌었는지, 우린 곧 알게 될 것이었다.

존이 내 앞으로 와서 질문하는 것으로 증언이 시작되었다. 순간 내가 무엇인가 아주 멍청한 실수를 한 것 같다는 불길한 느낌에 사로잡혔다. 마치 연료탱크 바로 옆에서 담배에 불을 붙인 것처럼. 존이 나에게 질문을 시작하자 파멸의 어두운 예감이 천천히 부상했다. 난 법정을 서성거리며 이따금씩 짧은 머리를 쓸어올리다 잠시 멈춰서 다음 질문을 생각하는 존의 모습만을 눈에 담으려 애썼다. 그의 자신감과 투지에 힘입어 나는 그의 질문에 답할 수 있었다.

존은 먼저 나의 전반적 경력과 굿이어의 직장 생활에서 발생했던 지위 변동 과정에 관해 이야기해달라고 요청했다. 그에 관해 설명하는 과정 중에 존은 공장에서 지역관리자의 의무 범위가 더욱 확장된 1985년에 시행된 전기와 기계에 관련된 테스트에서 내가 백여 명의 사원 중 두번째로 높은 등수를 차지했던 것을 지적하며 내가 높은 직업적 능력을 갖춘 사람이란 것이 객관적 증거로 확인될 수 있다는 점을 말했다. 그리고 여성들이 문제를 일으키기 때문에 공장은 여성을 필요로 하지 않는다고 말했던 공장 관리자 밑에서 근무했던 내 직장 생활의 마지막에 대해서도 알고 싶어했다.

존은 그가 내게 다른 내용을 묻기 전까지 계속해서 그런 내용의 어휘들이 언급되도록 만들었다. 그때 클레어 변호사가 첫번째로 판사에게 이의를 제기했지만 기각되었다. 이후 그는 재판 내내 장난감 상자에서 튀어나오는 인형처럼 갑작스레 일어나서 이의신청을 했다.

"비즈니스센터 관리자였던 제 전 상사가 에디에게 '회사가 언제 저 주정뱅이와 빌어먹을 여자를 쫓아낼지 궁금하다'라고 말했다고 제게 이야기한 적이 있습니다."

나는 대답했다.

존은 내가 마지막으로 근무하던 때 몇 명의 여성이 굿이어에서 관리자로 근무하고 있었는지를 질문한 후(내가 알기로는 한 명도 없다), 나의 임금 명세서 도표를 첫번째 증거물로 제출했다. 그 차트에는 1979년 나와 함께 근무를 시작했던 남성 5명의 봉급과 내 봉급이 함께 나타나 있었다. 클레어 변호사는 그 임금 명세서 도표가 지나치게 오래된 것들이라 본 건과는 상관이 없다고 이의를 제기했지만, 또다시 그의 이의는 기각되었다. 존은 그 도표 옆에 서서 도표의 숫자들을 확대하여 모든 사람들이 볼 수 있도록 했다. 배심원들에게는 이미 똑같은 정보를 담은 서류가 제출되어 있었다.

도표에서 볼 수 있듯이 1979년 4월 1일에 우리 모두는 똑같은 봉급으로 시작했고, 우리 모두 임금 인상이 된 그해 10월까지 똑같은 금액인 1만8216달러 96센트를 지불받았다.

존은 계속해서 19년 동안 내가 굿이어에서 근무하며 경험한 일들에 관해 질문했다. 그는 내가 직장 생활 마지막 무렵에 "사내 들에게"로 시작하는 메일에 대해 항의하고 얼마 지나지 않아서 기술엔지니어로 직무 변경을 신청하도록 요구받은 일도 언급했다. 내가 기술엔지니어가 된 후 내 자리는 조합원 중 타이어 제조자였던 한 젊은 남자가 차지했다. 존이 제시한 증거물은 우리 사이의 임금이 얼마나 차이가 났는지를 대략적으로 보여주었다.

아직 20대인 그 젊은 남자는 1994년에 입사해 채 10년이 되지 않아 내 봉급의 거의 두 배를 받았다. 그의 봉급은 8만1000달러 이상이었지만 20년 정도 근무했던 내가 은퇴할 당시 받았던 봉급은 4만4724달러였다.

존은 직접 심문을 서서히 줄이고는 남들보다 임금을 적게 받는 것, 타이어 생산 중지에 대해서 징계를 받는 것 그리고 신체적으로 힘든 직무로 변경되는 것이 어떤 느낌인지 내게 물었다. 그리고 함께 일했던 동료들 임금과 비교해서 나의 임금을 다시 정산하기를 원하는지 물었다. 나는 그렇다고 대답했다.

"어떻게 보아도 당신보다 등급이 낮은 사람이 누구인가요?"라는 질문에 나는 "맷 브라운입니다"라고 답했다. 그는 나와 함께 고용되었고 나보다 낮은 등급이었지만, 나보다 훨씬 많은 금액의 봉급을 받았다.

존의 질문이 끝났다. 나는 배심원들이 그 모든 정보를 어떻게 이해할 것인지 궁금했다. 우리는 하나의 부서에서 다른 부서로, 이 관리자에서 저 관리자로 이리저리 옮겨 다니며 이야기했다. 우리가 제시한 퍼즐 조각들은 짜 맞추기가 쉽지 않았지만, 나는 존이 우리의 승리를 확고히 할 만한 증거들을 모두 다 다룰 것이라 믿고 있었다. 우리는 그 모든 것을 간신히 다 이야기했지만, 이 때문에 배심원들이 그 내용을 올바르게 이해할 수 있을지 걱정되기도 했다. 나도 어려웠던 일이지만, 존의 설명을 들으며 이해할 수 있었기에 배심원들 역시 그러리라 희망을 가지려 했다.

　　그다음으로 클레어 변호사가 일어서서 미소 띤 얼굴로 내게 다가왔다. 난 숨을 깊이 들이마셨다.

　　그는 1998년의 기업 인수 이후 지역관리자로 복직한 남성만큼 내가 자격을 갖춘 사람인지를 물었다. 그는 내가 그런 자격을 갖춘 사람이라고 대답하기를 원하고 있었고, 내게 그런 자격이 없음을 증명하려고 했다.

　　"난 내 직무를 충분히 수행할 수 있었습니다."

　　나는 대답했다.

　　또 그는 나에게 타이어 생산 중지가 무엇인지 질문했고, 나 때문에 만 달러 상당의 타이어들이 폐기 처분되지 않았느냐고 되물었다.

　　그는 나에게 '예' '아니오'로만 대답하도록 했기 때문에 나는 상황의 맥락을 설명할 수 없었다. 마치 피구 게임을 하고 있는 것 같았다. 진실을 피하는 것이 아니라 그가 내 스스로 나의 진실을 왜곡하도록 만드는 일을 피하는 피구 게임 말이다.

"모르겠습니다. 나는 타이어들도, 거기에 관련된 서류들도 보지 못했습니다. 그들은 그것을 내게 보여주지 않았습니다."

"그 사실을 부정하는 것은 아니죠?"

"전 관련 서류를 보지 못했기 때문에 인정할 수 없습니다. 보세요, 그 점이 바로 나를 너무나도 괴롭게 만들었습니다. 제가 관리하는 성형기에서 불량품이 발생했다면, 심지어 만 달러치나 되는 불량품이 나왔다면, 사실 불량품이 400달러짜리 타이어 두 개라도 마찬가지지만, 전 그 타이어들을 화물 적재 플랫폼으로 꺼내놓거나 선박에 옮겼을 겁니다. 우리는 그것들을 검사합니다. 왜 불량품이 발생했고 바로잡기 위해 뭘 해야 하는지 알아봐야 하니까요."

그는 갑작스레 주제를 나의 직무 이동 건으로 바꾸었다.

"당신은 많은 사람과 함께 해고 명단에 올라 있었다고 말하지 않았나요?"

그것은 나의 직무 변경이 완전히 다행한 일이 아니냐는 의미를 함축하고 있었다.

"난 '아주 긴 명단'에 대해 듣지 못했습니다."

내가 대답했다.

매우 과장되고, 분개한 듯한 목소리로 그는 내 증언 녹취록을 들어 올렸다.

"내가 당신의 증언 녹취록을 가지고 있다는 사실을 기억하지 못하는 것입니까?"

그는 페이지를 넘기며 말했다.

"그리고 당신이 선서를 했다는 사실을 기억해야 할 것입니다."

"예. 그렇습니다."

그는 한 페이지를 넘기고는 내가 1997년의 아주 긴 해고 목록에 있다고 말했던 것을 읽도록 요구했다. 그러나 그 요구의 의도는, 내가 그 목록에 있다는 이야기를 에디에게 들었는지를 묻는 것이었다. 나는 정확하게 그러한 단어들을 들은 것이 아니었다. 그는 게임을 하듯이 이런저런 사실을 비틀어서 혼란스럽게 만듦으로써, 내가 거짓을 말하는 것처럼 보이려고 했다. 그는 재판 내내 그런 방식을 사용했다. 그는 배심원들이 내가 거짓말로 둘러댄다고 생각하도록 유도하려 했다. 그가 1986년과 1997년 해고에 관한 세부 사항을 가지고 계속해서 물고 늘어지자, 클레먼 판사가 마침내 입을 열었다.

"그 목록 이야기를 끝내긴 할 겁니까?"

첫날이 끝나갈 무렵에야 나는 증인석에서 내려올 수 있었다. 내가 어떻게 하기도 전에, 나는 이미 여러 번 클레어 변호사에게 짜증을 냈다. 다른 사람의 언어로 내게 무슨 일이 일어났는지를 이야기하는 것은 힘든 일이었다. 찰스와 필립은 존과 마이크 뒤편에 앉아 있었다.(비키는 다음 날 올 예정이었다.) 첫날 법정에서는 우리를 질책하는 듯한 분위기가 계속되었지만 그들은 겉으로 감정을 드러내지 않으며 잘 참아냈다.

오랫동안 말없이 차를 타고 집으로 돌아왔다. 찰스와 나는 부억으로 걸어 들어가 불을 켜고 시계를 보았다. 우리가 보던 TV 드라마가 시작할 시간이었다.

"여보, 「로 앤 오더Law & Orde」 방송하는 날이야."

나도 모르게 평소처럼 그에게 말했다.

찰스는 성의 없이 웃으며 내게 말했다.

"아니, 괜찮아. 하루 종일 법정 드라마는 이미 충분히 봤으니 사양할게."

바로 자러 갈 수는 없었기 때문에 우린 법정 드라마 대신 옛날 댄스 비디오를 보았다.

○

그다음 날 아침 난 다시 증인석에 섰고, 교활한 클레어 변호사는 다시 타이어 생산 중지에 관해 질문했다.

"당신은 타이어 생산 중지와 관련해서 실수를 저질렀음을 인정했습니다. 그렇지 않나요, 레드베터 부인?"

그가 내 생각을 이해하도록 만들고 싶었지만, 단어들이 내 입안에서 더듬거리며 잘 표현되지 않았다. 내가 대답할 수 없다고 말했을 때, 내가 선택한 단어들은 내가 했다고 믿는 일이 아니라 내가 들었던 말들에 근거를 두고 있었다. 클레먼 판사는 "알겠다"고 간단히 말하며 내 대답을 멈추게 만들었다. 나는 찰스를 바라봤다. 그의 표정은 변하지 않았지만, 내가 흔들리지 않도록 격려하기 위해, 자신감을 가지라는 듯이 가볍게 고개를 끄덕였다. 난 평정을 되찾기 위해서 자세를 바꿨다.

클레어 변호사는 계속해서 에디에 관해 이야기했다.

"당신은 20년 전에 일어난 일 때문에 그를 싫어한다고 말하지는 않겠죠? 그는 1992년에 당신에게 근사한 짧은 편지도 보냈죠, 그렇지 않습니까?"

그가 물었다. 그것은 축하의 편지였다. 그다음 그는 혼란스러워하는 어린아이에게 간단한 내용을 설명하는 듯한 어조로 질문을 계속했다. 요점은 에디가 1997년에 나를 정직시킬 수도 있었지만 그렇게 하지 않고 나를 기술엔지니어직으로 이동시킨 것은 그의 관대함 때문이 아니냐는 것이었다. 다시 말해 그 너그럽고 친절한 남성이 정말로 내게 최선의 선택을 찾아준 것인데 내가 멍청해서 그것을 알지 못한다는 말이다.

"많은 사람은 기술엔지니어 일이 대단히 훌륭한 직업이라고 생각합니다. 그렇지 않나요? 당신은 그것이 좋은 일이 아니라고 생각한다는 것은 알겠습니다. 그러나 공장의 모든 사람이 그렇게 생각하는 것은 아닐 것입니다. 그렇죠?" 그는 계속해서 말했다. "그 직업을 가지고 싶어하는 사람들도 있었습니다." 그는 무기를 휘두르듯이 내 증언 녹취록을 들어 올렸다. 엄청나게 두꺼운 그 책자에서 문장 한 줄을 빼내어 내가 배심원들을 향해 그것을 읽도록 요구했다. 탄광과 같은 구덩이 속에서 일하는 어떤 남자가 생각하기에 기술엔지니어 일이 그의 일보다 좋아 보인다는 내용이었다. 클레어 변호사는 내가 그 자리를 차지한 것이 그 남자에게는 너무나도 부당해 보였을 것이라고 내게 말했다.

난 다시 짜증이 났다.

"난 그렇게 생각하지 않습니다. 그렇게 생각하는 것은 그 사람뿐일 것입니다."

그는 다시 나의 증언 녹취록을 휘둘렀다.

"그럼 저와 함께 당신의 증언 녹취록 243쪽을 읽어봅시다, 부인." 그는 내가 그 단어들에 관해 '선서하고 증언하였음'을 배심원들이 떠올리게 하기 위해서 잠시 멈춘 후, 그 부서에서 더욱 힘든 일을 했던 많은 사람이 내가 옮아간 기술엔지니어직을 더욱 좋은 일로 여긴다고, 내가 좌천이라고 여기는 것이 그들 눈에는 승진으로 보일 것이라고 내가 말했던 것을 소리 높여 읽었다.

그는 자신이 지적한 부분에 대해서 만족해하며 봉급 명세서 차트를 다시 가리키며 높은 급여를 받는 모든 남성이 내가 말한 것과 같이 정확하게 똑같은 날짜에 일을 시작하지 않았다는 사실에 대해서 이리저리 트집을 잡기 시작했다. 그는 그들의 고용 기록과 직무를 시작한 날짜를 보여주었다. 그러나 그가 말하는 것은 타당하지 않았다. 그 남자들은 모두 내가 시작한 날과 며칠 차이 나지 않게 일을 시작했다. 그는 내 주장이 사실에 근거하지 않는다는 주장을 하기 위해서 우스꽝스러운 수단을 사용하고 있었다. 가짜 약장수 같은 번드르르한 변호사의 말로 배심원들이 믿게끔 유도된 사실만이 진실이 되어버릴까 나는 걱정스러웠다.

클레어 변호사가 정확한 업무 개시일에 대해서 한참 장광설을 늘어놓는 것을 보던 클레먼 판사는 마침내 "언제 그들이 관리직에 고용되었는지가 본 건과 관련 있는 일입니까?"라는 질문으로 그의 말을 중단시켰다.

기나긴 승리

클레어 변호사는 1981년으로 화제를 돌렸다. 그해에 굿이어사는 전년도에 인상한 생계비 수당을 성과급 프로그램으로 교체했다. 그 성과급 프로그램이 시행되면서부터 내 봉급과 다른 관리자들의 봉급이 차이 나기 시작했는데 당시 나는 그것을 알지 못했다. 그러나 사실발견절차를 거친 다음에는 동료들의 봉급 인상분을 내 것과 비교해서 분명히 알게 되었다.

클레어 변호사는 몇 년에 걸친 내 봉급 인상을 하나하나 설명하면서 거기에는 어떠한 차별도 존재하지 않았음을 보여주려고 애를 썼다. 나는 매번 그의 결론에 반박했다. 그때마다 내가 싸움닭처럼 보일 것이며 배심원들과의 거리를 벌어지게 만든다는 것을 알고 있었지만, 그의 왜곡을 정정하지 않을 수 없었다.

1998년 EEOC에 신청한 고소장에 관한 질문을 시작하며 그는 제프의 성희롱에 관련된 사항이 거기에 포함되지 않은 이유를 질문했고, 현재 소송에서 내가 제프의 성희롱을 최초로 언급했음을 주장했다.

"그리고 당신은 제프가 오늘 법정에 오지 않은 이유를 알고 있지 않나요?"

그가 물었다.

난 알고 있었다.

"왜 그가 여기에 오지 않았나요?"

그는 제프가 여기 오지 못한 이유가 분명히 존재하지 않느냐는 태도로 천천히 말했다.

"그는 폐암으로 사망했습니다."

"이상입니다."

질문의 의도는 명확했다. 제프가 여기 이 법정에서 자신을 변호할 수 없기 때문에 내가 마치 그에 관해 조작된 주장을 한 것처럼 배심원들이 판단하도록 만들려는 것이었다. 그가 제프에 관해 배심원들에게 알리지 않은 것은 제프가 재판이 시작되기 얼마 전에 사망했기 때문이다. 굿이어는 그의 증언 녹취록을 작성할 시간이 충분했지만 그렇게 하지 않았다.

클레어의 심문을 시작으로, 존은 1982년 EEOC 고소와 관련된 세부 사항을 이야기했다. 굿이어 측에서는 통제했던 1982년 증거서류와 관련해 내게 금지되어 있던 모든 정보를 그때야 내놓았다. 짧은 재직접심문(증인을 소환한 당사자 측의 제2차 심문)에서, 존은 내가 EEOC에 문제를 접수한 이유와 1896년에 있었던 제프의 성추행에 관해 내가 진술하지 못했던 이유를 설명했다. 그는 데니스의 행동과 내가 라마다 호텔에 가기를 거부했을 때 제프가 내게 준 형편없는 감사 점수에 관해 자세히 이야기했다. 오래전에 있었던 일이지만 존이 묘사하는 것을 듣고 있으니 그 일이 불과 며칠 전에 일어난 것처럼 생생하게 느껴졌다.

존은 EEOC에 접수된 내 첫번째 고소장을 증거로 제출한 뒤, 그 고소장을 접수하기 전의 내 임금 인상분이 굿이어에서 일하면서 내가 받았던 그 어떤 인상분보다 더 높음을 지적했다. 그는 클레어 변호사가 왜곡하려 했던 부분에 대해서도 분명히 말했다. 굿이어 사원 소책자에 따르면 최고수행상은 그저 임금 인상에 불과한 것이 아니라 부상이 딸린 상이라는 것이다. 굿이어 측은 내

기나긴 승리

가 무능한 사원이기 때문에 임금 인상폭이 낮았다고 정당화했지만 그 주장은 틀렸다. 내가 그 상을 받았기 때문이다. 내가 형편없는 관리자라고 주장하기 위해 그들이 내 예전 팀원들을 법정에 소환할지 궁금해졌다.

❍

마이크 퀸은 나를 지지하기 위해서 주디 쿡 박사를 증인으로 내세웠다. 키 작고 나이 많은 쿡 박사를 항상 그녀의 작은 사무실에서만 보았기에 법정에 소환된 모습이 어색했다. 그녀가 심리 상담을 받는다는 것에 종종 붙어 있는 낙인에 대해 말했을 때, 내게도 낙인이 새겨졌다고 느꼈지만, 당시엔 괜찮았다. 하지만 법정에서 그녀가 내게 우울증이라 진단하고 그에 따른 약물을 처방했다고 진술했을 때, 나는 무척 당황했다. 그래도 똑바로 내 앞을 바라보려 애를 썼다.

쿡 박사는 직장 생활과 무릎 부상 그리고 엄마의 병과 까다로운 성격 때문에 내가 얼마만큼 스트레스를 받았는지 진술했다. 난 찰스와 쿡 박사를 제외하고는 누구에게도 엄마에 대해서 말하지 않았다. 엄마는 내게 절망감을 주었지만 여전히 나의 엄마이기 때문에, 법정을 가득 채운 수많은 낯선 사람들이 엄마와 나의 헝클어진 관계에 대해 듣는 것은 거기에 앉아 있는 내게 커다란 고통이었다. 사생활이 보호되는 쿡 박사의 사무실에서는 내가 드러내는 걱정과 두려움이 조심스러운 방식으로 억제된 채 진찰을 받는 것 같았다. 그러나 지금 그 은밀한 내용이 공개된 장소에서 낯

낱이 기록되고 있었고, 나는 수치심을 느낄 수밖에 없었다.

클레어 변호사는 쿡 박사가 작성한 내 진료 기록을 손에 쥐고서 그녀에게 다가가 기술엔지니어직으로 직무 변경하는 일에서 내게 선택권이 있었는지를 질문했다.

내게 선택권이 없었다고 그녀는 대답했다.

클레어 변호사는 내가 전에도 두통으로 고생하지 않았는지, 우울증으로 진단받지 않았는지를 질문하며 그녀를 추궁했다. 그는 정밀한 조사를 강요하여 내가 불안정한 상태였음을 보여주려고 했던 것 같다. 쿡 박사가 쓴 내 진료 기록을 읽은 게 분명했다. 그녀는 내게 내 병력에 대해 물은 적이 있었다. 나는 어렸을 때 눈을 뜨기도 어려울 정도의 두통으로 고생했고, 내가 다시 직장을 다니기로 결심하기 전, 그러니까 찰스와 내가 결혼하고 근근이 살아갈 무렵에 갑자기 도진 두통에 대해 그녀에게 말한 적이 있다. 하지만 이따금씩 쿡 박사가 내게 처방해준 항우울제를 제외하고 내가 복용한 약이라고는 굿이어에 다시 근무하게 되었던 1980년대 후반에 잠시 입에 댔던 프로작뿐이었다.

그는 내가 쿡 박사에게 굿이어에서의 직장 생활에 대해 서로 모순되는 이야기를 했다고 주장하기 위해 최선을 다했다. 그녀는 그에게 그렇지 않다고 말하며 고개를 저었다. 그녀는 내 이야기의 맥락이 쉽사리 종합되는 것이 아니라고 대답했다.

그것은 절제된 표현이었다.

기술직을 맡게 된 후인 1998년 봄에 내가 다시 그녀에게 상담받기 시작했을 때를 언급하며 그녀가 말했다.

"제가 말할 수 있는 것은 그때 릴리가 엄청나게 많은 스트레스를 받고 있었다는 겁니다. 220볼트 콘센트에 꼬리가 끼인 새끼 고양이 같았지요."

나는 새끼 고양이는 아니었지만 그것은 불행하게도 꽤나 정확하게 내 상태를 묘사하는 말이었다. 그리고 그것은 굿이어에서 근무하던 마지막 몇 년간 내가 겪은, 더이상 견딜 수 없어 소리를 지르고 말 것 같은 분노를 설명해주는 표현이기도 했다.

그러나 클레어 변호사는 그 말을 이런 방식으로 듣지 않았다. 그는 이를 가지고 내가 해고되어 기뻐한 것처럼 주장했다. 그는 엄마에 대한 내 감정과 엄마와의 갈등에 대한 쿡 박사의 기록을 읽어 내려가며, 그 지점을 공들여 자세히 설명했다. 이 방향으로 들어서지 않았다면 좋았을 텐데. 너무도 맹렬하고 피할 길 없이 질문들이 퍼부어졌다. 무슨 일이 일어나고 있는지 미처 이해하기도 전에 다른 질문이 쏟아지는 걸 지켜보았다. 클레어 변호사가 굿이어사에 대한 나의 감정이 어머니에 대한 감정의 단순한 전이轉移가 아니냐고 물었을 때, 비로소 그의 의도를 알 수 있었다.

쿡 박사는 동의하지 않았다.

클레어 변호사는 관대한 몸짓으로 포장하며, 쿡 박사에게 어머니의 죽음 이후 내가 방문했을 때의 기록을 읽도록 요구했다.(난 퇴직 이후 쿡 박사를 몇 번 만나지 못했다.) 3년 전 그녀가 직접 작성한 기록의 마지막 문장을 읽으라며 그녀에게 건네주었다. 그녀가 그 마지막 문장을 찾기까지는 1분 정도 걸렸다.

"그녀의 어머니를 기쁘게 하는 것은 굿이어보다 더욱 힘들다는 것을 그녀는 깨달았다."

●

카렌이 증언석에 설 차례가 되었다. 그녀는 50대 후반의 여성
으로 1976년 굿이어에 입사했다. 혼다Honda의 감독관으로 이직
하기 위해 굿이어를 떠나기 전인 1993년에서 1995년까지 그리 길
지 않은 기간에 지역관리자로 일했다. 그녀의 직무평가에 수상쩍
은 부분이 있음을 증언했을 때 그녀의 경험이 나와 유사하다는
것을 알 수 있었다. 쉬운 일이 아니었음에도, 카렌은 자신의 평가
에 대해서 이의를 제기했지만, 그녀가 들은 대답은 "원래 그런 거
야"였다.

존은 새로운 증언자가 증언을 시작할 때마다 하는 형식적인
몇 가지 질문을 한 다음, 카렌에게 함께 일하는 남성들보다 그녀
에 대한 평가가 낮았던 이유를 뭐라고 생각하는지 물었다.

"그들이 업무에서 내게 기대하는 바를 100퍼센트 완벽하게 소
화하지 못했기 때문이라고 그들은 내게 말했습니다. 그렇지만 저
는 다른 사람들이 하는 일을 똑같이 했고, 그들이 요구했던 일들
을 정확히 수행했습니다."

그녀는 말했다.

"당신은 남성들과 똑같은 일을 하고 있었나요?"

"예, 그렇습니다."

"당신에 대한 평가가 낮았던 이유를 이해하게 되었습니까?"

"몇몇 이유로 여성이 남성보다 낮게 평가되는 것처럼 보였습니

다. 그들은 남성들이 하는 일을 여성들이 할 수 있다고 생각도 하지 않았지요."

존은 카렌의 마지막 임금 인상의 이유가 "그녀가 받을 것이라 예상되는 수준보다 너무나 낮기"때문이 아니냐는 의문을 제시하며, 전에 그녀가 볼 수 없었던 것들을, 즉 그녀와 남성 동료들 사이의 임금을 비교한 증거물을 제출했다. 그녀가 한 달에 2728달러를 받는 동안 남성들은 3960달러에서 4662달러 사이의 임금을 받았다. 나는 굿이어 측 변호사들과 배심원들의 표정을 살폈지만, 모두들 감정을 능숙하게 숨기는 법을 배우기라도 한 듯 무표정했다.

"남성들이 당신보다 임금을 훨씬 더 많이 받는다는 것을 알고 있었나요?"

"언제나 소문은 들리죠. 내가 받는 것보다 꽤나 많이 받는다고 몇몇 사람이 내게 말해주었습니다."

존은 그녀의 봉급과 동료 한 명 한 명의 봉급을 비교한 것을 읽으며, 그런 차이를 어떻게 생각하는지 물었다.

그녀의 최종 결론은 "남성들의 세계에서 여성으로 살아간다는 것이 이유겠죠"였다.

"당신의 성별 때문에 임금이 적다는 사실에 대해서 이의를 제기한 적이 있습니까?"

"아니오. 전 불평하기 어려웠습니다. 전 장애가 있는 자식을 가진 싱글맘이었고, 임금에 대해 이의를 제기할 때 저의 일자리가 얼마나 위험하게 될지 잘 알고 있었으니까요."

○

　　그다음으로 샤론이 증언하는 것을 지켜보는 일은 곤혹스러웠다. 그녀의 긴장이 그대로 느껴졌다. 그녀는 힘든 시간을 보냈고, 살이 너무 빠져서 정말 가련해 보였다. 마음이 아팠다.

　　샤론은 우리가 사무실에서 잠깐 함께 일했을 때 내게 말했던 것을 진술했다. 그녀는 1971년에 굿이어에 입사했고, 싱글맘이기 때문에 그녀의 아이를 돌봐주던 여성이 사망했을 때 야간 감독관 일을 그만두어야 했다. 1990년 이후에 그녀는 다시 관리직이 되었고, 임금 인상을 약속받았다. 약속받은 임금 인상을 세번째 요구했을 때, 여전히 진행 중이라는 대답만을 듣고 비서직으로 되돌아갔다. 그녀가 다시 비서직으로 돌아갈 것이라고 말하자, 회사 측은 그녀에게 줄 수 있는 최상의 것은 20퍼센트의 임금 인상이라고 통보했다. 존은 그녀가 최근 EEOC에 임금 불평등으로 고소를 신청했다고 배심원들에게 알렸다.

　　샤론은 증언하면서 이따금 머뭇거리며 법정 뒤편을 힐끔거렸다. 돌아가면서 법정 출입구에 있는 창문으로 얼굴을 내미는 굿이어 직원들 때문에 집중하지 못하는 듯했다. 모두 남성이었고, 많은 이들이 나의 예전 동료였다. 출입구로 그들 얼굴이 번갈아 보였다. 그것은 서커스에서 작은 자동차 위로 재주넘는 광대들을 연상시켰다. 그들은 복도를 가득 채우고 앉아서 몇몇 무리를 지어 모여 있었다.

　　재판 첫날 쉬는 시간에 샤론은 복도에서 그 패거리들을 지나칠 때에 들은 것을 내게 말해주었다. 그 무리 중 한 명이 매트에게 무슨 이유로 여기에 불려온 건지 물었다. 그는 어깨를 으쓱거리며 팔자수염 아래로 미소를 그리며 말했다.

"젠장, 나도 몰라. 회사에서 전화해서 옷을 차려입고 법원으로 오라는 이야기만 들었어."

나중에 내가 매트를 복도에서 보았을 때, 그가 근무시간에 회사 담장을 넘어 시내로 나가 식당에 앉아 시간을 보내고는, 마칠 때가 되어서야 돌아와 퇴근 카드에 시간을 찍곤 했던 모습이 떠올랐다. 주말이면 그와 그의 친구들은 굿이어가 직원들을 위해 지원하는 클럽에 모여서 사냥이나 낚시를 가곤 했다. 그래서 우리는 그들을 "사냥과 낚시 클럽"이라고 불렀다. 매트의 태도나 그의 말이 나나 샤론을 놀라게 하지는 않았다. 우리는 그 클럽의 딱한 사정을 누구보다 잘 알았기 때문이다.

나는 샤론이 재판이 끝난 뒤 회사에서 그 사람들과 계속 얼굴을 맞대야만 하는 사실 때문에 불안해하고 있음을 알고 있었다. 나는 그녀가 이 증언 때문에 치러야만 할 대가를 생각하는 것조차 끔찍했다.

존이 질문을 끝내고 자리에 앉자, 클레어 변호사는 샤론에게 그녀의 낮은 임금에 대해 질문했다.

"당신이 여성이라는 사실과 당신 임금이 관련되어 있다고 생각하는 이유가 무엇인가요?"

그녀는 주저함이 없었다. 그녀가 받는 비서직의 임금보다 낮은 임금을 받는 남성 지역관리자는 아무도 없었다. 그러나 그녀의 상사는 그녀가 임금 차별을 어떠한 의문도 없이 받아들일 것이라 여겼다.

○

점심시간이 지나서 마이크는 재닛 에식스를 증언석에 소환했다. 그녀는 법률보조원으로 얼마 정도의 금액을 보상받아야 할지 보여주기 위해서 내가 돌려받아야 하는 미지급 임금을 계산했다. 미지급 임금에 대한 우리 주장은 비자발적인 직무 변경에 관련된 임금 차별 주장에 해당하는 것이었다. 내 직무가 변경되지 않고 그날까지 지역관리자로 근무했을 경우 얼마의 금액을 받게 될지 가늠해보려 했다. 미지급 임금은 전국노동관계위원회National Labor Relations Board에서 지정한 기준에 따라 계산되었다고 재닛은 설명했다. 내가 퇴직했을 때부터 2003년 1월 21일 현재까지의 시간을 시급에 반영한 것이었다.

마이크는 내가 지역관리자로 계속 근무했을 경우(초과근무 시간을 제외하고) 벌게 될 추가 금액에 대한 자료를 증거물로 제시했다. 그 금액은 23만6791달러 72센트였다.

마이크는 법률에 따라서 내가 EEOC에 고발을 신청하기 2년 전인 1996년 3월 25일을 기준으로 나와 비슷한 등급의 다른 지역관리자의 임금과 내 임금을 비교하면서 임금 차이를 도표로 보여주었다.

"급여 차이가 얼마인가요?"

마이크가 물었다.

"32만8597달러 93센트입니다."

기나긴 승리

그다음 증거물은 내 지역관리자 자리를 대신 차지했던 그 젊은 남성과 내가 똑같은 임금을 받을 경우 내 미지급 임금이 얼마인지를 보여주는 것이었다. 그 금액은 32만1453달러 3센트였다.

나와 똑같은 시기에 퇴직하고 다시 복직했던 지역관리자와 비교해서 산출한 내 미지급 임금은 34만4153달러 54센트였다.

화이트보드 위의 검정색 숫자들이 보여주는 차이는 극명했다. 그렇기에 내가 은퇴했을 때 받은 퇴직금을 제외하고 클레어 변호사가 이야기할 수 있는 것은 별로 없었다. 나는 그 퇴직금은 계산에 반영되지 않았고, 벌써 오래전에 사라져버렸다고 속으로 생각했다. 만약 내가 미지급 임금을 지불받는다면 내 퇴직금을 반환해야 한다는 것은 이미 기록된 사실이다.

그다음 마이크는 내가 1998년부터 기술엔지니어로 현재까지 계속 근무했을 경우 다른 세 명의 지역관리자들과의 확연한 임금 차이를 분명하게 보여주는 도표를 제시했다.

가장 극적인 도표는 나와 다른 여섯 명의 지역관리자들 사이의 임금 차이였다. 그들이 각각 5만9028달러, 5만5679달러, 5만7696달러, 5만8226달러 그리고 5만8464달러를 임금으로 받는 동안 내가 받은 임금은 단지 4만4724달러에 불과했다.

○

모든 사람이 숫자 사이의 차이들을 분명하게 마음속에 새길 즈음 상대측 변호사는 그들의 증인을 출두시켰다. 비즈니스센터 매니저이자 1997년 내가 ARF 섹션에 있을 때 한 달 동안 나의 상사였던 폴은 브라질에 있는 굿이어 지사에서 비행기를 타고 왔다. 그가 상대편의 첫번째 증인으로 출석한 이유는 아마도 사실발견 절차 기간에 그의 진술 내용을 우리에게 알리지 않았고, 존이 알 수 있는 기회가 없었기 때문일 것이었다.

클레어 변호사는 1997년의 내 업무평가서를 제출하고서는 그 내용을 폴을 통해 확인하려 했다. 폴은 그 평가가 관리자들의 검사와 관찰을 조합한 심사표에 근거한다고 설명했다. 그리고 폴은 그가 모든 관리자의 등급과 업무의 복잡성에 따라서 차등적으로 개인들을 가중 평가하여 계산용 도표 프로그램에 입력했다고 진술했다. 그가 내 업무 성과 데이터를 취합하여 컴퓨터에 입력했을 때, 내가 팀원들로부터 더 좋은 평가를 끌어낼 필요가 있었고, 안전 회의에 참석하지 않았으며, 팀 회의도 열지 않았기 때문에, "언제나 열등생"이었다고 주장했다. 클레어 변호사는 그 지적에 대해 하나하나 자세하게 설명했다. 폴은 내가 초과근무시간이 동결되었기에 팀 회의를 시행할 수 없었다는 점을 제외하고는 그런 비판에 대해서 항의하지 않았다고 언급했다. 그런 회의는 항상 야간근무가 끝나는 아침 시간에 시행되는데 내 팀원들은 그 회의에 참석하기 위해서는 초과근무를 해야만 했기에 초과근무가 동결된 이후 우리 팀 회의는 개최될 수 없었다. 하지만 난 그가 내게 지적했던 모든 잘못된 일에 대해 항의했다.

나를 감정적으로 불안정한 거짓말쟁이로 만들려는 클레어 변호사의 시도가 언짢은 정도였다면, 나를 그런 불량한 업무 능력의 소유자로 채색하는 그의 말을 듣는 것은 훨씬 힘든 일이었다.

만약 인생 최고의 시절 중 무려 20년을 회사에 바쳤는데 당신의 성과가 그런 식으로 매도된다면 당신은 어떠하겠는가?

클레어 변호사는 폴에게 그가 작성했던 나에 대한 평가 기록을 읽도록 했다. 폴이 대화 도중에 내가 새로 맡은 기술엔지니어 일에 대해 물었을 때, 난 그것이 내게 "잘 들어맞는 일"이라고 말했다. 내가 폴과 이야기했을 때 그와 대립각을 세우지 않으려 애썼다는 것을, 배심원들이 충분히 이해할 수 있기를 바랐다. 그런 상황에서 내가 비참한 처지라는 것을 그에게 말한들 무슨 소용이 있었겠는가?

폴은 기술엔지니어라는 내 직함에 대한 그의 생각을 다음과 같이 결론지었다.

"릴리는 자신을 관리하는 능력이 탁월하기 때문에 이는 그녀에게 더욱 잘 맞는 일이었다."

280파운드나 나가는 타이어들을 매일 옮기는 일이 사람들을 관리하는 것보다 내게 더욱 잘 맞았다고 그들은 주장하고 있었다.

◉

반대심문이 시작되고, 존은 먼저 폴에게 처음 컴퓨터에 입력한 생산 수치가 기록되어 있는 원본 서류들과 감사 서류들에 대해 질문하며 문제의 핵심으로 곧장 뛰어들었다. 폴은 그런 서류들이 어디에 있는지 말할 수 없었다.

존이 폴에게 물었다.

"당신이 그 서류들을 파기한 것인가요?"

"저는 아무 서류도 파기하지 않았습니다."

"그 서류들은 파기되었습니다, 그렇지 않나요?"

"저는 잘 모르겠습니다."

"좋습니다. 만약 그 서류들이 파기되지 않았다면 당신이 여기 그 서류들을 가지고 왔을 테지요. 그렇지 않나요?"

존은 이야기를 더 이어가기 전, 마지막 질문을 던지며 배심원들을 향해 몸을 돌렸다.

EEOC에 고발이 신청되면 해당 기업은 관련된 모든 기록을 보관해야 한다는 사실은 법률로 정해져 있다. 굿이어사가 기소되었음을 통보받고 EEOC가 개인 기록을 요청했던 9월이 되기 전에 그와 관련된 서류들은 사라졌을 것이다. 굿이어사가 나의 불량한 업무 능력을 증명하고자 했다면 실제 생산 수치들이 입증할 수 있었을 테니까. 존은 그 서류들이 굿이어 측의 주장과 상반되기 때문에 원본 서류가 사라져버린 것 아니냐고 질문했다. 그리고 나중에 존이 폴에게 질문하면서 밝혀진 사실은 폴이 평가를 자료화했던 과정이 컴퓨터에 의해 객관적인 방식으로 채점되지 않았다는 것이었다. 그가 했던 것은 주관적인 평가였다.

그 전해부터 에디는 그의 성과 기록을 폴과 공유했다. 폴은 나에 대한 평가에 부정적인 기록이 고려되지 않았다고 주장했고 따라서 그는 그 서류들을 보관하지 않았다. 그 자료들은 사실발견 절차 기간에 굿이어 측이 존에게 제공한 서류들 사이에 없었다. 폴이 "상담 시간"과 같다고 언급한 그와 나 사이의 토론과 대화를 기초로 작성한 자세한 내 직무성과 기록들을 그가 보관하고 있었음을 존은 지적했다. 폴은 다른 사람들과 그러한 시간을 가졌다는 걸 기억하지 못했다.

이어서 존은 내가 두번째로 낮은 점수를 받은 평가에 대해 문제를 제기했다. 그 평가에서 내 바로 밑에 위치한 남자도 나보다 훨씬 많은 임금을 받았다. 그는 잠시 질문을 멈추고 침묵하다가 질문했다.

"그렇다면 목록에서 가장 낮은 금액을 수령했던 두 명은 누구일까요?"

대답은 목록에 있는 단 두 명의 여성, 즉 샤론과 나였다.

처음으로 어떤 전환점이 다가왔음을 느낄 수 있었다. 여성들의 증언과 분명한 임금 차이, 그리고 소실된 서류들, 그 모든 사실이 굿이어의 정확한 모습을 그림처럼 보여주고 있었다.

◉

에디가 증언석에 섰을 때, 내 심장은 더욱 빨리 뛰기 시작했다. 마이크는 에디가 "사내들"(내가 성차별로 생각한 언어)에게 배포했던 메일을 언급하면서 심문을 시작했다. 에디는 그것이 농담이었다고 얼버무리려 했지만, 그가 늘 내게 했던 말의 어조는 결코 가볍게 넘길 수 있는 종류의 것이 아니었다. 그가 말하는 사건들을, 특히 내가 최고수행상을 수상했음을 그가 기억하지 못한다고 말했을 때 나는 무척이나 긴장하여 어깨를 잔뜩 움츠렸다. 에디에 대해서 잘 알지 못하는 사람들이 그의 부드러운 화술과 태도에 쉽사리 넘어가는 것을 잘 알고 있기 때문에 그의 증언이 어떤 효과를 낳을지 무척이나 두려웠다. 나를 문제나 일으키는 사람이었다고 지칭한 것이나 그가 내게 퇴직을 권고했음을 부정한 것도 전혀 놀랍지 않았다.

단지 그의 목소리만으로도 나는 내가 회사에서 근무하던 시절 느꼈던 좌절과 두려움을 다시 떠올릴 수 있었기에, 법정에서 나를 둘러싸고 있는 모든 것에 민감해졌다. 존이 노트에 뭔가를 적을 때 이 사각거리는 소리가 한밤중에 벽 속을 돌아다니는 쥐들의 찍찍거리는 소리처럼 느껴졌다. 불안했다. 존이 이따금씩 마이크에게 무엇인가 중요한 말을 속삭일 때마다 나는 집중을 할 수 없었다. 마이크는 테이블 위에 팔꿈치를 걸치고 손으로 턱을 괴고 앉아서 클레어 변호사가 심문하는 모습에서 눈을 떼지 않고 있었다.

내가 나에 대한 처우와 그 후 일어난 직무 변경에 대해서 에디에게 질문을 던졌을 때, 그가 얼마나 크게 화를 냈는지 나는 기억하고 있었다. 에디는 처음부터 내가 굿이어에 적당하지 않았다고 믿고 있었고 그런 나를 그냥 두지 않았다. 그렇기에 그는 그 마지막 2년 동안 나를 힘들게 했으며 나를 제거하려 했던 회사 측 입장을 도와 기꺼이 내게 마지막 일격을 가했다.

그다음 차례의 증언에서 우리 쪽 변호인들은 최고수행상을 둘러싼 많은 이슈를 꺼내 들었고, 회사 측에서 주장하듯이 내가 그렇게 불량스러운 성과를 냈다면 어떻게 최고수행상을 받을 수 있었는지 반문했다. 내게 상을 수여한 에릭은 그 점을 설명하는 데 애를 먹었다.

기나긴 승리

그는 더듬거리는 목소리로 나의 나쁜 근무 태도를 뒷받침하는 원본 서류들이 소실된 이유를 추측하려고 애를 썼다. 그 서류들은 공장이 문을 닫고 사무실에 있는 설비들과 비품들이 매각될 때 사라져버렸으리라고 그들은 말했다. 그렇다면 그 와중에 굿이어 측의 주장을 뒷받침하는 자료들은 어떻게 살아남았을까?

그뿐만이 아니다. 그들이 주장하듯 내가 그렇게 성과가 좋지 못했던 직원이라면 성과급제도가 시행된 이후 에릭이 나에게 수여했던 가장 커다란 폭의 임금 인상은 어떻게 설명하더라도 이해할 수 없는 일이었다. 그래서 에릭은 내가 열심히 근무했고, 신뢰할 수 있었으며, 동료들과 잘 어울려 근무를 했다고 대답할 수밖에 없었다. 그러나 갑작스레 그의 어조가 달라졌다. 마치 진실을 이야기하는 것이 실수임을 깨달은 듯이 그는 내 업무 성과가 기준에 도달하지 못했다고 말하기 시작했다.

우습게도, 에릭의 기억이 그를 방해하기 시작했다. 그는 내게 상을 수여할 때 무슨 말을 했는지 기억하지 못했다. 그는 그 이상 이야기를 할 수 없었다. 나에 관한 기록이 인상적이지 않았지만 그는 3년 연속 임금을 올려줬고, 거기다 최고수행상까지 주었다. 우수하진 않았지만, "릴리가 바닥 수준의 임금을 받거나 최저 임금을 받은 건 아니라는 사실을 확실히 하기 위해서"였다.

아마도 그것은 남자들의 임금과는 전혀 상관이 없는 일이었다. 다만 내가 최저보다 더 적게 받고 있기 때문이었을 것이다.

"좋습니다."

마이크가 말을 이었다.

"그렇다면 이 질문을 하겠습니다. 만약 남자들의 임금과 전혀 상관이 없다면, 그녀가 최저보다 낮은 임금을 받았다는 것인데, 왜 그 상을 수여한 이유가 그녀의 임금이 최저 임금에도 미치지 못하기 때문이라고 그녀에게 말하지 않은 것입니까?"

"기억나지 않습니다. 알다시피, 아마도 내가 그렇게 말했을 수도 있죠. 안 했을 수도 있고. 내가 레드베터 부인에게 뭐라고 말했는지 기억나지 않습니다. 내 증언은 그렇습니다."

"당신은 이 여성이 남자들과 같은 임금을 받지 못했다는 사실은 인정하지 않는군요. 왜냐하면 당신은 여전히 회사에서 일을 하니까요."

"인정하지 않습니다."

"그리고 그것이 맞다는 생각도 하지 않으시고요."

"생각하지 않습니다."

"하지만 만약 진짜 이유를 말한다면 굿이어가 한 번도 이 여성이 받아야 할 임금을 주지 않았다는 것을 인정해야 했기 때문에, 그녀에게 얘기할 수 없었겠군요."

마이크가 그런 진술을 하는 순간, 내 의식 상태는 고조되었다. 법정은 아주 조용해졌고, 에릭의 분노만이 정적을 깨뜨렸다.

"아닙니다. 그건 맞지 않습니다."

클레먼 판사가 끼어들었다.

"그럼, 그녀가 받아야 하는 만큼 받았다고 말하는 겁니까?"

"그녀의 직무임금률에서 최대치와 최저치가 있습니다. 제 담당 구역에서 일하는 사람이 최저치 이상을 받게 하는 것이 저의 책임이고, 그것이 제가 하는 일이었습니다. 그리고 저는⋯⋯."

"그렇다면 그녀가 최저치 이하를 받았다는 겁니까?"

클레먼 판사가 물었고, 그의 목소리가 법정에 울렸다.

"제가 이야기할 수 있는 것은, 제 생각에 옳은 일은 릴리 레드베터의 임금을 올려주는 것이었습니다. 그리고 저는 그녀의 임금을 올려주기 위해서 최고수행상의 정책을 어겼습니다. 하지만 여전히 그것이 옳은 일이었다고 생각합니다. 그리고 그게 제가 말할 수 있는 전부입니다."

에릭의 증언을 끝으로 변론은 종료되었다.

법정을 떠나면서, 나는 복도에 서 있는 사람들을 내 눈으로 직접 살폈다. 굿이어는 내가 나쁜 관리자였다는 사실을 증명하기 위해서 나의 관리 아래 일하는 직원은 한 명도 부르지 않았다. 왜냐하면 나는 그 모든 시간 동안 그들을 평등하게 대했고, 그들은 내가 일을 제대로 했다는 걸 알았으며, 그리고 그들은 거짓말을 하지 않으려 했기 때문이다.

나는 밤새 뒤척거렸고, 배에서는 꼬르륵 소리가 났다. 일주일 내내 거의 먹지 못한 것이다.

○

최종변론은 짧았고, 변호사들에게 주어진 시간은 총 30분이었다.

존이 먼저 이야기했다. 왜 굿이어는 내가 한 얘기를 반박하기 위한 증인은 아무도 부르지 않았는가? "주정뱅이와 빌어먹을 여자"라는 진술을 부인할 증인은 어디 있는가? 그것은 숨겨진 증거가 아니었다. 그는 힘 있게 진술했다. 우리가 보았듯, 핵심 증거는 어디에서도 나오지 않았다. 그것은 1998년 2월, 내가 EEOC에 문제를 제기하기 직전까지 존재했다가, 그 이후 신속히 사라졌다. 내가 형편없는 관리자라고 이야기할 조합원들은 어디 있는가? 내가 그렇게 나쁜 직원이었다면, 어떻게 레이디얼 경량 트럭 부서가 생겼을 때 내가 선택되었는가?

존이 앉을 때, 나는 그가 4년 동안 나를 위해 해준 모든 것에 감사했다. 우리는 가까운 친구가 되었고, 나는 그를 가족으로 여겼다. 평결이 어떻게 나든 존은 언제나 내 삶에서 중요한 사람으로 남을 것이었다.

그리고 젊은 피고 측 변호인인 켄트가 순서를 이어갔다. 그는 내가 나이나 성별 또는 보복으로 인해 본의 아니게 전근을 간 것이 아니라고 이야기했다. 그는 내가 동등한 임금을 지급받지 못한 것은 단순히 내가 다른 사람들만큼 좋은 관리자가 아니었기 때문이라고 주장했다.

곧이어 세인트 클레어 변호사는, 자신이 아침에 운전해서 법정으로 오는 길에 최근까지 전형적인 남자들의 일이었던 고속도로 공사 현장의 인부들을 본 이야기를 했다. 그러더니 그는 교통 깃발을 흔드는 여자와 전기드릴 작업을 하는 남자를 보았는데, 다음 날은 둘의 작업이 바뀐 것도 볼 수 있었다고 했다. 그는 전통적으로 남자가 해오던 일을 어떻게 여자가 제대로 해낼 수 있겠냐고 했다. 나는 그의 비유에 어이가 없어서 배심원들 반응이 어떤지

기나긴 승리

살폈다. 그런데 곧 그는 손해배상청구권에 대한 시간제한에 대해 이야기하기 시작했고, 그로 인해 나는 혼란스러워졌다. 그리고 배심원들 또한.

마이크의 발언 순서에서 그는 시간제한 관련 이야기를 바로잡고, 굿이어가 나의 정신적 피해에 대한 책임이 있으며, 내가 비자발적으로 전근을 간 것은 보복행위였다는 것, 허머 타이어를 즐겁게 옮긴다는 건 믿을 수 없는 일이라고 반박했다. 그리고 내가 받은 임금상의 차별은 "전형적인 백인 남성"의 사고방식에 의한 것이라 말했다.

최종변론을 마무리하면서 클레먼 판사는 배심원에게 심의에 대한 지시 사항을 알려줬다. 그는 동정이나 편견에 영향을 받아서는 안 된다고 일렀다. 오직 증거만을 고려하되 이성적인 추론을 해야 했다. 그들은 재판과정에서 나온 이야기 중에 어떤 것은 사실과 관련하여 무시할 필요가 있는데, 이는 사실만을 판단해야 하기 때문이었다. 그리고 증언과 질문들을 믿어야 할지 결정하는 방법에 관해 상세히 이야기했다. 그는 "입증책임" 또는 "거증책임"이라고도 알려진 "증거 우위 원칙"에 따라 고소인이 각각의 주장을 증명해야 할 책임이 있음을 설명했다. 범죄 사건과는 다르게 이성적인 의심을 넘어선 증거가 있어야 하며, 민사소송에서는 '진실이 아닌 것'보다 '진실인 것'에 대한 충분한 증거가 필요하다.

나의 주장과 그와 관련된 법에 대해 하나하나 논의한 다음, 그는 보상적 손해배상은 차별이나 보복을 당하지 않은 다른 사람과 같은 직책에 원고를 놓고 계산해야 한다고 설명했다. 그 수치는 추정에 기반을 하는 것이 아니라 실제 손해로만 제한을 두고 산출해야 한다. 내 경우 받아야 할 임금과 수당은, 배심원이 내 고용이 여전히 지속될 것이라 여긴다면, 내가 고소장을 접수한 그날로부터 6개월을 시작으로 배심원이 내 고용이 법적으로 끝날 것이라고 결정한 날짜를 고려하여 산출된다. 손해배상은 또한 성적 차별로부터 발생한 감정적·정신적 피해를 포함하고, 실제 손실에 제한을 두지 않는다.

징벌적 손해배상금은 또 달랐다. 이는 처벌 대상이며, 회사가 그런 일을 다시는 하지 못하도록 하는 것이다. 이는 연방법으로 보호되는 나의 권리에 난폭한 무관심과 악의적 보복으로 대응한 것과 관련하여 책정되었다. 배심원은 내가 돈을 버는 근거가 얼마나 제대로 된 것인지를 고려해야 했고, 징벌적 손해배상금과 손해배상과의 관계도 생각해봐야 했다.

내 나이와 관련된 차별에 대해서는 만약 굿이어가 의도적으로 연령차별법을 위반했다는 점이 발견된다면 확정손해배상에 대한 권리가 주어진다. 확정손해배상금은 상환금의 두 배가 된다.

일단 클레먼 판사가 손해배상의 의미를 설명한 다음, 배심원들은 배심원실로 이동했다. 이제 누가 진실을 말하는지, 그들의 결정을 기다리는 수밖에 없었다.

◉

나는 그날 밤, 또 잠을 설쳤다. 늦게 법정에서 전화를 받았고, 다음 날 아침 네번째이자 마지막 재판이 열렸다. 적어도 몇 주는

기나긴 승리

걸릴 거란 내 예상과는 달리 재판은 단 사흘 동안 진행되었다. 배심원이 줄지어 들어왔지만 누구도 내 쪽을 바라보지 않았다. 굿이어에서 일을 시작한 지 거의 25년이 지나 있었다. 나는 걸 수 있는 모든 것을 걸었고, 오랫동안 집이라 여겼던 회사를 상대로 제기한 네 가지 주장에 대한 평결을 듣기 위해 거기 앉아 있었다.

배심원들이 자리에 앉자 배심원대표가 일어섰다. 나는 입술을 지그시 눌렀다. 재판 중에도 무의식적으로 뜯는 바람에 입술이 까칠해져 있었다. 나는 발밑을 쳐다보았다.

평결을 기다리면서 내 얼굴에 퍼지는 긴장감을 느꼈다. 믿기 어렵겠지만, 이 모든 파란을 낳은 것은 5년 전 내 아지트에 끼워져 있던 익명의 아주 조그만 종이였다. 나는 그것을 펼쳐 갈겨쓴 숫자들을 보았고, 남자들보다 40퍼센트나 적게 돈을 받는다는 걸 깨달았고, 그 즉시 싸우는 수밖에 없다는 걸 알았다. 그리고 이 모든 싸움이 가치가 있는 것이었는지, 아니면 굿이어의 그 남자들이 털끝 하나 다치지 않고 그들의 차별적 위업을 달성한 것인지 알게 될 일만 남아 있었다.

클레먼 판사는 배심원들에게 평결을 내렸는지 물었다. 배심원대표는 그렇다고 답했다. 클레먼 판사는 "법정이 평결을 받겠습니다"고 공식적으로 말하였고, 배심원대표는 평결을 법정 사무관에게 건네주고, 이는 판사에게 전달되었다. 클레먼 판사는 페이지를 넘기며 조용히 읽기 시작했다. 그는 한 페이지에서 멈췄고, 마이크가 존의 팔을 붙들면서 속삭이는 소리를 나는 들었다.

"우리가 졌어."

클레먼 판사는 손해배상금이 쓰인 마지막 페이지까지 하나하나 넘겼다.

마침내 그는 평결을 읽기 시작했다. 마지막 해에 여자라는 이유로 나의 의지에 반하여 지역관리자에서 기술엔지니어로 전근한 것에 대한 혐의에 대해 배심원대표는 "책임이 없다"고 대답했다. 배가 뭉치기 시작했다.

그리고 나이로 인한 전근에 대해서도 책임이 없다고 평결했다. 나는 신경 쓰지 않는 척하며, 손가락을 있는 힘껏 쭉 폈다. 존과 마이크를 쳐다볼 용기가 나지 않았다.

세번째 평결을 듣기 위해서 긴장한 채로 숨을 멈췄고, 잠도 못 자고 이 일이 어떻게 끝날지 걱정하고 고뇌한 4년의 시간에 대해 생각하지 않으려 했다. 퇴직하면 찰스와 함께 손자들과 놀아주고 순례 여행을 다닐 거라고 언제나 상상했다. 내 삶의 최고의 날들이 앞에 있을 거라 생각했다. 내 자식들을 나보다 더 잘살게 하고 싶은 소망을 가지고 내 모든 것을 바쳐 일했던 곳을 상대로 싸우면서 시간을 보낼 거라는 건 상상도 하지 못했다.

"피고 측이 원고 측에 성별 때문에 불평등한 임금을 지급했다고 생각합니까?"라는 질문에 "네"라는 대답이 들렸다. 그제야 나는 '감사합니다. 하느님' 하고 혼잣말을 하느라 차별 대우에 관한 문제를 제기하여 보복성 인사이동을 당했다는 네번째 주장에 대해서는 "아닙니다"라고 대답하는 것을 거의 못 들을 뻔했다.

바로 다른 질문이 떨어졌다.

"원고에게 지급될 미지급 임금은 얼마입니까?"

"32만8597달러 93센트입니다."

"원고에게 지급될 차등 임금에 대한 손해배상액은 얼마입니까?"

"22만3776달러입니다."

"원고에게 지급될 정신적 피해에 대한 손해배상액은 얼마입니까?"

"4662달러입니다."

"징벌적 손해배상액을 내린다면 얼마입니까?"

"328만5979달러입니다."

총합계가 3백만 달러가 넘는다는 말을 듣고 나는 소스라치게 놀랐다. 비행기에 앉아 있다가 비행기 지붕이 벗겨져 파란 하늘이 보여도 이처럼 놀라지는 않을 것이다. 나는 진정으로 기뻐했고, 배심원들의 결정에 깊이 감사했다.

배심원의 평결을 처음 듣는 순간, 내 마음속의 무언가가 펼쳐졌다. 내 모든 걱정이 끝날 것이고, 굿이어뿐 아니라 다른 직장에서도 이제 일하는 여성들이 제대로 보수를 받지 못하거나 괴롭힘을 당하는 일로부터 안전해질 수 있으리라고 믿었다. 아주 오랜만에 나는 영혼이 밝아지는 기분을 맛보았다.

릴리, 워싱턴으로 가다

우리 관점에서 보자면, 법원은 제대로 이해하지 못하거나, 또는 여성들을 임금 차별의 희생자로 만드는 교활한 수법에 무관심할 뿐이다.
— 루스 베이더 긴즈버그 Ruth Bader Ginsgurg

나는 배심원들이 380만 달러의 판결을 내릴 것이라고는 생각지 못했다. 굿이어는 당연히 항소했다. 어느 경우에서나, 법은 손해배상액을 최대 36만 달러로 제한하고 있었다. 1991년 법에 따르면, 연방민권법 제7장에 의거 보상과 징벌적 손해배상금은 회사 규모에 따라 한도가 정해지도록 적용된다. 회사 직원이 500명 이상이므로 총합은 30만 달러고, 거기에 체불임금을 더하면 36만 달러가 되는 것이다. 제7장의 제1981조에 의거하여 인종차별에 대한 손해에 가해지는 제약은 없다.

지역과 전국 언론들은 즉시 내 주위로 몰려들어 부산을 떨었다. 임금 차별의 경우에서 이런 큰 액수의 평결은 전국 어느 곳에서도 들어본 적이 없기 때문이었다. 재판 당시 여성을 포함해 배심원 몇 명은 처음에 내가 차별받았다는 것을 믿지 않았지만 "굿이어에게 한 방 먹여주고 싶어했던" 다른 이들에게 설득되었다고, 간호사인 배심원대표가 재판이 끝나고 존에게 얘기해주었다. 보상적 손해배상과 관련해서는, 나의 인내심 강한 태도 즉 "감정 마비" 증상이 배심원들을 설득하는 데 주효했던 듯하다. 그들은 내가 심적 고통을 그리 심하게 겪지 않는 듯 보이는 것이 오히려 정신적 외상의 역효과로 감정을 드러내지 못하는 감정 마비 증상이라 여긴 것 같다. 물론 이것은 내 약점을 숨기려는 나의 본성이기도 했다. 가끔은 그것이 속을 알 수 없는 차가움으로 비춰진다는 걸 알고 있었지만, 이는 진정 고통으로부터 나 자신을 지키기 위한 방편이었다.

굿이어의 항소는 나를 착륙하지 못하고 선회하는 비행기처럼, 이러지도 저러지도 못하는 상황 속에서 몇 년을 허비하게 만들었다. 나는 내 삶을 다시 시작했다. 찰스와 나는 어느 때보다 행복했다. 비키의 세 아들이나 필립의 두번째 부인인 그레이스와의 사이에서 낳은 아이와 시간을 보내곤 했다. 찰스는 또한 필립의 사업을 도왔다.

❂

재판이 끝나고 2년이 더 지나서, 애틀랜타의 집에서 지내면서 항소심에 관해 들었다. 보충협약에 변호사들만이 판사들 앞에서 논쟁을 벌이도록 규정되어 있었기 때문이다. 구두 변론하는 날이 유대인 휴일로 정해져 존은 다른 변호사를 통해 그 건을 진행시 컸다. 그러던 2005년 가을, 항소심의 열한번째 순회재판이 나라에서 가장 보수적인 법정에서 열렸고, 그 재판에서 배심원 판결이 뒤집히고 말았다. 그들은 비록 내가 일하는 내내 불평등한 임금을 계속해서 받았다고 하더라도, 나의 문제 제기가 너무 늦었다고 주장했다. 굿이어가 나에게 차등 임금을 지급하기로 했던 최초의 결정이 수십 년 전인 1980년대에 이루어졌다는 이유였다.

나는 할 말을 잃었다. 돈을 잃어서가 아니었다. 일단 그 돈은 실제로 내 돈이라 여겨지지 않았다. 오히려 부루마블, 모노폴리 같은 부동산 게임에서 쓰는 돈 같은 느낌이었다. 실제로 내게 결정타가 된 것은 굿이어의 범법 행위가 무죄판결을 받았다는 사실이다. 단순히 굿이어가 너무도 오랜 시간 내게 잘못을 해서 그것이 합법적인 일이 되었다는 사실. 마치 아프리카 소녀들에게 행해지는 할례처럼 말이다. 불평등 임금이 회사의 관례인 이상, 회사는 계속해서 해오던 대로 해도 좋다는 것이다.

이는 또한 해야 할 일을 정말 열심히 했던 모든 좋은 사람들이 혹사당할 뿐임을 의미한다. 더 나쁜 것은 일하는 여성들이 어디에서든 불평등한 임금을 계속 받게 되리라는 사실이다. 피고용인은 여전히 해고와 강등과 같은 차별적 조치를 당한 뒤 180일 안에 차별에 대한 문제 제기를 할 수 있다. 하지만 열한번째 순회법정은 EEOC와 열 번의 법정 중 아홉 개의 법정이 제7장에 의거해 임금 차별 사건으로 규정한 항소를 뒤집고 이와 같은 결정을 내렸다. 임금체불 규정으로 알려진, 오랜 기간에 걸쳐 상례화된 판례에 따르면 반복적으로 지급된 차등 임금에 대해서는 임금이 기소를 제기한 기간 안에 발생한 이상 이의신청이 가능하다. 다른 말로 하면 각 시기의 임금에 각각 180일 기한이 주어져, 하나의 독립된 차별 행위로 취급되는 것이다. 그런데 열한번째 순회법정은 이러한 수용 관례를 뒤집고 임금 차별에 대한 모든 기소는 고용자가 최초의 차별적 결정을 한 180일 이내에 제기되어야 한다는 입장을 취함으로써, 임금 차별을 당한 피고용인이 즉시 제기하지 않은 임금 차별에 대해서는 어떠한 상환청구권도 인정하지 않았다. 이러한 새로운 법 아래에서는, 고용주들은 180일이 지난 그들의 차별에 대해서는 모든 책임을 면제받는다.

또한 이번 결정은 앞선 판례들을 무시했다. 가령 베이즈모어Ba-zemore 판결은 불평등한 나의 임금에 대한 "지속적인 위반" 원칙을 유지하였다. 단순히 보자면, 내가 차별적인 이유들 때문에 더 낮은 임금을 받을 때마다 회사 측은 연방민법권 제7장을 위반한 것이다. 하지만 이번 판결이 베이즈모어라는 선례를 뒤집어버렸다.

나는 굿이어와의 싸움이 끝났다고 생각했다. 이제 더 할 일은 없다고 여겼다. 하지만 그렇지 않았다. 어떠한 방식으로든 그 싸움은 끝나지 않았다. 최소한 여성의 권리, 곧 인간적 권리의 측면에서 싸움은 끝이 아니었다. 내가 그 사실을 깨닫기 전에, 존과 그의 파트너 밥 위긴스는 열한번째 순회법정의 항소 결정에 대해 대법원에 청원서를 제출했다. 워싱턴에 있는 다른 검사인 케빈 러셀이 이를 도왔다.

이때 내게는 거의 승산이 없었다. 대법원은 제출된 사건들 가운데 거의 99퍼센트에 대해 재심을 거절했다. 1년에 8000건 정도가 제출되지만 승인되는 것은 겨우 70건뿐이다. 이번 항소가 사법 제도의 싸늘한 통로를 밟아나가는 동안, 나는 찰스와 함께 지내 며 집안일에만 집중했다.

●

2005년 여름, 항소 판결이 나기 직전 찰스와 나는 비키 가족 과 우리가 가장 좋아하는 멕시코 만으로 여행을 갔다. 자연 그대 로의 풍경을 간직하고 있으며, 뉴올리언스와 그 주변 지역을 참혹 하게 파괴한 허리케인 카트리나를 피해간 곳이다. 해변으로 운전 해 가는 내내 찰스는 운전석 창 쪽으로 내리쬐는 강한 햇살이 얼 굴로 쏟아져 무척 힘들어했다. 유리 파편들이 따끔하게 찔러대는 것 같다며 고통을 호소했다. 도착하자마자 우리는 빌려둔 콘도로 갔고, 찰스는 대부분의 시간을 침대에 누워서 지냈다. 우리가 가 장 좋아하는 프로그램인 「댄싱 위드 스타」를 볼 때에만 움직였을 정도였다. 집으로 돌아온 후 이비인후과에서 진료를 받았지만 입 안에 물집이 조금 생겼을 뿐 별다른 이상은 없다고 했다.

그 진료는 찰스의 건강에 닥친 시련의 시작이 되었다. 남편은 이미 등에도 문제가 있었고 혈압도 높았다. 여행에서 돌아온 후 에도 찰스는 여전히 무기력한 상태였고, 좀 더 포괄적인 검사를 받았을 때 등 아래쪽에서 낭포가 발견되었다. 남편은 두번째 등 수술을 받았다. 첫번째 수술은 일 년 전쯤 받았는데, 그때 경막외 마취를 했고, 그 후 찰스는 일을 그만뒀다. 두번째 수술은 만성적 고통으로부터 찰스를 조금은 해방시켰다.

기나긴 승리

찰스가 등 수술에서 회복하는 동안 한 해가 지났고, 나는 평소대로 지내려 노력했다. 어느 날 아침, 날마다 하듯 편지들을 모아서 우체국에서 집으로 가는 길에 청구서와 스팸 편지들을 꼼꼼히 살펴보다가 그 자리에 멈춰 섰다. 존의 법률회사에서 온 편지와 굿이어에서 온 편지가 있었다. 세상에, 기가 막히게. 편지를 보내? 나는 굿이어에서 보낸 법정 관련 수수료 3000달러를 지불하라는 편지를 읽고 발끈했다. 청구서를 갈기갈기 찢고 싶었지만 가까스로 참아냈다.

이후에는 굿이어에 대해 깊이 생각할 시간도 없었다. 찰스가 등 수술을 받은 다음 해 여름, 여행가는 길에 그가 고통을 호소했던 쪽 귀에서 피부암이 발견되었기 때문이다. 7월의 열기 속에서 암을 제거했고, 악성종양이 생각했던 것보다 훨씬 깊이 퍼져 있어서 수술은 예상보다 더 힘들었다.

몇 달이 지나고, 찰스가 수술했던 쪽 얼굴에서 갑자기 이상한 것이 툭 튀어올랐다. 의사는 남편의 뺨에 튀어나온 뼈 같은 것을 검진하기 위해 조직 검사를 하는 동안 남편을 병원에 머물게 했다. 며칠이 지나서 결과를 들으러 검진실로 갔다. 간호사가 들어왔고, 그녀는 표정을 감추지 못했다. "좋은 소식이 있어요." 의사가 들어와서 공식적으로 말하기 전에 간호사가 속삭였다. "양성이에요."

기괴한 혹을 제거하기만 하면 됐다. 핼러윈 즈음해서 수술을 위해 다른 조직 검사를 치렀다. 찰스의 얼굴에 계속 칼을 대는 데 진절머리가 났다. 남편의 얼굴은 누가 잘라내다 만 고깃덩어리의 단

면처럼 보였다. 그런데 얼마 후 의사는 전화로 절망스러운 결과를 알려왔다.

"악성으로 자랐어요. 월요일에 수술 일정을 잡았습니다. 최악일지도 모르는 암이 최악의 장소에 생겼어요."

내 심장은 얼어붙었다. 안 돼. 찰스만은 안 돼. 제발. 찰스는 안 돼.

의사는 말을 이었다. 찰스는 편평상피세포암이라고 알려진 치명적인 종류의 암에 걸렸다. 그의 다리에서 피부를 이식해야 하고, 암이 퍼졌을 림프샘이나 분비선을 제거해야 했다. 믿기 어려운 상황 속에서 나는 수화기로 귀를 짓이겼다. 의사는 필요한 것들, 수술 준비, 수술한 뒤 회복 단계에서 추천할 만한 치료법을 줄줄 늘어놨다.

전화를 끊고 나서 나는 수화기를 손에 든 채 멍하게 앉아 있었다. 우리는 잘 싸워왔다. 그러니 이 상황도 이겨낼 수 있다. 하지만 엄마가 마지막으로 진단을 받고 올 때 그녀에게 의사가 '치료할 수 있다'고 말했던 것이 생각났다. 나는 지금의 상황, 현실을 그저 무시할 수는 없었다. 찰스의 삶이 걸린 문제였다. 수화기를 내려놓으라는 실체 없는 목소리가 반복적으로 들려왔다. 그 소리는 멍한 내 머릿속을 파고들었다. 연결 상태가 끊어짐을 알리는 띠-띠- 소리가 연이어 들려올 때에야 나는 정신을 차렸다. 전화를 끊었다. 찰스에게 이 사실을 얘기해야만 했다.

○

그해 여름의 초입 즈음 대법원은 나의 항소를 받아들였고 공판 날짜는 2006년 11월 27로 정해졌다.

찰스와 나는 그의 상태를 고려하여 둘만의 조용한 추수감사절을 지냈다. 굿이어가 항소심에서 이긴 지 1년 만인 월요일에 열리는 대법원 공판에 참석하기 위해서, 흐린 11월의 토요일 나는 워싱턴으로 가는 비행기를 탔다. 이미 십 년 전에 시작된 나의 법정 여정의 마지막 결과가 염려스러웠다. 비키가 나와 함께 가주었고, 찰스는 집에서 쉬어야 했다. 찰스는 마지막으로 한 얼굴 수술과 그의 다리 피부의 상층을 벗겨내다 생긴 상처로부터 회복하느라 집에서 관리를 받고 있었다. 크리스마스가 지나면 화학 치료와 방사능 치료를 받아야 했다. 비행기 창에 비친 내 모습은 더이상 내가 아닌 것같이 느껴졌다. 비키가 데려간 미용실에서 나는 두상에 맞는 금발 단발로 스타일을 바꿨고, 할인 매장에서 산 남색 치마와 실크 블라우스를 입었다.

그날 저녁 워싱턴에서 여러 번 통화만 했던 케빈 러셀을 처음으로 만났다. 몇 년 동안 그는 내 사건을 맡아 일했고, 무료로 사건 준비를 도와주는 스탠퍼드 대법원 소송 클리닉과 연계된 스탠퍼드 법대생들이 그를 도왔다. 케빈은 전국여성법센터National Women's Law Center와 재판을 위한 조언자로서 의견서를 써준 전국고용변호사연합National Employment Lawyers Association의 도움을 받고 있었다.

다른 층들보다 작게 두 층 사이에 지은 우아한 호텔 3층의 메저닌에서 케빈은 청바지에 추리닝 상의를 입고 친근한 빨간 턱수염을 기른 채 등장했다. 나는 좀 더 나이가 든 사람을 예상했기에 잠깐 그가 대학생일 거라 착각했다. 곧 그가 얘기를 시작했고 나는 그의 법적 절차에 대한 정교한 전문 지식에 매료되어 신이 나서 그의 얘기를 들었다. 그에게도 이번이 처음 대법원에 서는 기회였다. 케빈은 상황을 설명했다. 보수적인 판사 네 명과 우리에게 호의적인 판사 네 명이 있다. 앤서니 케네디 판사는 아마 그 중간이겠지만 고용 사건에 있어서는 꼭 그런 건 아니어서, 케빈은 다른 판사를 설득하는 데 집중해야 한다고 여기고 있었다.

1998년 법원에 소송을 제기한 후로, 나는 도무지 이해할 수 없는 일들과 예상치 못한 전환을 겪었다. 그때는 빌 클린턴 대통령 임기였다. 그때 내 사건은 최고 법정에 맡겨졌고, 사법 판결에 영향을 주는 정치의 본성이 얼마나 변덕스러운지 직접 보았다. 지금은 조지 부시가 대통령이다. EEOC가 내 편이었음에도, 연방정부의 기관인 사법부는 굿이어를 보호하느라 갖은 애를 썼다. 이런 과정들은 나를 무척 화나게 했다. 나는 많은 사람이 진실로부터 등을 돌리는 걸 보았다. 고용주나 사장을 행복하게 하기 위해서, 혹은 안정성과 그들 자신의 꾸준한 임금을 위해서.

◉

기운찬 월요일 아침, 인도로 바삐 걸어 내려가는 사람들의 한쪽 손에는 커다란 라테 잔이 다른 한 손에는 서류가방이 들려 있었다. 모두 의회에서 각자의 일을 하기 위해 국회의사당으로 향하고 있었다. 나는 대법원의 가파르고 하얀 계단을 서둘러 지났다. 옆에는 정의의 여신상이 한 손에는 법전과 다른 한 손에는 천칭을 가진 정의의 수호자를 들고 서 있었다. 그리고 다른 쪽에는 남자 형상의 법의 수호자가 있었다. 존과 비키와 나는 하늘에 닿을 듯 치솟은 엄숙한 코린트식 기둥들을 지나, 앨라배마를 연상시키는 흰 대리석 건물로 들어갔다. 휑뎅그렁한 방에는 44피트 높이의 천장, 단단한 대리석 기둥들(나는 24개까지 셌다)과 아주 안락한 카펫이 있었고 단상은 판사석에서 고작 몇 피트 떨어져 있을 뿐이었다. 공판은 내게 친숙한 대화 같은 느낌이었지만, 가장 권위 있는 판사들을 향한 양측의 경쟁적 진술을 기다리는 동안은 아늑함은 커녕 묘지와도 같은 분위기였다.

케빈은 주어진 30분 중에서 27분 동안 진술했고, 판사들의 질문에 존경을 담아 정확한 태도로 답했다. 스탠퍼드에 다닌다고 하는 어린 학생 한 명은 개정 전에 내게 다가와 "이게 옳은 일입니다. 법은 우리 편이에요. 앞으로 나아가야만 합니다" 하고 속삭였다. 진심으로 그의 말이 맞기를 바랐다.

20분이라는 짧은 시간 동안 굿이어는 그들의 입장을 변론했고, 그 가운데 10분은 법무차관 사무실 출신의 변호인이 맡았다. 존과 케빈은 법무부가 내 편을 들어줄지 보기 위해서 공판 전에 만났지만, 법무부는 굿이어의 편을 들어주었다. 케빈은 3분 동안 반론을 펼쳤다. 그 모든 준비를 거친 공판은 고작 한 시간 만에 끝났다.

까만 법복을 입은 9명의 판사들 사이에 외로이 혼자 여성인 루스 베이더 긴즈버그 판사를 보고 있자니, 뉴욕 시의 가먼트지구에서 경리일을 했다는 그녀의 엄마 모습이 눈에 선했다. 그녀가 번 돈은 첫째 오빠의 대학 학비에 보탬이 되었다. 긴즈버그는 500명의 하버드 법학생 가운데 오직 9명뿐인 여학생 중 한 명이었다. 긴 시간이 지난 뒤 그녀는 컬럼비아대학 법대에서 종신 재임 교수가 된 첫번째 여성이 되었다.

우리는 비슷한 나이였고, 그녀 역시 자신이 속한 전문 분야의 전통을 깬 첫 여성이었다. 내가 공장 바닥에 서 있을 때, 그녀는 미국 사법제도의 텅 빈 복도를 걸어갔을 것이다. 하지만 청바지 입은 사내들이나 넥타이를 맨 사내들이나 똑같을 거란 생각이 들었다.

○

공판 이후 6개월이 지난 2007년 3월, 나는 대법원의 판결을 들었다. 그즈음 찰스는 암 치료를 시작했다. 그는 매주 개즈던까지 스스로 운전을 하겠다고 했고, 화학 치료를 받은 30분 뒤 방사능 치료를 받을 때에 내가 따라가겠다고 하면 나를 쫓아냈다. 나는 집을 벗어나고 싶다고 그에게 차분하게 얘기했다. 그럴 경우에만 찰스는 나를 데리고 갔다. 그 모든 세월을 겪고도 그는 여전히 나를 지켜주려 애썼다.

찰스와 내가 교회 노년부와 점심을 함께하기 위해 매클렐런부대에 간 날이었다. 찰스는 입맛을 많이 잃었지만 그날 아침에는 상태가 좀 나은 것 같았고, 밖으로 나가 화창한 봄을 느끼고 싶어했다. 수그러들지 않을 여름 태양이 오기 전까지 시원한 날씨는 몇 주 없었다. 그 몇 주가 지나면 우린 집 안에서만 지내야 할 것이었다.

기나긴 승리

우리가 막 차를 끌고 도로로 나오려는 찰나 전화가 울렸다. 나는 가방 속에 흩어져 있는 짐들을 뒤적거렸다. 마이크 퀸이었다. 출장 중인 존이 새로운 소식을 전해온 것이다. 나는 찰스에게 차를 옆으로 세우라고 손짓했다.

연결 상태가 좋지 않았고, 나는 긴장한 상태로 마이크의 얘기를 들었다.

"내가 바로 다시 전화할게요."

곧 찰스에게 잠깐 기다리라 말하고, 집 안으로 뛰어 들어가 유선전화로 그에게 전화했다.

"릴리, 판결을 알려줄게요."

다시 연결됐을 때 마이크는 무척 서두르며 말했다.

"우리가 졌어요. 대법원이 우리 편을 들지 않았어요. 유감입니다."

나는 심장을 짓밟는 그 소식이 내 뼛속 깊이 스며들 때까지, 잠시 잠자코 있었다. 나는 진심으로 정의가 이길 거라는 희망을 놓지 않고 있었다.

"저도 유감이에요."

마침내 나는 말을 뱉어냈다.

그리고 그와 존을 비롯해 모든 사람이 해온 일에 고마움을 전했다. 그는 언론에서 연락이 올 거라 얘기했다.

"너무 신경 쓰지는 마세요. 곧 잠잠해질 거예요."

그는 나를 안심시켰다.

나는 수화기를 내려놓았다. 오래전 화재로 새까맣게 탄 나무

장식을 교체한 지점을 발견했다. 그리고 3월에 이상 현상으로 눈보라가 쳤던 1993년이 떠올랐다. 몇 피트나 되는 눈이 전 지역을 덮었고 전기가 나갔다. 나는 촛불을 머리맡 테이블에 켜둔 채, 소파에 누워 잠이 들었다. 소파의 팔 부분을 베고 누워 있었는데, 헤어스프레이를 뿌린 머리 끝부분에 불꽃이 튀어 옮겨 붙었다. 머리에 불이 붙은 채로 나는 잠에서 깼다. 그 일이 있은 후 나는 어떤 특별한 이유로 내가 살아남았다고 생각했다. 하지만 이때까지도 나는 그 이유를 알 수 없었다. 부끄러운 말이지만, 특히 찰스가 저렇게 고통받고 있는 때임에도, 나는 그저 그때 살아남지 않았다면 좋았을 것이라 생각했다.

나는 위를 쳐다봤다. 찰스가 나를 따라 들어와 전화 통화 뒷부분을 들었다.

"우리가 졌어."

그에게 말했다. 내 말을 들은 찰스는 차가운 음료를 단숨에 들이켜 두통이 생긴 것처럼 표정이 굳어졌다.

"유감이야. 정말로."

그가 말했다.

그렇게 말해야 할 사람은 나였다. 나는 그를 이렇게 힘든 일에 끌어들인 것이 정말 미안했다. 비키와 필립의 학창 시절 사진은 아직 우리 서재 벽에 걸려 있었다. 나는 비키의 대학 시절 사진을 봤다. 비키는 밝은 갈색의 긴 머리를 한가운데로 가른 70년대 스타일을 하고 있었고, 그 즈음 나는 굿이어에서 일하기 시작했다. 내가 일을 시작할 때 비서가 나에게 처음 말해준 건 만약 내가 굿이어에서 성공하고 싶다면 두 가지를 해야 한다는 것이었다. 자선단체인 유나이티드 웨이United Way에 헌신해야 하고, 임금에 관해서는 입을 다물라고 했다. 그녀는 자신이 일러준 대로 하지 않으면 내가 밤에 쥐도 새도 모르게 사라질 것처럼 얘기했다.

지금은 살이 쭉 빠져서 한때는 넓었던 어깨 위로 셔츠가 축 처지는 찰스, 그가 소파에 앉아 물었다.

"이제 어떻게 할 거야?"

그의 옆얼굴엔 어두운 보랏빛 상처가 울퉁불퉁한 소나무 기둥에 내리친 번개 자국처럼 지그재그로 남아 있었다.

"이건 내가 원한 결말이 아니야. 그래도 계속 살아야지. 우리는 최고의 변호인을 구했고, 최선을 다했어. 부끄러워할 것은 없어. 남은 것은 없지만, 점심은 먹으러 가야지."

이제 다 끝났다는 사실을 피할 수는 없었다. 당장에 돌봐야 하는 더 중요한 일들이 있었고, 그때는 그걸로 충분했다. 깊은 실망에도 불구하고, 찰스와 나의 삶에 집중해야 했다. 나는 내가 할 수 있는 일을 했다. 내가 간단히 넘어서기에 굿이어는 너무 거대한 힘이다. 그 사실이 이날로 확실해졌다.

판결이 있던 날 찰스와 나는 식사를 제대로 할 수 없었다. 우리는 그 소식을 아무에게도 알리지 않았다. 다른 이들까지 낙담시키고 싶지 않았다. 하지만 치킨샐러드를 내 접시로 옮기던 중 전화가 다시 울렸다. 나는 가방으로 손을 뻗다가 내 잔에 차를 따라주던 종업원을 거의 칠 뻔했다.

NBC방송국이었다. 그들은 브라이언 윌리엄스가 진행하는 심야뉴스에 방송될 인터뷰를 위해서 직원들과 집으로 방문해도 괜찮겠냐고 물었고, 나는 그러라고 했다. 감독과의 통화가 끝나고 엉망인 집안을 조금이라도 치우기 위해 서둘러 가야 했기에 함께 모인 친구들에게는 얘기를 할 수밖에 없었다.

촬영 직원들이 도착해서 집 가구를 재배치했다. 그날 밤 어떤 남자의 전화를 받았다.

"저는 노먼 리어입니다. 제가 누군지 아시나요?"

당연히 나는 그를 알았다. 나는 「가족의 모든 것」과 「제퍼슨네 가족」을 봤다. 그런데 어떻게 그가 나를 아는 걸까? 그는 유튜브에 올릴 영상을 찍고 싶다고 했다.

얼마 뒤에는 CNN방송국에서 전화가 왔다. 다음 날에는 CNN 제작진이 우리집에 와서 가구를 다시 배치했다. 나는 전화가 그만 울리기를 바랐다. 언론의 격렬한 반응 때문에 귀가 터질 것 같았다. 전 세계의 언론이 우리집 대문을 두드렸다. 신문사에서 처음 연락한 이는 뉴욕타임스의 린다 그린하우스였다. 그녀는 나에게 긴즈버그 판사의 반대의견을 들었느냐고 물었다. 아니요. 실제로 나는 몰랐다.

흔하지 않은 일로, 긴즈버그 판사는 다른 3명, 존 폴 스티븐스 John Paul Stevens, 데이비드 수터David Souter, 스티븐 브레이어Stephen Breyer와 함께 반대의견을 냈다. 고용법의 적용과 소송 결과에 이의를 표하기 위해서였다. 긴즈버그 판사는 법정에서 그녀의 반대의견을 요약하여 읽는 것이 적절하다고 생각했다.

"당면한 소송에 대한 법원의 주장은 임금 차별 사건의 일반적인 특성을 간과하고 있다"고 긴즈버그 판사는 주장했다. "임금 차이는 레드베터 소송의 경우처럼 임금 인상이 적은 경우에 발생할 수 있다. 일터에서의 차별을 의심하게 하는 원인은 시간이 흐르면서 점차 커진다. (…) 초기의 작은 차이는 연방법 차원의 소송감으로 느껴지지 않을지도 모른다. 특히나 피고용인이 전통적 환경 바깥에서 성공하려고 노력하는 경우, 파장을 일으키는 것을 꺼려할 것이다."

이어지는 그녀의 반대의견은 이렇다.

레드베터의 진정서는 연방민권법 제7장의 온전한 적용에 중요한 물음을 던진다. 어떠한 행위가 보상의 관점에서 차별 소송에서 제기되는 불법적 고용 관행으로 간주되는가? 어떤 이는 임금지불 결정이라 말하고, 그것만이 불법적인 관행이라고 답할 것이다. 이러한 관점에서 보면, 각각의 특정한 임금지불결정은 그 이전과 이후의 결정들과는 별개로 취급되며, 박탈이라는 위협 아래 180일 안에 이의 제기를 해야만 하는 것이 된다. 또 다른 이는 임금지불 결정과 실제적인 차등 임금의 지급 모두를 불법적인 관행으로 여긴다. 이러한 접근 방식에서 보면, 성차별에 의한 임금 또는 급여의 지불은 각각 불법적인 고용 관행에 해당한다. 180일간의 이의 제기 기간에서 벗어난 이전의 결정들에 대해 그 자체로는 소송을 제기할 수 없지만, 그 결정들은 이의제기 기간 내에 있는 관행의 합법성을 결정하는 데 중요한 기준이 된다. 법정은 첫번째 관점을 수용했지만, 두번째 관점이 더 선례에 충실하고 실제 일터에서 일어나는 현실에 더 적합하며, 연방민권법 제7장이 가진 개선적 목적에 더욱 부합한다.

판사들의 판정이 현실적인 정황에 맞지 않는다고 한 긴즈버그 판사의 말은 정확히 옳다. 사람들은 다른 동료들에게 임금이 얼마냐고 묻고 돌아다니지 않는다. 대부분의 직장에서는 몇몇 사람이 더 많이 받는다는 것을 알고 또한 그것이 차별에 기반을 둔 것이 아니라는 걸 안다고 할지라도, 다른 사람의 임금에 대해 이야기하면 해고를 당한다. 대부분의 사람은 고용주가 바른 일을 하고 있다고 가정할 수밖에 없다.

새뮤얼 얼리토Samuel Alito 판사는 다섯 명의 다수 판사 대표로서 낸 의견서에서 내가 남자들보다 더 적은 월급을 받을 때마다 불만을 제기했어야 한다고 썼다. 내가 남자들이 얼마나 버는지 몰랐더라도, 임금 결정이 차별적이었다는 걸 증명할 방법이 없다고 해도 말이다. 법원은 일단 임금이 결정된 후 처음 180일이 지나면, 근로자가 남은 일생을 똑같이 일하면서 불평등한 임금을 받더라도 어떤 불법도 자행되지 않았다는 판결을 내린 것이다. 기본적으로 대법원은 만약 당장 증거가 없다면, 회사는 직장생활을 하는 동안 내내 근로자를 하층 시민으로 대할 수 있다고 판결한 것이다. 임금 차별의 결과를 속으로 삼켜야만 하는 사람은 나뿐만이 아니었다. 미국의 모든 직장여성들은 나와 같은 궁지로 몰리게 된다. 하지만 판사들은 그것을 이해하려 하지도 신경을 기울이지도 않았다. 그들이 어떻게 의회에서 그렇게 불공평한 법을 제정

기나긴 승리

했으리라고 생각할 수 있는지, 나로서는 결코 알 길이 없다.

판결에 대해서 내가 결코 이해할 수 없었던 또 한 가지는 어떻게 토머스 판사가 내게 반대투표를 할 수 있었느냐는 것이다. 그역시 서부에서 자랐고, 차별을 겪으며 살았다. 그는 나와 같은 가난한 지역에서 자랐다. 그리고 굿이어에서 지켜본 결과, 여성 노동자들은 미국 흑인 노동자에 비하면 정말 부드럽게 대해지는 편이었다. 이를 떠올릴 때마다 나는 내가 어렸을 때, 할아버지가 흑인을 볼 때마다 길을 건너버렸고 나는 동정심에 그에게 미소 지으며 눈을 맞추려 했던 것을 생각했다. 서부의 시골은 흑인들이 살기에 최악의 지역이었다.

법정의 유일한 여성으로서 반대의견을 냈을 때 긴즈버그 판사는 법정에 임명된 여성의 중요성이 과소평가되어서는 안 된다는 사실을 이해하고 있었다. 나의 소송은 대법원에 누가 임명되었는지가 커다란 차이를 만든다는 사실을 보여주는 사례다. 만약 긴즈버그 판사나 스티븐스 같은 판사가 법정에 한 명만 더 있었다면, 현실 세계에 살고 있는 평범한 사람을 이해하는 이가 한 사람만 더 있었다면 소송의 결과는 달라졌을지 모른다. 내가 이야기나눈 대부분의 사람은 내게 일어난 일을 믿을 수 없어했고, 다시는 이와 같은 일이 일어나지 않으리라는 확신을 원했다. 그들은 판사들이 민주당인지 공화당인지 또는 어떤 대통령이 판사들을 임명했는지, 어떤 상원의원이 어느 판사에게 투표했는지 신경 쓰지 않는다. 그들은 법으로써 옳은 일을 하려 애쓰고, 법이 가족을 위해서 더 나은 삶을 꾸리려고 고된 일을 하는 노동자들에게 봉사해야 한다는 사실을 이해하는 판사를 원할 뿐이다. 그리고 법이 명확하지 않을 때 판사들은 상식을 발휘해야 하고, 법을 만든 사람들이 법이 공평하고 분별 있는 것이 되도록 노력했으리라는 점을 기억해야 한다. 이건 게임이 아니다. 현실을 살아가는 사람들의 삶이 달린 문제다.

거짓은 말하지 않겠다. 나는 법원 판결에 엄청난 충격을 받았다. 이 판결은 임금 차별의 피해자들이 연방민권법 제7장에 의거해 권리의 정당성을 입증할 수 없게 만들었다.

갑작스런 급습으로 나는 소송에서 지고, 같은 일을 하고도 불평등한 임금을 받는 인물의 전형이 되었다. 그리고 이미 언급했듯이, 실질적으로 결정타가 된 것은 굿이어가 나를 계속해서 하층 시민 취급할 거라는 사실이다. 내 연금과 사회보장은 내 수입에 근거해 정해진다. 굿이어는 법을 어긴 결과 내 연금까지 앗아갈 수 있게 된 셈이다.

이 사건은 조용히 끝나지 않았다. 많은 단체에서 격분하면서 일은 커졌다. 전국여성법센터NWLC, 미국여성대학생연합AAUW, 미국시민자유연합ACLU, 미국노동총연맹산업별조합회의AFL-CIO, 전국고용변호인연합NELA, 유대인여성전국의회NCJW 등 이름을 일일이 다 열거하지 못하지만 이들 덕분에 나는 계속 맞서 싸우기로 결심했다. 나의 손녀를 위해서이자 미래의 여성 세대 그리고 그 가족을 위해서, 부당한 판결을 가만히 받아들이지 않기로 했다. 이건 나의 문제일 뿐 아니라 모든 여성과 소녀들의 문제이며, 그들은 싸울 기회를 가질 자격이 있다.

열성적인 여성들이 나와 함께 싸울 준비가 되어 있었다. 운동하는 여성들을 위한 경기장을 마련하는 데 결정적인 역할을 한 성차별적인 교육금지법(타이틀9Title9)을 일찍부터 지지해온 조슬린 새뮤얼스, 전국여성법센터를 설립하고 공동회장을 맡은 마샤 그린버거, 미국여성대학생연합의 리사 매츠까지 이 여성들은 동료 판사들에 반대한 긴즈버그 판사나 혹은 나처럼, 판결이 제정신이 아니라고 생각하는 사람이 많다는 것을 보여줬다. 지금은 친구가 된 이 여성들이 나를 그들 무리에 앞세워 행진시켰을 때, 나는 사명감으로 충만했다. 임금 평등은 나의 개인적인 문제가 아니었다. 이는 또한 서부만의 문제도, 한 국가만의 문제도 아니었다. 임금 평등 요구는 국제적으로 급속히 확산되고 있었고, 개선되어야만 했다. 입법부가 해결책을 내야 하는 상황이었다. 그리고 EEOC가 이를 적용하고, 하급법원이 제정신이 아닌 대법원의 판결을 우선하지 않도록 모든 것을 돌이켜야 했다.

◉

긴즈버그 판사의 반대의견에 감화를 받은 나는 비키가 사준 검정 탤벗 재킷과 치마를 입고 내 이야기를 하기 위해 2년이나 국회의사당에 다녔다. 나는 더 커다란 목적에 충실하게 살았다. 비록 소송에서 졌고, 평결로 받은 380만 달러도 잃었지만, 그날 이후부터 나는 임금 불평등 문제의 상징이 되었다. 대법원의 판결과 긴즈버그 판사의 반대의견은 내가 나 자신을 넘어, 시민 권리의 지도적 지위로 올라가도록 만들었다. 순진한 생각일지 몰라도 나는 의회가 일터에서 여성의 평등을 긴급한 주요 사안으로 받아들여줄 것이라고, 그래서 내 경우와 같은 미래의 소송을 방지하는 법안을 통과시켜줄 것이라고 기대했다.

그 법안은 대법원의 결정을 뒤집는 것으로, 불법적인 임금 차별을 받은 개인들이 연방의 차별 금지법에 의거하여 그들의 권리를 주장할 효과적인 기반이 될 수 있었다. 그 법안은 선행 법을 복귀시키고 임금-체불 규정, 즉 새로운 이의제기 기간의 시작점은 최초의 차별에 대한 결정이 아니라 각각의 차별적인 임금 지급을 기준으로 한다는 규정을 채택할 것이다. 임금-체불 규정은 피고 용인들이 자신이 차별을 당해오지 않았는지 알아보고 확인할 수 있는 충분한 시간을 제공한다.

릴리레드베터 공정임금법Lilly Ledbetter Fair Pay Restoration Act이 된 이 법의 목표는 궁극적으로, 의회의 의도대로 노동자들이 일터에서 차별받지 않도록 하는 것이다.

민주당은 긴즈버그 판사가 의회에 요구한 법 개정에 관련한 분명한 메시지에 주의를 기울였다. 존과 나는 워싱턴으로 날아가서 제출된 법안(HR 11)에 관해 논의하기 위해 하원 교육노동위원회 House Education and Workforce Committee의 상임위원장인 조지 밀러를 만났다. 그는 캘리포니아 출신으로 백발에 키가 컸다. 우리가 앨라배마로 돌아온 후 밀러는 존에게 전화해서 내 이름을 따서 법안명을 짓겠다고 제안했다. 존이 내게 그 얘길 했을 때 나는 말했다.

"그게, 저는 괜찮아요."

"이건 정말 대단한 영광이에요."

그가 강조했다.

"그건 분명 그렇겠네요."

나는 이러한 상황 변화에 놀라며 말했다.

"이제 굿이어는 나를 절대 잊지 못하겠어요."

대법원의 판결이 있고 한 달 뒤인 2007년 6월 하원 다수당 대표인 스테니 호이어와 밀러는 내 판례에 따라 이후의 사건이 판결되는 사태를 예방하기 위한 법안이 통과될 것이라 발표했다. 교육노동위원회의 간부회원인 하워드 '벅' 매키언을 비롯한 공화당원들은 법안에 반대했다. 그들은 이 법이 생긴다면 회사가 유효한 방어를 하지 못할 경우 일 년도 지난 손해액을 찾겠다는 불만스런 피고용인들 때문에 회사가 피해를 입을 것이라 주장했다.

5월에 있었던 대법원의 판결 이후 습한 여름 동안 찰스의 검진과 치료, 입원 기간을 피해 한 달에 최소 2주씩 워싱턴에 있어야 했다. 하루는 대개 5시에 하는 전화 연결 라디오 토크쇼로 시작했고, 그다음은 의회 구성원들과 의사당에서 회의를 했고, 언론회의 그리고 매체 인터뷰 등을 했다.

나의 첫 기자회견 때는 전선줄이 제멋대로 자란 나무뿌리처럼 구불구불하게 내 발밑에 늘어져 있었고, 연설대로 올라가는 길에 발이 걸려 넘어졌다. 마이크들이 나뒹굴며 바다를 이루는 장관을 연출할 뻔했다. 그 후로는 연설대로 오를 때 선을 조심하며 걷는 법을 알게 되었다. 처음에 나는 의회 건물 안에서 마이크, 기자, 카메라에 둘러싸인 이 여성이 누군지 알 수 없었다. 가끔 내 이야기를 같은 날 너무 많이 하다 보면, 굿이어에서 일하던 시절의 꿈을 꾸며 선잠을 자기도 했다.

나는 상원 법안 1843을 지지하지 않는(또는 지지할 수 없는) 사람들을 더 자주 만나야 했는데, 의회 의원을 실제로 만날 수 있었던 것은 겨우 몇 번뿐이었다. 알래스카 상원의원인 리사 머코스키의 젊은 보좌관을 만났을 때 그녀는 벌떡 일어서서 "곧 돌아오겠습니다"라고 말했다. 그리고 만난 머코스키 상원의원은 내 이야기를 들을 준비를 하고 있었다. 내 이야기가 끝나고, 그녀는 문으로 걸어가다가 뒤를 돌아보며 말했다. "당신 이야기는 정말 설득력이 있지만, 지지해줄 수 없어요." 그리고 그녀는 자리를 떠났다.

나는 충격을 받았다. 다음 만남을 가졌을 때 그녀는 내게로 곧장 와서는 같이 사진을 같이 찍자고 했다. 마음속 깊이 의기소침해져 있던 나는 사진을 찍고 싶지 않았지만, 어쨌든 그녀가 마음을 바꾸길 바라면서 웃으며 사진을 찍었다.

다음 회의에 가면서 나는 스스로에게 말했다. 그래, 우리가 이루지 못해도, 그래도 다음엔 다를 거야.

○

의회에 법안을 통과시키는 건 까다로운 일이었다. 법안이 통과되려면 의원들이 고려 대상으로 요청해야 한다. 하원에서 법안의 복사본은 문자 그대로 "호퍼(깔때기 모양의 상자)"라고 불리는 상자에 넣어진다. 상원에서는 주재하는 사무관에 의해서 지정된 구성원들이 법안을 소개한다. 일단 법안이 소개되면, 위원회에서 조사한다. 상원과 하원의 위원회에서 하는 일은 기본적으로 같다. 법안이 분과위원회에 할당되고 청문회 일정이 정해지면, 법안이 필요한 이유를 설명하기 위해 법안을 제기한 사람이 참석해야 한다. 일단 청문회가 열리면, 위원회와 분과위원회 구성원들은 법안 논의를 상원이나 하원에 상정할지 표결한다. 전원 출석한 상원이나 하원은 상정 일정을 결정한다. 그런 다음, 상하원이 모여 법안을 논의하고 그것을 통과시킬지 부결시킬지 표결한다. 대부분의 법안은 위원회에서 살아남지 못한다.

대법원 판결을 전해들은 얼마 뒤 나는 그 6월에만 두 번, 하원 사법위원회 앞에서 진술을 했다. 나는 TV로 워터게이트 청문회를 봤고, 특히 몇 년 뒤의 애니타 힐 청문회를 주시했었다. 이제 수많은 청중을 뒤에 두고 긴 나무 테이블 앞에 앉아 있는 것은 나였다. 서류와 물컵이 어수선하게 놓인 테이블에는 얇은 마이크가 나를 향해 놓여 있었다. 나는 미국에서 가장 영향력 있는 결정권자들이 던지는 질문을 받아내야 했다. 사진기자들은 테이블 앞에 무릎을 꿇고 있었고, 카메라가 수시로 플래시를 터뜨렸다. 나는 내가 서게 되리라 상상도 한 적 없는 곳에 서 있었다. 청문회는 유체이탈과도 같은 경험이었지만, 내게는 해야 할 일이 있었다. 나는 판결이 얼마나 불공평한지에 대해서 생각해야 했고, 내 입에서 흘러나오는 말들이 나의 분노에 불을 붙였다.

하원 분과위원회 앞에서 열린 헌법과 시민 권리, 사법위원회의 시민 자유에 대한 청문회 동안 미국 상공 회의소를 대표하는 변호사인 닐 몰렌은 내가 소송을 제기하기 전에 은퇴한 것을 비난했다. 그는 일하는 내내 내가 스스로의 임금이 낮다는 것을 알고 있었다고 주장했다. 그 말은 나를 폭죽처럼 폭발시켰다.

나는 손가락을 뻗어 그의 눈앞에 흔들면서 당신은 실제로 무슨 일이 있었는지 모른다며 그의 모함을 중단시켰다. 그는 진심으로 그렇게 믿었던 것일까? 내가 차별적인 임금을 받으면서 일하는 것을 스스로 선택했고, 거의 20년을 기다린 다음에 소송을 걸었다고? 그게 대체 말이나 될 법한가?

그 진술이 끝나고, 몰렌 변호사는 내가 회사와 맞설 생각이 없었던 것이라 장담하듯 말했다.

그다음 달에 레드베터 법안은 하원을 통과했다.

교육노동위원회 상임위원장인 캘리포니아 출신의 조지 밀러와 코네티컷 출신의 여성 국회의원인 로사 들로로가 법안을 지지해 주었다. 법안은 1964년 민권법을 수정한 것으로, 임금 차별에 관한 소송을 할 수 있는 기간을 180일로 제안했던 것을 차별임금이 지급된 매 시기를 기준으로 바꾸었다. 법안은 7월의 마지막 날, 225 대 199라는 아슬아슬한 표결로 통과되었다.

상원에서도 나는 두 번의 진술을 했다. 처음은 2008년 1월 보건교육노동연금에 관한 위원회 앞에서였다.

몇 달 뒤에, 상원의원인 매사추세츠 출신의 테드 케네디와 버몬트 출신의 패트릭 레이히의 지지를 받아 2008년 4월 상원 110번째 되는 날에 표결에 부쳐졌다. 민주당은 일이 어떻게 될 것인지 전혀 예상하지 못했다. 우리가 필요한 것은 60표였으나 가진 것은 57표뿐이었기 때문이다. 그래서 그들은 오후 5시 회합 때까지 기다렸다. 그때쯤이면 대통령 후보자이자 상원의원인 힐러리 로드

기나긴 승리

햄 클린턴과 버락 오바마가 선거활동에서 돌아올 것이었다. 존 매케인 상원의원은 그의 투표가 어떠한 변화도 일으키지 못할 것이라며 오지 않겠다는 말을 전해왔다. 법안에 대한 회의 때 그는 이미 기자에게 "여성들에게 진정으로 필요한 것은 교육과 훈련"이라는 웃기지도 않는 말을 한 적이 있다. 그는 대부분의 공화당원과 같은 마음이었다. 이 법안이 법정 변호사들이 꿈꾸는 대로, 하찮은 소송들이 폭풍처럼 번지는 데 불을 붙일 거라는 것이다.

투표가 진행되는 동안 나는 상원 갤러리에서 상원 다수당 대표인 해리 레이드 의원이 결의에 차서 법안에 반대표를 던지는 것을 지켜봤다. 법안이 통과될 만큼 충분한 표를 얻지 못한다면 청문회를 다시 열어야 했다. 투표가 끝나고 나는 상원 문 밖에서 기다렸다. 찬성해준 의원들에게 감사를 표하고, 반대한 의원들에게 이유를 물었다. 나는 앨라배마 출신의 리처드 쉘비 상원의원을 공항에서 우연히 만나 지지를 부탁하려 했지만, 그에게 말을 붙이지조차 못했다. 사람들에게 굿이어에 맞선 진술을 부탁하는 일이 어렵다면, 내가 사는 지역 대표자의 지지를 바라는 일은 훨씬 어려웠다. 법안을 지지해준 유일한 사람은 아서 데이비스였다.

그날 나는 힐러리 클린턴을 만나는 특권을 얻기도 했다. 그녀를 지지하느냐고 물었을 때, 나는 아니라고 말하기 싫었지만 법안 통과를 위해서 중립을 유지해야 했다. 오바마 상원의원 역시 처음으로 만났고, 우리의 사진은 다음 날 워싱턴포스트지에 실렸다.

두번째 진술은 선거 열기가 한참 치솟던 초가을에 있었다. 각지에서 울려 퍼지는 변화에 대한 열망에 대담해진 채로, 나는 상원의원들이 그 법안의 투표를 앞두고 동일 노동, 동일 임금의 가치에 대해 논의하고 있던 상원회의실 법사위원회 앞에 섰다.

의사당에서 정치의 안팎을 오가면서 나는 법안 통과 과정의 예측 및 통제 불가능성을 알게 되었다. '대불황'이 나라를 강타하고, 은행은 문을 닫고, 주택 시장은 급락하고, 금융시장은 불안정하게 움직여 위아래가 뒤집히는 세상에서, 임금 평등을 외치는 것은 더욱 도전적인 일이었다. 최근에 발생한 허리케인으로 인해 참혹한 피해를 입은 주민들을 실질적으로 돕는 일에 대해서도 생각해봐야 했다. 결과에 대한 불확실성과 법안 통과가 갖는 혼란스러운 성격은 옛날의 일을 상기시켰다. 어린 시절에 침수된 건물이 무너져 쏟아지는 비와 미끄러운 진흙탕 속에서 겁에 질린 닭을 잡으려고 안간힘을 쓰며, 넘어지고 또 넘어지며 뛰어다니던 때가 생각났다.

그럼에도 수많은 사람에게 인정을 받은 이 시기는 내 삶에서 가장 신이 나던 때였다. 나의 삶에 사회적 권한이 부여된 시기였던 것이다. 그러나 사적으로 나는 여전히 무력했다. 이때 찰스는, 손자가 과학시간에 한 실험이라며 내게 보여준 식초에 용해된 달걀처럼, 암에 잠식되고 있었다. 찰스와 내가 은퇴한 뒤 처음에 우리는 함께해서 행복했다(재판에 대한 스트레스에 시달리긴 했지만). 하지만 이제 그의 암은 보이지 않는 곳에서도 우리를 공격해왔다.

워싱턴을 오가는 동안 나는 고통스러운 시련에 힘들어하는 찰스를 최선을 다해 보살폈다. 나의 새로운 공적 역할이 나를 앞으로 끌고 갈 때에도 나는 찰스의 암에 마음이 쓰여 계속 집으로 이

기나긴 승리

끌렸다. 나는 그가 정말로 죽어간다는 사실을 차마 마주할 수 없었다. 마치 눈을 부릅뜬 채 태양을 쳐다보는 것 같았다. 그랬다. 내 심장은 이미 시커멓게 타버린 것 같았다.

평등 임금의 대모가 되다

노력은 계속되고, 대의는 지속되며, 희망은 여전히 살아 있고,
그리고 꿈은 절대 죽지 않는다.

–테드 케네디 상원의원

연설을 시작하기 전에 손자가 나를
격려해주었다. 내가 무슨 말을 할지 모르더라도 최소한 앨라배마
억양이 사람들을 즐겁게 해주어 관심을 끌 거라고. 처음으로 많
은 청중 앞에서 얘기하게 되었을 때, 워싱턴의 전국여성법센터에
서 온 낸시 펠로시와 함께하여 매우 영광이었다. 연설이 끝나자
천이백 명의 사람들이 일어서서 나에게 우레와 같은 박수를 쳐주
었다. 그 순간 재판 일 년 전의 암흑과 같은 절망의 날들이 떠올랐
다. 이 역전된 상황에 현기증이 났고 심지어 아찔해졌다. 오래되
지 않아 사람들 앞에서 이야기를 하는 것이 꽤 편해졌다.

무엇과도 비교할 수 없는 경험은 2008년 덴버에서 있었던 민
주당 전당대회였다. 오바마 선거운동본부는 전국여성법센터에

연락을 취해 나에게 화요일 저녁 황금시간대에 5분간 연설해달라고 요청했다. 생각하는 것만으로도 심장이 멎는 듯 했다. 선거운동 기간에 양당이 법안을 지지하게 만들도록 하느라 나는 한 후보를 지지하는 것을 피해왔다. 마샤 그린버거는 로널드 레이건 주니어가 존 케리를 지지하는 민주당 전당대회에서 그를 지지하지 않으면서도 연설을 했다며 나를 설득했다. 나도 누군가를 지지하지 않으면서 연설할 수 있다는 것이다. 나는 이것이 평등 임금에 관한 문제를 널리 알릴 수 있는 엄청난 기회임을 알았기에 곧 이를 수락했다.

스타디움의 보안은 철저했고, 연설 전에 나는 여러 곳의 검문소를 거쳐야 했다. 차례를 기다리면서 실수할까 걱정이 되어 아랫입술이 두 쪽 나도록 물어뜯었다. 나는 스타디움에 있는 8만4000명의 사람들에게 그리고 방송으로 보고 있을 수백만 명의 사람들에게 내 이야기를 전했고, 나의 긴장감은 군중의 엄청난 에너지로 바뀌었다. 내 위에는 무대와 스타디움을 번갈아가면서 비추는 커다란 스크린이 있었다. 내 아래쪽에 있는 여성들은 눈물을 흘렸다. 눈물이 그들의 얼굴을 쉴새없이 덮었고, 사람들은 응원판을 흔들면서 "그래, 우리는 할 수 있다!"를 외쳤으며, 환호하듯 내 이름을 불렀다. 나는 발끝부터 차올라 전기가 통하는 것처럼 온몸에 빠르게 흐르는 힘을 느꼈다. 그 힘은 더 큰 선을 열망하는 수천 명의 개인의 힘, 수천 명 목소리의 힘이었다. 그 순간의 강렬함으로 가득 찼을 때 나는 나 자신보다 훨씬 중요한 무언가의 일부가 되어감을 느꼈다.

내가 무대에서 내려왔을 때, 기자 한 명이 다가와 언제부터 오바마를 지지했느냐고 물었다. 나는 직감적으로 대답했다.

"바로 지금입니다."

그 순간 나는 미국의 수많은 가정에서 겪고 있는 부정의의 현실을 일깨워야 한다는 것과 그러기 위해서 제일 좋은 길은 버락 오바마의 선거운동을 함께하는 것임을 알았다.

◉

몇 달 뒤 선거일 밤이 오기 전 마지막 힘을 모으는 선거운동을 위해 나는 필라델피아로 날아갔다. 아침부터 저녁까지 나는 미국을 날아다니며 대학과 선거운동본부, 조합에서 강연을 했다. 철강노동자조합본부에서 청중 가운데 한 명이 내가 하는 일이 가치가 있는 일인지 물었다. 민주당 동지들을 앞에 두고 연설을 하는 나에게, 내가 쓸데없는 말을 하는 건 아니냐고? 나는 그에게 대답했다.

"그럼요, 선생님. 나는 앨라배마 사람입니다. 거긴 완고한 공화당 지역이죠. 내가 누군가의 마음을 바꿀 수 있다면, 나는 그리로 달려갈 겁니다. 그 사람들은 고집이 대단하지만, 나도 말해봐야 소용 없는 일은 하지 않거든요."

◉

10월의 버지니아에서 나는 처음으로 미셸 오바마와 질 바이든을 만났다. 나는 미셸 오바마의 신실함과 열정에 정말 탄복했다.

버지니아의 한 대학에서 얘기를 나눈 뒤 그녀와 바이든 박사는 내게 무대에서 내려와 대중들을 만날 때 함께하자고 청했다. 나는 순간 어리둥절했다. 나는 내가 존경해오던 성공한 여성들과 나자신은 같은 범주에 속하지 않는다고 생각했다. 아주 가끔씩 행사나 연설을 할 때면 그런 기분이 들 때도 있지만, 내 삶이 얼마나 비현실적이 되었는지를 생각하며 현실로 돌아오려 애썼다. 하지만 그곳에서는 사람들이 나와 포옹을 나누고, 그들의 휴대전화로 내 사진을 찍었다.

내가 만나는 여성들, 나이도 출신도 다른 여성들은 하루하루 나를 고무시켰다. 그들의 이야기는 언제나 내게 반향을 일으켰다. 제대로 된 교육을 받기 위해 돈을 벌려고 애쓰는 젊은 여성들, 약을 사기 위해 애쓰는 과부들, 군인들의 배우자들, 하루 벌어 하루 먹고 사는 고된 일을 하는 모든 사람, 우리는 모두 똑같았고, 나는 그들의 상황을 잘 이해할 수 있었다. 낯선 호텔에 혼자 눈을 뜬 채 누워서, 법안 통과를 걱정하고, 찰스와 나의 생계 문제를 걱정하다 보면, 그들 얼굴이 내 눈앞에 떠올랐고, 목소리가 들렸다. 그들이 나를 이끌고 있었다.

◎

2008년 가을에 찰스는 예전처럼 목공예 가게에서 하루를 꼬박 버티기 어려운 상태가 되었다. 그는 아침과 오후 그리고 잠자리에 들기 전에도 잠깐씩 잠을 잤다. 수요일 아침 남자들의 기도 모임에는 빠짐없이 참석했지만, 운전을 하다가도 차를 갓길에 세워두고 자신이 어디를 가던 길이었는지 머리를 쥐어뜯으며 고민해야 하는 지경이 되었다. 법안 통과와 오바마의 선거운동을 지지하기 위해서 쉴새없이 전국을 떠돌아다니면서도 나는 언제나 찰스 때문에 마음이 아팠다.

선거일 밤 나는 찰스와 함께 서재에 앉아서 개표 방송을 봤다. 남부에선 공화당에 투표하라고들 하지만 살면서 내내 나는 차라리 보수적인 민주당원을 뽑았기 때문에, 나는 내 정치 성향을 누구에게도, 특히나 굿이어에서는 드러내지 않았다. 어떤 지역 선거든 국가적인 선거든, 공장의 관리부는 선거일 아침이면 투표장에 일찍부터 가서는 공화당에 투표하는 걸 확인하곤 했다. 나는 가방을 챙겨서는 관리부의 어느 누구보다 일찍 가서 그들과 다른 쪽에 투표를 했다.

내가 찰스를 알고 나서 그는 쭉 지역 선거에서는 민주당에 투표했지만, 대통령 선거에서는 언제나 공화당 편을 들었다.

그날 밤, 50년의 결혼 생활에서 처음으로 우리는 서로의 표를 갉아먹지 않았다.

2008년 12월에 나는 「20/20」에서 임금 평등에 대한 인터뷰를 하기로 되어 있어서 뉴욕으로 가야 했지만, 왠지 가면 안 될 것 같은 직감이 들었다. 그즈음 찰스는 손자들의 방문도 막을 만큼 많이 아팠다. 내가 뉴욕으로 가기 전에 그는 자신이 살 만큼 살았다고 말했지만, 언제나 그랬듯 나는 그의 말을 듣지 않았다. 찰스는 "나는 일찍 죽을 거야. 내 몸이 이제 다한 것 같아"라는 말을 자주 했는데, 나는 늘 그가 그런 말을 하지 못하게 했다. 만약 뭔가를 상상하면, 그 일이 일어나기 때문이었다. 나는 정말 그렇다고 믿었다. 찰스는 처음 암 진단을 받자마자 내게 "당신도 알다시피 내가 당신보다 먼저 죽을 거야. 그러면 당신은 당신 뜻대로 살 수 있을 거야"라고 말했고, 그럴 때 나는 "그래, 우선 야외 조명 작동시키는 방법 좀 알려줘"라고 말하며 그의 말을 막았다.

뉴욕에 가기로 한 날, 나는 서재에 앉아 신문을 보고 있었고, 찰스는 커피를 만들었다. 찰스가 커피를 가져다주면서 뭘 하는 거냐고 물었다.

"신문 읽고 있지."

"그 말은 뉴욕엔 안 간다는 거야?"

"응, 안 가."

"왜 안 가?"

나는 대답은 않고, 기사를 읽는 척만 했다.

"릴리, 얼른 가. 인터뷰 날짜도 벌써 두 번이나 바꿨잖아. 얼른 가. 가서 끝내. 이런 식이면 거기서 다시는 연락 안 할 거야. 내일 올 거잖아. 그러면 휴일이라고."

나는 그가 한 말에 대해 생각했다. 의사가 찰스의 약을 바꾼 다음부터 상황은 안정적이었다. 인터뷰를 끝내고 바로 오면 되고, 그러면 우리는 가족끼리 조용한 크리스마스를 보낼 수 있었다.

"몸이 안 좋으면 누구에게든 전화한다고 약속해."

짐을 싸기에 앞서 다짐을 받았다.

문으로 나가는 나를 찰스는 서서 지켜보고 있었다. 그에게 작별 키스를 하려는데, 그가 막았다.

"나 목이 아파."

나는 흉터 난 찰스의 뺨에 가볍게 키스를 했다.

"충혈완화제 살 때 고혈압 약도 챙기고, 기침 시럽 사는 것도 잊지 마."

나는 그에게 상기시켰다.

애틀랜타 공항에 도착해서 찰스에게 전화를 했지만, 아무 응답이 없었다. 나는 아직 약국에 있나 보다 여겼다. 착륙했을 때 다시 전화했지만, 여전히 전화를 받지 않았다. 나는 가끔 그러듯 빨리 잠자리에 들었나 보다 생각했다.

인터뷰를 하기 전에 다시 전화를 했다. 응답이 없었다. 우체국에 갔거나, 비스킷을 사러 갔을 거라 생각했다. 일이 끝나자마자 공항으로 곧장 향했고, 예정보다 서둘러 비행기를 탔다. 공항에 내려 집으로 가는 차 안에서 여전히 응답이 없는 그가 너무나 걱정되기 시작했다.

집에 도착해서 바로 나는 뭔가 잘못됐다는 걸 알았다. 비가 약간 내리고 있었는데, 차고 문이 활짝 열려 있었다. 내가 젖지 않게 하려고 찰스가 열어뒀을지도 몰라. 마트 봉지에 뭔가 들었는데 왜 저기 뒷문에 있지? 집 안으로 들어가니, 방마다 불이 다 켜 있었다. 뭔가 타는 냄새가 났고, 뜨거운 전기스토브 위에 프라이팬이 그슬려 있었다.

나는 침대 옆 바닥에 누워 있는 찰스를 발견했다. 그의 손은 가슴을 움켜쥐고 있었고, 사방은 피였다. 나는 그의 옆에 무릎을 꿇었다. 언제나 그랬던 것처럼 그의 가슴에 내 머리를 대고 그를 편안하게 해주고 싶었다. 찰스와 함께 가고 싶었다. 너무나. 그리고 내 머릿속은 후회로 가득했다. 침대 덮개를 그의 목까지 덮어주며 말했다.

"미안해."

너무나 많은 고통을 겪게 해서 미안했고, 혼자 죽게 해서 마음 깊이 미안했다. 한참 후 일어섰을 때 카펫과 내 무릎은 피로 붉게 물들어 있었다. 비키한테 전화를 해야 했다. 수화기를 드는데, 다음 주가 쉰번째 결혼기념일이라는 사실이 떠올랐다.

나는 찰스의 죽음을 받아들이려 노력했다. 나는 그를 너무 자주 혼자 두었던 것에 대한 죄책감뿐 아니라 오랜 시간 함께한 우리 관계의 특성을 받아들이려고 애썼다. 그는 내가 그를 영원히 떠날까 봐 언제나 두려워했고, 결국엔 어떤 의미에서 나는 그렇게 한 것만 같았다. 나는 그가 떠날 때 함께 있지 못한 나 자신을 절대 용서하지 못할 것이다. 내게 뉴욕으로 떠나라고 재촉할 때, 찰스는 마지막이 가까웠음을 알고 있었다는 생각이 들었다. 그는 아마도 내가 거기 있지 않기를 원했을 것이다. 내가 곁에 있었다면 그의 심장이 멈출 때, 상실감으로 내 심장도 멈출 걸 알고 있었을 것이다. 내겐 그 편이 좋았을지도 모른다.

○

찰스의 장례식 다음 날, 계속 울려대는 전화가 가족들과 친구들을 언짢게 했다. 결국 나는 전화를 받았다. 처음 듣는 목소리였다. "클린턴 상원의원입니다. 통화 괜찮으세요?" 비키는 내 옆에 앉아 있다가, 내가 의원님이라고 하자, 눈이 커졌다. 클린턴은 위로의 말을 건넸다. 나는 우리의 결혼기념일이라는 사실을 말하지 않을 수 없었고, 평정을 잃고 말았다.

그 사실을 내가 알아차리기도 전에 또다른 전화가 걸려왔다. 대통령 당선인의 전화였다. 그 역시, 사려 깊게 나를 염려해주었고, 나는 다시 감정적이 되었다.

그다음 날 아침 일찍, 예상치 못한 전화를 또 받았다.

"오바마 부인이 통화를 원하는데 언제가 괜찮으세요?"

"언제든 편한 시간으로 하세요." 나는 대답했고, 그대로 소파에 앉아 있었다. 얼마 지나지 않아, 그녀에게서 전화가 왔다.

나는 유명 인사들의 이름을 들먹거리려고 전화 얘기를 하는 것이 아니다. 그들이 해야 할 일도 많고, 새로운 사무실도 꾸려야 하고, 만나야 할 사람도 많아서 매우 바쁨에도, 시간을 내려 노력해주었다는 것이 내게는 엄청난 일이었다.

많은 사람의 친절이 없었다면, 나는 슬픔의 시간을 견뎌내지 못했을 것이다. 거실은 꽃으로 가득 찼고 나는 이에 진심으로 감사했다. 찰스와 오랫동안 함께한 집에 가만히 있는 것은 정말로 힘들었고, 슬픔은 나를 쉴 수 없게 만들었다. 내 마음은 나를 이렇게 뒤죽박죽으로 만들어놓은 세상에 흥미를 잃고 있었다. 심지어 나는 찰스가 심각한 수술을 견뎌내고 독한 치료를 받으면서 2년 동안 암과 싸웠음에도 그의 죽음에 대해 준비하지 못했다. 나는 뗏목에 올라탄 사람처럼 무슨 일이 일어날지 몰랐다. 콜로라도 강에서 뗏목을 타던 사람들이 물에 휩쓸렸다는 기사를 신

기나긴 승리

문에서 읽은 적이 있다. 그들은 날씨가 좋다고 여기며 강 아래로 잔잔하게 떠내려 가고 있었다. 그러나 모르는 사이 상류의 몇 마일 떨어진 산에서 시작된 폭우로 인해, 양동이로 들이붓듯이 내려온 물이 그들을 휙 낚아챘고, 뗏목은 갑작스런 물살에 압도되었다. 나만의 슬픔 역시 나를 거의 질식시켰다.

그리고 나를 가장 놀라게 한 것은 나를 사로잡은 두려움이었다. 내가 어렸을 때 일몰은 하늘을 불타듯 붉게 비추었고, 할머니는 내게 세상이 끝나려는 참이라고 말씀하셨다. 나는 지는 해를 바라보며, 내 삶이 끝나간다는 사실 앞에서 나의 무력함과 마주해야 했다. 남편이 떠나고 매일 그런 느낌에 사로잡혔다.

찰스가 죽고, 나는 줄이 그어진 노트에 분명하지 않은 글씨로 그가 쓴 이야기를 발견했다. 그는 애즈베리에서 지낸 자신의 어린 시절에 대해 썼다. "역사는 불황이 끝났다고 말해줄 것이다. 하지만 우리에게 그 말을 해준 사람은 없었다. 나는 우리가 겪어온 힘든 시간에 대해 전부 말하고 싶지는 않다. 우리는 살아남았다. 나는 축복을 얻었고, 내가 감사하는 것들에 대해 이야기할 것이다. 매일 새들이 노래하고 태양이 뜬다. 나는 내 옆에 있어주는 멋진 아내에게 감사한다. 나는 그녀를 신뢰하고 그녀에게 의지한다. 나는 우리가 함께 이야기를 나눌 수 있고, 가끔은 이야기하지 않아도 많은 것은 이해할 수 있음에 감사한다."

그의 이야기를 읽으며, 결혼 초반에 우리가 함께 보낸 시간들이 떠올랐다. 찰스는 남자가 보여줄 수 있는 최고의 모습을 보여주었다. 우리에게 커다란 사랑의 징표로 새겨지는 것들이란 사실 얼마나 사소한 일들이던가. 신혼 때, 그는 내가 처음으로 만든 위아래가 뒤집어진 파인애플케이크를 먹었다. 정말 한 번도 맛본 적 없는 최악의 맛이었다. 그는 별말 없이 묵묵히 먹었고, 나는 너무 맛이 없어 뱉어버렸다. 매일 아침 커피를 끓여주던 찰스의 단순한 행동이 너무나 그리웠다.

그는 좋은 사람이었다. 만약 누가 무언가를 필요로 하면, 찰스는 자신이 알고 있는 모든 방법을 동원해 도와주곤 했다. 그는 가족과 친구가 의지하는 바로 그런 사람이었다. 교회에서 그는 일요 예배에 참석할 수단이 없는 어린이들을 위해 버스를 운행했다. 그는 그가 할 수 있는 일 이상의 것을 했다. 주중에 오랜 시간 일했고, 토요일엔 집안일을 하고, 일요일이 오면 늘 편두통에 시달렸다. 의사 역시 그가 너무 많은 일을 한다고, 거절하는 법을 배워야 한다고 했다. 하지만 그는 절대 그런 적이 없었다.

나는 그가 컨트리 가수 빌리 레이 사이러스를 따라 하던 때가 떠올라 눈물을 흘리며 미소를 지었다. 찰스는 작은 대회에서 "아프고 부서지는 가슴Achy Breaky Heart"에 맞춰 춤을 따라 췄다. 그가 그 춤을 추기 위해서 스스로를 얼마나 다독였을지 상상조차 되지 않았다. 그게 바로 찰스였다. 대부분의 시간을 수수한 군복을 입고 지낸 그였다.

내가 굿이어와 엮여 보낸 암울한 시간 속에서 살아남을 수 있었던 것은 찰스의 상냥함과 깨끗한 마음 덕분이었다. 내가 지난 2년 동안 이곳 저곳을 다니며 많은 시간을 보낼 때, 찰스가 가장 의지했던 분은 목사님이었다. 그들은 오랜 시간 함께 이야기를 나누웠고, 나는 신실한 찰스가 죽음 뒤에 마주하게 될 신의 사랑으로 그의 여정을 지지받고 지속할 거라는 걸 마음 깊이 느낄 수 있었다.

내가 없는 동안에 썼을 이 글들을 남기고 가준 그에게 너무도 고마웠다. 그것을 읽고 또 읽을 때, 나는 그의 목소리를 다시 듣는 듯했다.

◉

찰스의 건강 때문에 나는 취임식에 참석하지 않을 예정이었다. 추측건대 찰스의 장례식을 치르고 얼마 지나지 않았기 때문에 백악관에서 초대하면서도 미안함을 느꼈을 것이다. 필라델피아에서는 폭풍 같은 주가 시작되었다. 비키와 나는 오바마와 바이든의 137마일의 취임 기차 행렬에 동행하도록 초대받은 마흔한 명의 일반인 모임에 참석했다. 그 여행길은 에이브러햄 링컨이 1861년 취임 기차여행을 했던 경로와 일부 겹쳐져 있었다. 첫날, 아홉 칸의 빛나는 은색 기차 칸과 파란 예스러운 승무원실은 빨강, 하양, 파랑 장식기를 달고 필라델피아에서 워싱턴으로 쌩하고 지나갔다.

우리는 델라웨어의 윌밍턴에서 멈춰 부대통령 당선인 조 바이든을 태웠다. 바이든은 철도 승무원이 되어 워싱턴으로 가는 하루 여정 동안 모두를 친근하게 대했고, 사기가 충천한 사람들과 대화하며, 미셸 오바마의 마흔다섯번째 생일축하 노래를 불렀다. 나는 그때 1980년대 중반, 나의 마흔다섯을 떠올리지 않을 수 없었다. 거의 일 년 동안 해고 위기에 놓여 있었고, 닭 공장에서 일을 하려던 참이었다.

그때 대통령 당선인은 그가 초대한 손님들을 소개했다.

"이분들은 이 나라를 위대하게 만든 숨은 영웅들입니다. 그들은 열심히 일하고, 가족을 돌보며, 자식과 손자를 위해 희생했습니다. 이분들은 삶에서 스스로 실행해온 지속적인 가치를 대변하는 정부를 누릴 자격이 있습니다."

그가 이야기할 때, 나는 혹독한 순간들을 잊고 대법원 판결 이후 있었던 자랑스러운 순간들을 생각했다. 그 미친 평결에서 다 끝났다고 생각했었는데 말이다.

기차가 지나가는 길을 따라 사람들이 길을 만들었고, 카메라를 들고 "우리는 해냈다"고 쓴 응원판을 흔들었다. 사람들은 북극의 강한 바람을 견디며 따뜻하게 껴입고 어깨와 어깨를 옹송그린 채 고가도로 위에 모여 있었다. 나무에 매달리거나 지붕 위에서, 현관 앞에서, 황량한 들판에서 서서 모자와 손을 흔들며, 환하게 웃어주었다. 나는 한 번도 그런 광경을 본 적이 없었고, 그런 느낌을 받은 적도 없다. 희망을 감지할 수 있었다. 볼티모어에는 4만명이 모여 있었다. 대통령 당선인을 맞이하려고 한 자릿수의 온도에서 서 있었으니, 손가락과 발가락이 모두 얼었을 것이다. 급행열차가 서지 않는 작은 역에도 홍조 띤 사람들이 혹독한 겨울 날씨 속에서 몇 시간이나 기차를 기다리고 있었다. 대통령 당선인이 백악관까지 가지고 갈 목소리의 주인공들인 평범한 시민들과 이야기를 나눌 때면, 청중은 성조기를 흔들며 환호하고, 눈물을 흘렸다.

여행 동안에 나는 ABC뉴스와의 인터뷰를 위해 마이크를 쓰고 있었다. 대부분의 사람은 내 그런 모습을 보고 "마이크 벗고 나면 이야기 나눠요"라는 반응을 보였다. 하지만 나는 거의 마이크를 끄고 있었고, 내가 보고 느낀 것에 대해 말할 때 잠깐씩 켤 뿐이었다.

초기에 오바마 대통령 당선인과 예비 영부인, 바이든 부대통령 당선인과 바이든 박사는 우리가 있는 칸으로 와서 안부를 나눴다. 그들과 포옹을 나눌 때 비키는 내 뒤, 창가 자리에 앉아 있었다. 비키가 너무 조용히 앉아 있어서 어깨너머로 무얼 하는지 쳐다봤을 때, 비키는 눈물을 흘렸다. 얼마 전 아버지를 잃은 딸이었다. 그리고 정말 많은 사람을 만났다. 인종이나 계급, 성별에 관계없이 기대에 찬 얼굴을 보았고, 그들이 더 나은 미래를 원하며, 우리 앞에 서 있는 그에게 희망을 거는 것을 보았다. 그리고 그는 수백만의 미국인 중에 우리를 알아주는 사람이었다. 그런 경험이 비키를 사로잡았다. 그들이 인사하고 떠난 뒤 나는 비키에게 괜찮냐고 물었다.

그녀는 눈물을 닦으며 괜찮다고 했다.

"엄마가 옳았어요. 정말 멋진 사람들이네요."

비키와 나는 정치문제에 있어선 다른 입장이었다. 임금 평등에 대해서는 아니었지만, 우리는 서로의 다름을 겸허히 인정했는데, 지지 정당이 그 다름 가운데 하나였다.

워싱턴에 가까워지자 사람들이 더 많아졌다. 기차는 유니온역에 도착했고, 그날 밤 사람들은 펜실베이니아 거리를 따라서 대통령 당선인과 그 가족이 임시 거주지로 가는 것을 지켜보기 위해 기다리고 있었다.

국회의사당 계단에서 취임선서를 할 때 군중의 수는 정말 믿을 수 없을 정도였다. 망원경으로 그들의 얼굴을 보면서 나를 둘러싼 아름답고 다양한 모든 것에 경이를 느꼈다. 나의 고향에서 그리 멀지 않은 앨라배마 주 잭슨카운티에 있는 도시인 스코츠버러의 재판을 겪은 것이 얼마 되지 않은 일이라는 사실이 무척 놀라웠다. 엄청나게 많은 변화가 있었다. 그래, 많은 일을 해야 했고, 이 역사적인 순간에 나는 진보를 기념하고 있다. 미국의 첫번째 흑인 대통령이 취임하는 광경을 바라보며 나는 놀람과 큰 흥분에 휩싸였다. 진정으로 내가 한 번도 보지 못한 장면이었다.

바람이 너무 차 비키와 나는 노점상에서 핫도그를 사서 호텔로 갔다. 거기서 우리는 몸을 녹이며 텔레비전으로 행진을 지켜봤다.

◉

국가선수권대회에서 우승한 사람은 누구와도 춤을 출 수 있다고 생각할 것이다. 뭐, 나 역시 내가 잘나가는 댄서라고 생각했다. 취임식 뒤에 열린 무도회에서 대통령과 춤을 추기 전까지는 말이다. 우리는 잽싸게 무대로 이동했고, 그곳엔 대통령이 그의 첫번째 파트너인 미셸과 춤을 추고 있었다. 나는 내가 춤추던 시절에 입었던 가장 좋아하는 은색 스팽글이 달린 옷을 입고 기분이 정

기나긴 승리

말 좋았지만, 목이 너무 말라 견딜 수 없었다. 하지만 한 번 무대를 내려가면 재입장이 되지 않는다고 들어서, 목마름을 참고 한껏 고조된 분위기를 즐기며 춤을 췄다.

음악에 몸을 맡기고 있을 때 취임 행렬 기차에서 보았던 젊은 청년이 다가와 내 어깨를 툭툭 치고는 내 손을 잡고 말했다. "저랑 가시죠." 그는 그렇게 나를 대통령에게 데려갔다.

"대통령님, 여기 함께 춤출 분을 모시고 왔어요." 그는 친한 친구처럼 대통령에게 말했다.

대통령은 매력적인 미소를 지어 보이며, 내 팔을 잡고 춤을 췄다. 나는 내 몸이 제대로 된 방향으로 움직이는지 신경을 곤두세우느라 이야기도 제대로 할 수 없었다. 그가 무대 위에서 나를 이끌 때, 무대 아래에서 누군가 내 이름을 부르는 걸 들었다. 나는 아래를 쳐다봤다. 대법원 재판 전에 내 소송 변론을 맡아준 케빈 러셀과 그의 약혼녀였다. 나는 그들에게 미소를 보냈다.

내가 뻣뻣한 다리를 제대로 움직이려고 애쓸 때 대통령이 내게 확신을 주었다.

"우리는 해낼 거예요."

내 혀는 마치 바위처럼 굳어서 말을 할 수 없었지만, 나는 스스로에게 말했다. 그는 지금 춤에 대해서 이야기하는 게 아니야. 레드베터 법안에 대해서 말하고 있는 거라고.

❂

1월 15일 법안이 하원에서 통과되었고, 취임식 이틀 뒤 상원도 통과했다. 나는 고무되어 있었고, 힐러리 클린턴 국무장관이 다가와 축하를 건네며, 나를 옆으로 데려갔다.

"어떻게 지내요?"

그녀는 찰스를 잃은 뒤 내 상태에 대해 진심으로 염려했다.

솔직하게, 내 속은 엉망 그 이상이었다. 하지만 나는 말했다.

"괜찮아요, 잘 지내고 있어요."

그 순간에 나는 내 내면과 똑바로 마주할 수 없었다.

오바마 대통령이 릴리레드베터 공정임금반환법안에 서명한 날, 나는 레드 카펫을 밟으며 그와 함께 백악관의 이스트룸으로 걸어갔다. 그곳에 앉아서 대통령의 발언을 듣는데, 그 어느 때보다 찰스가 그리웠다. 나의 투쟁과 많은 가족이 직면한 어려움에 대한 대통령의 이야기를 들으면서 그리고 대통령이 그의 할머니 이야기를 할 때, 나의 외할머니 릴리를 떠올리며 그녀에게도 감사했다. 외할머니는 나의 엄마에게도 큰 타격이 된 유산을 남기고, 젊은 나이에 암으로 돌아가셨다.

대통령의 발언이 끝나자 방 안을 가득 채운 사람들이 일어서서 서명하러 책상으로 돌아오는 그에게 박수를 보냈다. 비키와 비키의 가족이 미셸 오바마 영부인 옆에 앉은 것이 보였다. 존은 그들 뒤에 있었다. 나는 찰스가 없다는 걸 알았지만, 방을 둘러보며 찰스의 날카로운 파란 눈과 멋진 미소를 찾으려 했다. 그 순간 내가 기억하는 한 내가 줄곧 기대어온 옆자리의 허전함이 견딜 수 없게 느껴졌다. 군중들의 박수 소리가 잦아들었다. 오바마 대통령이 나를 쳐다봤고, 나는 앞으로 걸어가 몇 마디 말을 했다. 법

기나긴 승리

안이 통과되도록 열심히 일해준 좋은 사람들을 내게 주신 것을 신에게 감사했지만, 내가 어깨를 당당히 펴고, 백 번의 미소를 지으려고 최선을 다한 그날, 슬픔은 내 행복에 스며들었다.

법안이 상원을 통과한 직후 나는 뉴저지로 날아가 미국여대생연합에서 연설을 했다. 그날 아침 호텔에서 아침을 먹으며, 월스트리트저널에 실린 나에 관한 기사를 보고 있었다. 여종업원이 커피를 부어주면서 법안에 대한 기사와 거기 실린 사진을 알아보았다. 그녀는 나와 신문을 번갈아가며 쳐다보았다. 그래서 나는 "맞아요. 제가 릴리 레드베터예요"라고 말했다. 아침 식사를 마치고 나는 계산서를 받으려고 기다리고 있었다. 기다려도 주지 않아 그 종업원에게 물었더니, 그녀는 자신이 계산했다고 했다. 나는 그럴 필요 없다고 했지만, 그녀는 말했다.

"당신이 한 일에 대해서 모든 여종업원이 고마움을 전하고 싶어했어요."

다음 날에도 그녀는 내 아침 식사를 계산해주었다. 법안의 믿을 수 없는 통과와 함께 일어난 그런 예상치 못한 일들이 내가 슬픔을 천천히 이겨낼 수 있도록 도와주었다.

○

내 이름을 딴 법률 제정에 대한 뒷이야기를 이제 마치려 한다. 일흔세 살의 나이에 나는 전 세계를 다니며, 법대생들과 고등학생, 여성 직장인들과 기업, 정부 기관 그리고 주 단위, 국가 단위 정치단체와 민주당 기금모임과 군대에서도 강연한다. 그중에서도 대학에서 이야기를 하는 것이 특히나 즐겁다.

나는 하버드에서 강연한 날을 잊지 못한다. 강연 전에 화장실로 서둘러 갔다. 늦을까 봐 급히 칸 안으로 들어갔다. 자물쇠를 더듬거리고 찾다가, 처음에는 발견하지 못했던 포스터가 칸 벽에 붙어 있는 것을 알게 됐다. 나를 정면을 바라보는 내 사진과 함께 강연을 알리는 내용이 적혀 있었다. 나는 나를 미소로 받아줬고, 큰 소리로 웃음을 터뜨렸다. 내가 거기 있었다. 대학도 들어가지 못했던 내가 가장 똑똑한 젊은이들에게 강연하려고 말이다. 나는 경제적으로 어려운 시기에 젊은이들이 일하는 모든 사람을 위해 참으로 공평한 일터를 만들어갈 수 있는 힘과 목소리와 열정을 갖게 해달라고 기도했다.

나는 하버드 대학생들에게 내가 언제나 해왔던 이야기를 들려주었다. 나는 거의 20년 동안 속았다. 그것이 내 생각이다. 1979년 내가 굿이어의 첫 여성 노동자로 일하게 되었을 때 내 임금은 남자 관리자들과 같았다. 하지만 1981년, 그러니까 내가 더 이상 참지 못하고 성희롱에 대해 나서서 이야기 한 끝에 "말썽꾼" 딱지가 붙은 직후, 굿이어는 업무평가에 근거해 연봉을 주는 성과급 제도를 시행했다. 그리고 긍정적인 업무수행평가에도 불구하고 내 임금은 낮아지기 시작했다. 1997년 말, 나는 남자 관리자들보다 40퍼센트 적은 돈을 받았다. 제일 적게 받는 남자 관리자가 한 달에 4286달러, 가장 많이 받는 사람이 5236달러를 받을 때 나는 3727달러를 받았다. 물론 나는 이 사실을 모르고 있었다. 내 삶의 최고의 시간을 굿이어에 20년 가까이 내어주었으니 결국 나는 22만4천 달러를 잃은 셈이었고, 야근과 퇴직금을 치면 더 될 것이다.

하지만 내가 진짜 격분한 사실은 내 경험이 흔히 겪을 수 있는 일이라는 것이다. 오늘날, 7100만 여성들이 자신과 가족을 부양하기 위해 일하고 있지만 남자가 받는 것의 78퍼센트의 돈을 받는다. 여성정책연구소가 계산하기를 일반적인 25세 여성이 1984년 대학을 졸업하면, 40대 중반이 되는 2004년에는 44만 달러 이상을 잃는다. 2004년 55세 이상 여성이 평균 한 해에 버는 돈은 3만 1223달러인데 반해 남자는 4만798달러다. 만약 여성이 동일한 수준의 교육을 받고 노조에서의 지위와 나이가 같은 남성과 비교했을 때 같은 시간 일해 같은 돈을 받는다면, 그리고 같은 지역에 산다면, 여성의 연봉은 4천 달러 정도 인상되고 그러면 그들의 빈곤율도 최소 반 이상 줄어들 것이다.

1979년 굿이어에서 일을 시작할 때 나는 대법원이나 의회 법안에 내 이름을 올릴 거창한 계획 따윈 없었다. 나는 단지 열심히 일해서 내 가족을 부양하길 원했다. 나머지 일은 알아서 잘될 거라 믿었다.

하지만 분명하게, 운명은 앨라배마의 소녀를 다른 길로 이끌었다. 어쨌든, 나는 타이어 공장의 상임관리자로 시작했다. 30년 뒤에 나는 소송 당사자이자 지지자이며, 활동가이자 작가 그리고 대중 연설가였다. 가끔 삶은 내게 커브볼을 던진다. 우리는 그것들을 바라지도 않았고 심지어 예상할 수도 없지만, 어쨌든 그것을 해결해내야 한다.

그 모든 일이 나에게 일어난 후, 나는 개인에게 주어지는 진정한 시험은 그 사람에게 일어난 일이 아니라, 그것에 대응하는 방법임을 깨달았다. 불의를 본다면, 가만히 앉아 아무 일도 하지 않을 것인가, 아니면 맞서 싸우겠는가? 실패를 겪는다면, 소극적으로 받아들일 것인가, 아니면 그것에서 배우고, 다음엔 더 잘할 것인가? 바닥에 쓰러졌을 때 낙담해 있을 것인가, 다시 일어설 것인가? 미래가 더 나아지리라는 믿음 하나로 우리는 각자, 매일 여성과 소녀들 앞에 가로놓인 벽들을 부순다.

여성을 위한 진정한 임금 평등을 이루기 위해서 아직 이뤄야 할 것이 여전히 많다는 깨달음이 중요하다. 성차를 근거 삼는 임금 차별을 끝장내기 위해서 임금평등법안이 법으로 제정되어야 한다. 이는 하원을 통과했지만, 상원에서는 공화당원들에 의해 2010년 11월 진행이 저지되었다. 토론을 끝내고 투표에 들어가는 데 필요한 60표 중 2표가 부족했다. 법안은 불굴의 투사 바버라 미컬스키 상원의원과 국회의원 로사 들로로에 의해 다시 제출되었다. 그 법안은 1963년 케네디 대통령 시기에 통과된 동일임금법을 강화하고 개정한 것이다. 무엇보다 이는 임금에 관한 문제를 제기한 노동자들에 대한 보복을 막아주어, 동일임금법에 명시된 집단소송을 가능하게 할 것이다.

법안이 통과된 뒤 나를 알아본 젊은 여종업원들, 나와 이야기를 나눈 곳곳의 밝은 표정의 젊은 여성들이 아마도 릴리레드베터 공정임금반환법의 결실을 볼 것이다. 하지만 그 이상으로, 나는 레드베터법이 미래 세대에게, 나는 보지 못하지만, 내 손녀와 증

손녀들이 보게 될 모든 세대의 여성과 남성에게 영향을 줄 수 있기를 바란다.

○

맥 할머니가 옳았다. 일하러 가는 길에 쑥독새의 울음을 들은 그날, 죽음이 찾아왔다. 내가 쪽지를 발견한 날, 내가 알고 있던 내 삶은 끝났다. 젊은 소녀일 때 내가 꿈꿨던 것은 덥고 먼지 날리는 목화밭을 벗어나는 것, 내가 절대 가득 채울 수 없었던 내 목에 두른 목화자루에서 벗어나는 것이었다. 하지만 피가 날 때까지 내 손을 찌르던 끝없는 목화밭은 오래전의 봄날에 내가 시작한 여정 그리고 보잘것없는 내 삶에서 나의 유일한 강점을 만들어주었다. 너무 흔한 불의에 직면한 익명의 타이어 관리자가 "평등 임금의 할머니"로 알려진 여성으로 변신할 수 있었던 힘은, 포섬 트로트에 있는 할아버지 농장에서 목화를 따며 내가 얻은 용기에서 비롯되었다.

2008년 민주당 전당대회 연설

안녕하세요. 여러분들 중 많은 분들이 물을 겁니다. 저기 연설 대에 있는 앨라배마에서 온 할머니는 누굴까? 제가 이 자리에 있 다는 사실에 저보다 더 놀랄 사람은 없을 거라 확신합니다. 저는 미국의 공정함과 평등에 대한 약속을 이야기하기 위해 이 자리에 서 있습니다. 그 약속이 배신당한다면 저와 같은 사람들, 여러분 과 같은 사람들은 고통 받을 것입니다.

여성 평등의 날에, 여성들이 투표할 수 있는 권리를 준 법의 개 정이 승인된 것을 축하하는 이 날에 제가 연설을 하게 되다니 이 보다 멋진 일이 있을까요? 우리는 축하해야 하지만 또한 기억해 야 합니다. 평등을 위한 투쟁은 끝나지 않았습니다. 저는 개인적 인 경험으로 알고 있습니다. 앨라배마의 개즈던에 있는 굿이어 타이어 공장에서 여성 현장감독으로 일을 할 때 저는 개척자였습니다.

제게 요구된 많은 일을, 저는 백퍼센트 다 해냈습니다. 저는 다른 남자 직원만큼 일을 해냈습니다. 하지만 굿이어에서의 19년이 끝날 무렵, 같은 일을 하는 남자들만큼 돈을 받지 못하는 것이 아닌지 의심하게 되었습니다. 저의 우편함에 들어온 익명의 쪽지는 제가 옳았다는 걸 확인해주었습니다. 제가 한 일에 대해 칭찬은 할지라도, 굿이어는 다른 남자 관리자들에 비해 제 임금을 더 적게 인상했고, 이런 일은 계속되었습니다.

그러한 차이가 제 가족들의 삶에 영향을 주었고, 지금의 은퇴 이후 생활에도 영향을 주었습니다. 불의를 알아차렸을 때, 그냥 넘어가려는 생각도 했습니다. 하지만 결국, 저는 이러한 차별을 묵과할 수 없었습니다. 그래서 법정으로 갔습니다. 배심원들은 제 편을 들어주었습니다. 그들은 저의 고용주가 법을 위반했고, 제게 빚진 것을 보상해야 한다고 말해주었습니다.

저는 그 평결이 회사에게 쓰라린 가르침을 주고, 그들이 다시는 여성을 불공평하게 대하지 않기를 바랐습니다. 하지만 굿이어는 항소를 했고, 결국 대법원으로 갔으며, 5대 4로 우리의 최고 법정은 큰 회사의 편을 들었습니다. 그들은 굿이어가 더 적은 임금을 지급하기로 처음 결정한 뒤 6개월 이내에 제가 문제를 제기했어야 했다고 말했습니다. 그들의 그런 처사를 제가 몰랐음에도 불구하고 말입니다.

루스 베이더 긴즈버그 판사는 반대 의견에서 그러한 판결이 실제 삶에서는 비상식적이라고 밝혔습니다. 그녀가 옳았습니다. 하원은 제게 일어났던 일이 다시는 일어나지 않도록 하는 법안을 통과시켰습니다. 하지만 상원에서는 공화당 의원들이 표결을 저지했습니다.

여성의 평등한 권리를 부정하는 것과 같은 투표를, 우리는 용인해서는 안됩니다. 버락 오바마는 우리의 편에 서 있습니다. 그는 이런 끔찍한 판결을 바로잡기 위해 싸울 것입니다. 그리고 대통령으로서, 저와 같은 평범한 사람들을 지켜주는 법을 강화할 판사를 임명하겠노라 약속했습니다. 하지만 이것은 민주당이나 공화당의 문제가 아닙니다. 이는 공정성에 대한 문제입니다. 그리고 다행히도, 몇몇의 공화당원들 그리고 많은 민주당원들이 우리의 편입니다.

저의 소송은 끝이 났습니다. 제가 마땅히 받아야 했을 임금은 절대 돌려받을 수 없습니다. 하지만 우리가 앞으로 공정한 임금을 보장받을 수 있다면 이는 훨씬 값진 상이 될 것입니다. 우리의 아이들과 손자들은, 어느 누구도 제가 겪은 차별을 절대로 겪어서는 안 됩니다. 동등한 일에 대한 동등한 임금은 미국의 근본적인 원칙입니다. 우리는 이를 위해 싸워줄 리더가 필요합니다. 함께 일하는 우리 모두가 있다면, 우리에게 필요한 변화와 당연한 기회를 가질 수 있을 것입니다.

오바마 연설문,
릴리레드베터 공정임금반환법에 서명하며
2009년 1월 29일

제가 〔대통령으로서〕 처음으로 서명하는 법안이 릴리레드베터 공정임금반환법이라는 것은 자연스럽습니다. 이것으로 우리는 이 나라의 첫번째 원칙을 지켜나가게 되는 것입니다. 우리 모두는 평등하게 창조되었으며 각자 자신의 행복의 방식을 추구할 기회를 누려야 한다는 원칙 말입니다.

이 법안의 이름이 된 여성이 오늘 우리를 불러 모은 것 역시 당연한 일입니다. 미셸과 저는 그분과 친해질 수 있는 특권을 누릴 수 있었지요. 릴리 레드베터는 선구자의 이름도, 누구에게나 알려진 이름도 아닙니다. 그녀는 단지 자신의 일을 했던─게다가 잘 해냈던─열심히 일하는 좋은 노동자였습니다. 수년 동안, 똑같은 노동을 하던 남자 동료들보다 더 적은 임금을 받았다는 사실을 알기 전까지 말입니다. 그녀는 직장 생활 동안 봉급만 해도 20만 달러 이상을 받지 못했고, 수당과 사회보장연금까지 더하면 이보다 훨씬 많은 돈을 받지 못했습니다. 여전히 지금까지도 그녀

기나긴 승리

는 박탈감을 느끼고 있지요.

그 당시, 릴리는 자신의 몫을 받아들이고 그 일을 모른 척 넘어갈 수도 있었습니다. 자신이 마땅히 받아야 할 것에 대해 목소리를 낼 때마다 언제나 따라오는 성가심과 괴롭힘에, 싸움을 그만둘 수도 있었습니다. 하지만 그 대신, 그녀는 위태로운 하나의 원칙, 싸워야 할 가치가 있는 무언가가 있다고 결정했습니다. 그리고 그녀의 여정이 시작되었지요. 그 여정이 시작되고 이미 10년이 훌쩍 지났고, 그녀는 미국의 연방대법원을 지나 이 날, 이 법안에 이르렀습니다. 그녀는 정의로부터 거부당했지만, 그녀의 여정은 다른 사람들이 그 정의를 누릴 수 있도록 도울 것입니다.

이 법안이 그녀의 이름으로 불리기는 하지만, 릴리는 이 싸움이 단지 자신만의 이야기가 아니라는 것을 알고 있습니다. 그것은 이 땅에 있는 여성들의 이야기입니다. 여성들은 남성이 1달러를 벌 때 단 78센트를 받으며 일을 하고 있습니다. 유색인종 여성들은 이보다 훨씬 더 적게 받지요. 이것은 오늘날의 이야기, 2009년의 일입니다. 셀 수 없이 많은 여성들이 여전히 봉급과 연간 소득, 퇴직연금에서 평생에 걸쳐 수천 달러를 받지 못하고 있습니다.

하지만 평등 임금은 결코 단지 한 여성만의 문제가 아닙니다. 한 가정의 문제입니다. 보다 적은 돈으로 교육과 보육을 감당해야 하는 부모들의 문제이고 더 적은 퇴직 연금으로 생활해야 하는 상황에 처한 커플들의 문제이며, 주택담보대출을 받느냐, 그렇지 않으면 난방을 유지하느냐 진찰료를 치를 수 있느냐 없느냐 등, 정도의 차이는 있지만 생계비를 버는 사람이 그녀가 받아야 하는 것보다 적게 받을 때, 어떤 가정에서도 일어날 수 있는 문제입니다. 이러한 경제 상황에서, 수많은 사람들이 이미 더 적은 돈을 벌기 위해 더 열심히 일을 하고 그럭저럭 살아나가기 위해 고투하고 있습니다. 그러나 그들은 단순하고 철저한 차별로 인해 매달 월급의 얼마간을 계속해서 잃는 수밖에 없습니다.

따라서 오늘 이 법안에 서명하면서 한 가지 분명한 메시지를 전하고자 합니다. 우리에게 경제가 잘 돌아간다는 것은 반드시 모두에게 이것이 적용된다는 의미여야 한다는 것입니다. 우리의 일터에서는 2등 시민이란 없습니다. 성별, 나이, 인종, 민족, 종교, 장애를 이유로 누군가에게 보다 적은 임금을 준다는 것은 단지 불공정하고 불법적일 뿐만 아니라, 사업에도 좋지 않습니다. 또한 그러한 정의는 어떤 관념적인 법 이론이나 사례집에 각주로 처리되어 달려 있는 것이 아닙니다. 정의는 나날을 살아가는 사람들의 현실에 우리의 법이 작용하는 방식에 대한 것입니다. 생활을 꾸리고 가족을 돌보고 꿈을 실현하는 사람들의 능력에 말이지요.

궁극적으로 평등 임금은 단순히 수백만 미국인과 그들 가족의 경제 문제가 아닙니다. 그것은 우리가 누구인가, 우리는 진정으로 우리의 근본적인 이상들에 부응하며 합당하게 살고 있는가 하는 물음입니다. 우리 앞 세대들처럼, 약 200년 전에 정말로 의미가 있었던 종이 위에 쓰인 낱말들을 지키기 위해 우리의 역할을 다해야 할 것인지, 아니면 우리 시대에 맞는 더 진보한 이해로 그 글자들에 새 숨을 불어넣어야 하는지 하는 물음입니다.

기나긴 승리

그것이 바로 릴리 레드베터가 우리에게 요구하는 것입니다. 따라서 오늘, 단지 그녀만이 아니라, 그녀 이전에 존재했던 모든 이들에게 경의를 표하며 이 법안에 서명합니다. 제 할머니와 같은 여성들 말이지요. 그녀는 평생 은행에서 일을 했습니다. 보이지 않는 차별을 겪으면서도 불평 한마디 없이 계속해서 최선을 다해 일을 하셨지요. 저와 제 여동생이 잘되길 바라는 마음으로 말입니다.

또한 저는 제 딸들과, 우리 다음에 올 모든 이를 위해 이 법안에 서명합니다. 그들이 기여한 바를 존중하는 국가에서 자라기를 바라며, 그곳에서는 그들의 꿈을 가로막는 것이 없기를, 그들이 자신의 어머니와 할머니들이 결코 상상할 수 없었을 기회를 가지기를 바라기 때문입니다.

그것이 바로 릴리가 끝까지 버텨낸 이유일 것입니다. 그녀는 자신은 너무 늦었다는 것을 알았습니다. 이 법안은 그녀가 마주해야 했던 불의의 세월을 무효화하거나 자신이 부당하게 받지 못했던 임금을 반환받을 수 있게는 하지 못할 것입니다. 하지만 앨라배마에서 온 이 할머니는 싸우기를 멈추지 않았지요. 그녀는 다음 세대를 위해서 싸웠습니다. 이것은 미국에서 우리가 언제나 해왔던 일입니다. 우리의 시선은 우리 자신의 높이에 맞춰져 있지만, 우리의 아이들과 자손들을 위할 때 더 높은 곳을 향할 것입니다.

그리고 이제 이 작업을 이어나가는 것은 우리에게 달려 있습니다. 이 법안은 중요한 한 걸음입니다. 미국 노동자들에게 근본적인 공정성을 보장하기 위한 소박한 해결책으로서 말입니다. 이 법안이 통과되기까지 정말 열심히 일해준 양당 의원들에게 감사를 표하고 싶습니다. 또한 이 법안의 통과를 위해 정말로 애써준 군중 속 모든 지지자 여러분께도 고마움을 전하고 싶습니다. 이것은 단지 시작입니다. 저는 알고 있습니다. 우리가 릴리가 한 것처럼 집중하고, 릴리가 한 것처럼 정의로운 것을 계속해서 지지한다면, 언젠가 우리는 임금 차별로 인한 격차를 좁힐 것이며 우리의 딸들이 그들의 꿈을 추구하는 데 아들들과 동일한 권리와 동일한 기회, 동일한 자유를 누릴 수 있을 것입니다.

기나긴 승리

릴리레드베터 공정임금반환법

공법 111-2
제111차 의회 〔2009~2010〕
1차 개정

법률Act

이 법률은 「1964년 민권법 제7장」과 「1967년 고용상 연령차별금지법」을 개정하고, 또한 「1990년 미국 장애인법」과 「1973년 재활법」을 수정하며, 수정된 법률 하에서 차별적 보상 결정이나 관행은 그러한 차별적 보상 규정이나 관행에 따른 보상이 있을 때마다 발생한다는 것을 분명히 하고, 기타 다른 목적을 위해서 제정한다.

미연방 의회에 모인 상원과 하원에 의해 제정된 바,

제1조. 약칭short title
본 법률은 "2009 릴리레드베터 공정임금법"이라 한다.

제2조. 결정문findings
의회는 다음의 사실을 결정한다.

(1) 레드베터와 타이어 회사 굿이어 간의 판결(550 U.S. 618, 2007)에서 미연방대법원은 의회가 제정하고 지난 수십 년 동안 미국 법의 근본적인 원리였던, 보상에 대한 차별 금지 원칙에 상당한 손상을 입혔다. 레드

베터 판결은 차별을 당한 당사자가 차별적 보상 결정 또는 다른 관행에 따른 차별 보상에 대해 이의를 제기하고 차별을 만회할 수 있는 기간을 지나치게 제한함으로써 법에 명시된 보장을 훼손하였는 바, 그것은 의회의 의도에 반하는 것이다.

(2) 차별적 보상 주장을 제기하는 것에 대해 법원이 부과하고 있는 출소 기간은 임금 차별의 현실을 무시하고 있으며 의회가 의도했던 민권법의 확고한 적용과 상충한다.

(3) 어떠한 법에 존재하는 어떤 차별에 대한 진정에 관해서든, 이 법률은 피해를 호소하는 자가 차별을 고발할 수 있는 기한을 막론하고 발생한 불법적 고용 관행의 증거를 제출할 수 있는 권리를 막거나 제한하지 않는다.

(4) 이 법률에는 언제 연금이 지급되었는지에 관한 현행법을 바꾸려는 의도가 전혀 없다.

제3조. 인종, 피부색, 종교, 성별, 또는 출신 국가로 인한 보상[급료]의 차별

다음을 추가하여 1964 민권법 제706조(e)항[42 U.S.C. 2000e-5(e)]을 개정한다.

"(3) (A) 이 조항에서 '불법적 고용관행'은 다음과 같다. 본 조를 위반한 보상의 차별과 관련하여, 차별적 보상 결정이나 다른 관행에 따른 보상 차별이 성립되고, 한 개인이 차별적 보상 결정이나 다른 관행에 따른 차별을 직접 당하거나 또는 그러한 결정 또는 관행에 따라 야기된 전체적이거나 부분적인 영향을 받았을 때 성립하고, 이러한 불법적 고용관행에는 지불된 각각의 임금, 수당, 또는 여타의 보상을 포함하여 한 개인이 차별적 보상 결정이나 다른 관행의 적용으로 영향을 받는 것을 모두 포함한다.

"(B) 수정법 제1977A조(42 U.S.C. 1981a)에 의해 권한을 부여받은 구제에 덧붙여, 법적 책임이 발생할 수 있으며 피해를 입은 자는 세부항목 (g)(1)에 규정된 바에 따라 구제를 받을 수 있다. 진정을 제기하는 기간에 발생하는 불법적 고용 관행들이 진정을 제기할 수 있는 기한과 관계없이 발생된 보상에서의 차별과 관련해 불법적 고용 관행과 유사하거나 관계가 있는 경우, 진정을 제기하기 2년 전까지 소급분 급여를 되찾는 것을 포함한다."

제4조. 나이로 인한 보상 차별

1967년 고용상 연령차별법 제7조(d)항[29 U.S.C. 626(d)]을 다음과 같이 수정한다.

(1) 첫번째 문장에서

(A) (1)과 (2)를 (A)와 (B)와 같이, 각각 다시 정비한다.

(B) "(d)"를 삭제하고 "(d)(1)"을 삽입.

(2) 세번째 문장에서, "관하여"를 삭제하고 다음을 삽입.

"(2)에 관하여" 그리고

"(3) 이 조항에서 '불법적 관행'은 다음과 같다. 본 조를 위반한 보상의 차별과 관련하여, 차별적 보상 결정이나 다른 관행에 따른 보상 차별이 성립되고, 한 개인이 차별적 보상 결정이나 다른 관행에 따른 차별을 직접 당하거나 또는 그러한 결정 또는 관행에 따라 야기된 전체적이거나 부분적인 영향을 받았을 때 성립하고, 이러한 불법적 관행에는 지불된 각각의 임금, 수당, 또는 여타의 보상을 포함하여 한 개인이 차별적 보상 결정이나 다른 관행의 적용으로 영향을 받는 것을 모두 포함한다."

제5조. 다른 법에 적용

(a) 1990년 미국장애인법: 수정된 3조는 1990년 미국장애인법 1장과 제

503조(42 U.S.C. 1211 이하 참조., 12203)에서 인정되는 청구에 적용된다. 이는 앞서 언급한 법률의 제107조(a)항[42 U.S.C. 12117(a)]에 따라, 1964년 민권법 제706조(42 U.S.C. 2000e-5)에 의거한 권한, 구제 방법, 절차를 따른다.

(b) 1973년 재활법: 수정된 3조는 1973년 재활법 제501조와 제504조(d) 항(29 U.S.C. 791, 794)에서 인정되는 청구에 적용된다. 이는,

(1) 언급된 법률의 제501조(g)항과 제504조(d)항[29 U.S.C. 791(g), 794(d)]은 각각, 고용 차별의 혐의를 제기하는 진술로 위반이 발생했는지 판결하기 위해 1990년 미국장애인법의 1장에 적용된 기준을 채택한다. 그리고

(2) 언급된 법률의 제505조(a)항[29 U.S.C. 794a(a)]의 (1)절과 (2)절 (세부항목(c)에 따라 수정한다).

(c) 연관된 개정

(1) 1973년 재활법: 1973년 재활법 제505조(a)항[29 U.S.C. 794a(a)] 을 수정한다.

(A) (1)절에서, "[42 U.S.C. 2000e-5(f)에서 (k)까지]" 뒤에 다음을 삽입: "[그리고 제706조(e)항(3)목(42 U.S.C. 2000e-5(e)(3)]을 보상 차별 주장에 적용함]". 그리고

(B) (2)절에서, "1964" 뒤에 다음을 삽입: "(42 U.S.C. 2000d 이하참 조.) [그리고 언급된 법률의 제706조 세부항목(e)(3)(42 U.S.C. 2000e-5)에서, 보상 차별 주장에 적용된]".

(2) 1964년 민권법: 1964년 민권법 제717조(42 U.S.C. 2000e-16)는 끝에 다음을 덧붙여 수정한다.

"(f) 제706조(e)항(3)목은 본조 아래 보상차별 청구에 준용한다."

(3) 1967년 고용상 연령차별금지법: 1967년 고용상 연령차별금지법의 제15조(f)항[29 U.S.C. 633a(f)]은 "조항의"를 지우고 "제7조(d)항

(3)목 그리고"를 넣는다.

제6조. 시행일

본 법률과 본 법률에 의한 개정은 2007년 5월 28일에 제정된 것과 같은 효력이 발생하며 1964년 민권법 제7장(42 U.S.C. 2000e 이하 참조.), 1967년 고용상 연령차별금지법(29 U.S.C. 621 이하참조.), 1990년 미국장애인법의 제1장과 제503조, 1973년 재활법의 제501조와 제504조 아래 효력이 발생한 날짜 이후에 계류 중이던 모든 보상에 관한 차별 주장에 적용된다.

2009년 1월 29일 승인.

입법연혁legislative history — S. 181 (H.R. 11)

연방의회 의사록, 제155호 (2009)

1월 15일, 21일, 22일, 미 상원에서 상정, 통과.

1월 27일, 미 하원에서 상정, 통과.

대통령기록문서 일간 간행물(2009)

1월 29일, 대통령 발언.

워싱턴 D.C., 미국국립인쇄소.

DOCID: f:pub1002.111. p. 123 STAT. 5.

공정임금법 THE PAYCHECK FAIRNESS ACT

미국 의회에서 공동경제위원회에 의해 열린 청문회에서 미국대학여성연합의 공공정책 및 정부 관계 국장인 리사 엠. 마츠Lisa M. Maatz가 했던 증언을 발췌한다. 「동일 노동 동일 임금? 계속되고 있는 성별에 따른 임금 불평등에 대한 새로운 증거들」, 2009년 4월 28일.

공정임금법은 무엇을 하게 될 것인가?

공정임금법은 고용주들이 법을 준수하도록 인센티브를 주고, 전 연방적인 관리 및 실효성 확보를 위하여 단계적으로 의미 있는 움직임들을 취하였고, 이를 통하여 동일임금법Equal Pay Act을 강화하고 있다. 이 법안은 평등임금지급 위반의 경우에 대한 벌칙을 강화하고 고용주에게 임금 실태에 대해 문의하거나 자신의 임금을 공개한 근로자에 대한 보복 조치를 금지함으로써, 임금 차별을 저지하고자 한다.

공정임금법은 다음을 하게 된다.

• 고용주가 차별시정을 회피하는 것을 가능케 했던 법적 허점 보완

이 법안은 임금 간의 차이를 허용할 수 있는, 가능한 사유들을 분명히 한다. 즉, 사용자가 남성과 여성이 동일한 노동을 하는 상황에서 임금 차이를 둘 경우, 성별이 아닌 다른 요소에 의한 것이라는 점 및 사업상의 정당화 사유가 있다는 점을 증명하도록 하고 있다.

• "제도" 요청에 대한 확립

이 법률은 동일임금법의 제도 규정들을 명백하게 한다. 즉, 평등한 급여 산정을 위해 분명하게 구획된 지역들 안에 있는 노동자들 사이의 합리적

기나긴 승리

인 급여 비교를 참고하여 고려한다. 이 규정은 일리노이 주에서 성공적으로 사용되고 있는 계획에 기초하고 있다.

• **고용주의 보복 조치 금지**

이 법률은 고용주의 임금 지급 실태에 대하여 문제를 제기한 근로자나 자신의 임금을 공개한 근로자에 대한 차별적인 급여를 저지함으로써, 고용주의 보복 조치를 금지한다.(참고: 근로자들 중에, 그들 동료의 임금 정보에 접근 가능한 자들은 여전히 그들의 정보를 공유하는 것이 금지되어 있을 수 있다. 예를 들어, 인적자원부서 근로자들) 이 보복 조치 금지 규정이 있었다면 특히 릴리 레드베터에게 많은 도움을 주었을 것이다. 왜냐하면 굿이어사가 근로자들이 그들의 임금에 대하여 논의하거나 임금에 대한 논의를 공유하는 것을 금지하였기 때문이다. 회사의 이러한 정책은 그녀가 자신에 대한 차별사실을 발견하는 것을 10년 이상 지연시키는 결과를 초래했다.

• **평등한 급여를 위한 구제수단의 강화**

이 법안은 급여평등 위반에 대한 벌칙을 강화함으로써 급여 차별을 저지할 것이다. 여성들에게 동일임금법 아래 명시적 의사에 반하지 않는 한 집단소송을 진행할 수 있는 평등한 선택권을 부여하며, 임금 차별로 인한 징벌적 손해배상까지 받을 수 있도록 하기 때문이다. 이 법안은 여성들이 인종차별이나 국적차별의 경우와 동일한 정도의 구제수단을 확보할 수 있도록 하여 접근 가능한 수단들의 수준을 높였다.

• **연수, 연구, 교육의 향상**

이 법은 "평등고용기회위원회EEOC"의 담당자에 대한 추가적인 연수를 부여함으로써, 담당자들이 임금 분쟁을 더 잘 찾아내고 다룰 수 있도록 한다. 이는 또한, 평등고용기회위원회가 규제수단을 발전시키도록 요구하여, 고용주들이 임금 데이터를 모으고, 고용한 근로자들의 인종, 성별, 국적을 보고하도록 함으로써, 연방적인 반–임금 차별 법안들을 효율적이고 효과적으로 강화하는 데 일조한다. 이 법안은 미국 노동부가 임금 평등을 촉진하는 활동을 하도록 요구한다. 예를 들어, 교육 프로그램 마련, 사용자에 대한 기술적인 조언, 임금 격차 문제를 해결하려는 사업체들에 대한 인정, 그리고 여성과 남성의 임금 차이에 대한 연구 착수 등의 활동을 촉구한다.

• 임금협상 기술 연수 마련

이 법안은 성년인 여성과 미성년 여성들이 임금협상 연수를 받을 수 있도록 경쟁력 있는 지원 제도를 만들고자 한다.

• 임금 정보 수집의 강화

이 법안은 노동부의 실효성 강화 목표를 실제로 달성하기 위하여 평등 기회 조사Equal Opportunity Survey를 실시하여, 전–연방의 계약자들이 근로와 관련한 실행사례들, 예를 들어 고용, 승진, 해지, 급여와 관련한 사항들을 보고하도록 할 것이다. 이 조사는 20년에 걸쳐서 개발되었으며, 3명의 대통령을 거쳤고, 2000년에 처음으로 실시되었다. 그렇지만 노동부에 의해 2006년에 폐지된 바 있었다.

공정임금법은 동일임금법 하에서 소규모 사업자들에게 제공된 보호 조치들을 여전히 유지한다. 그리고 다른 민권법 체계와도 친숙한 원칙들과 개념들을 사용하면서, 동일임금법의 구제수단이나 보호들을 갱신한다. 이러한 새로운 규정들은 부담스러운 짐이 아니며 고용주들, 법조계 그리고 법원에도 이미 잘 알려져 있다. 그 결과 이 입법은 여성의 시민적 권리에 대한 보호를 강화할 것이며, 동시에 소규모 사업장의 직업 창출력을 보호할 것이다.

공정임금법

제111차 의회

1차 개정

H.R. 12

법안Bill

이 법률은 1938년의 동등노동기준법Fair Labor Standards Act을 개정하고, 성별을 이유로 임금 차별을 받은 피해자들에게 보다 효과적인 구제 수단을 제공하는 등의 목적을 갖는다.

미 연방의회에 모인, 미국의 상원과 하원에 의하여 제정된 바,

제1조. 약칭
이 법안은 "공정임금법"으로 인용될 수 있다.

제2조. 결정문
의회는 다음과 같이 결정한다.

(1) 여성들은 지난 50년 사이에 근로환경에 투입되어왔다.

(2) 1963년에 있었던 동일임금법의 제정에도 불구하고, 많은 여성이 남성에 비하여 상당히 적은 임금을 받고 동일한 노동을 하고 있다. 많은 경우에 이러한 임금 격차는 오직 계속된 고의적인 차별, 또는 과거 차별의 잔재의 영향으로 일어난다.

(3) 이러한 임금 격차의 존재는:

(A) 생계를 위하여 가족 전원의 노동임금에 의존하고 있는 노동가족들의 임금을 침체시킨다.

(B) 일반적으로 근로 중의 수입에 기반하여 이루어지는, 여성의 노년 보장의 기초를 흔든다.

(C) 가능한 노동인력의 최적 활용을 방해한다.

(D) 상업과, 상업의 경로 및 중계를 통해, 다른 여러 주의 노동자들 사이로 퍼져나가 영속화되고 있다.

(E) 상업과 통상에 관하여 물품의 자유로운 교역에 부담을 지운다.

(F) 상업에 있어 공정하지 않은 방법의 경쟁을 만들어낸다.

(G) 상업과 통상에 관하여 물품의 자유로운 교역에 부담 및 방해가 되는 노동분쟁을 불러일으킨다.

(H) 통상에 관하여, 질서 있고 공정한 물품의 매매에 지장을 준다.

(I) 많은 경우에서 성별에 기초한 근로자의 평등한 보호를 해함으로써, 수정헌법 제5조 그리고 수정헌법 제14조를 위반한다.

(4) (A) 성별에 기초한 임금 차별의 철폐에 대한 인공적인 장벽들은 1938년의 동등노동기준법(29 U.S.C. 201 et seq)과 1964년의 민권법(Civil Rights Act of 1964) 이후 몇십 년간 계속 존재하고 있다.

(B) 이런 장벽들이 남게 된 것은, 상당 부분 동일임금법이 의회가 본래 구상한 대로 적용되지 못했기 때문이다. 법의 개선과 수정은, 위의 법이 성별로 인하여 임금 차별을 당하는 자들에게 효과적인 보호를 제공하기 위하여 필수적이다.

(C) 이러한 장벽의 철폐는 다음을 포함하는 긍정적인 효과를 가져올 것이다.

(i) 공정하지 못한 임금 차이에서 발생하는 경제 문제에 대한 해결책 제시

(ii) 불공정하게 낮은 임금을 받고 일하는 여성근로자의 수를 줄

이며, 그럼으로써 공공부조 및 사회복지에 대한 의존을 줄이는 효과

(iii) 모든 가족 구성원이 공정한 비율로 임금을 받을 수 있도록 하여 가정 내 안정성을 증진하는 효과

(iv) 과거의 성별에 기초한 차별의 영향을 치유하고, 미래의 근로자들이 성별에 상관없이 평등한 보호를 받을 수 있도록 보장

(v) 수정헌법 제5조와 수정헌법 제14조를 집행하기 위한 의회의 권한에 기반한 평등 보호의 보장

(5) 노동부와 평등고용기회위원회는 여성이 동일노동에 대하여 동일임금을 보장받도록 도와줄 중요하고 고유한 책임이 있다.

(6) 노동부는 다음에 대하여 책임이 있다.

(A) 여성의 임금에 대하여 정보 수집 및 공적 접근을 가능하게 함

(B) 연방계약을 맺은 회사들이 집행명령 11246의 요건에 따라 반-차별적 적극조치들을 준수하도록 보장

(C) 근로현장에서 여성의 권리에 대한 정보 보급

(D) 임금 차별을 받고 있는 여성들이 구제수단을 가질 수 있도록 원조. 그리하여,

(E) 평등 임금 위반에 대한 주도적이고 면밀한 조사, 특히 구조적이고 조직적인 평등 임금 위반을 기소하고, 위임받은 사항에 대해 철저하게 집행함

(7) 평등고용기회위원회는 평등임금법에 근거한 청구들을 다루는 가장 주된 기관이며, 하위 규정들과 법의 적정한 해석에 대한 가이드라인을 제시한다.

(8) 노동부와 평등고용기회위원회의 무거워진 감독 책임, 1963년 평등임금법에 대한 이 법의 개정 결과들에 따른 증가된 정보들, 임금정보, 보다 효과적인 구제 수단들과 함께, 여성들은 보다 자신들의 권

리를 찾고 행사하기 수월해질 것이다.

(9) 특정 고용주들은 고용 현장에서 이미 불공정한 임금 차별을 완전히 제거하는 커다란 전진을 이루었으며 이러한 성취들은 기억되어야 한다.

제3조. 동등임금요건에 대한 강화된 적용

(a) 신의성실요소 항변과 동일제도요청 수정 ─1938년의 동등노동기준법 6(d)(1)조[29. U.S.C. 206(d)(1)]는 다음과 같이 개정되었다.

(1) "어떤 고용주도 가지지 않는~"을 삭제하고, "(A) 어떤 고용주도 가지지 않는~"을 삽입.

(2) "성별을 제외한 다른 어떠한 요소라도"를 삭제하고 "성별을 제외한 다른 신의성실에 기초한 요소, 예를 들어 교육, 연수 또는 경험"을 삽입.

(3) 마지막 후단에 다음을 삽입:

"(B) 세부항목(A)(iv)에 규정되어 있는 신의성실요소 항변은, 오로지 고용주의 그러한 항변 요소가 (i) 배상에 있어서 성별을 기초로 하지 않았거나, 그 차이가 성별로부터 유래되지 않았고, (ii) 문제가 된 지위와의 관계에 있어 고용관련성이 있어야 하며, (iii) 사업상의 필요성과 함께 일관성이 있어야 한다. 이러한 항변은 근로자가 대체 가능한 다른 고용실행이 존재하여, 그 실행이 같은 사업목적을 달성하면서도 그러한 차이를 만들지 않을 수 있고, 고용주가 그러한 대체 가능한 실행을 채택하지 않았다는 점을 입증하는 경우에는 적용되지 않는다.

"(C) 세부항목(A)의 목적을 해석함에 있어서는, 만약 근로자들이 동일한 고용주를 위해서, 같은 국가에서 또는 그 주의 유사한 정치적 하위 구획 내의 작업장에서 일하는 경우에는, 근로자들은 같은 제도의 적용을 받는 것으로 고려되어야 한다. 선행하는 문장은, 평등고용기회위원회가 제시한 규칙이나 안내지 침 해석과 일치하는 '제도'라는 용어의 확장 적용을 제한하지 아니한다.

(b) 보복 금지 규정 ― 제15조의 동등노동기준법(1938)[29 U.S.C. 215(a)(3)]은 다음과 같이 개정되었다.

(1) 세부항목 (a)(3)에서 "근로자가 제기한"부터 그 이하를 모두 삭제하고, "근로자가~"를 삽입하면서,

"(A) 고발이나 어떠한 고소라도 했거나, 조사(이때 조사는 고용주에 의한 조사도 포함)를 실시하거나 받거나, 소송, 청문회 또는 이 법에 따른 다른 조치를 취했거나, 또는 증언했거나, 증언하기로 계획했거나, 그러한 어떤 조사, 소송, 청문회, 조치에라도 도움을 주었거나, 참석했거나, 산업위원회에 종사했거나, 종사하기로 계획 중이거나" 또는

"(B) 그 근로자나 다른 근로자의 임금에 대하여 질의, 토론 또는 공개한 경우" 그리고

(2) 후단에 다음을 덧붙임:

"(c) 세부항목(a)(3)(B)는 다른 근로자의 임금정보에 대한 접근이 가능하고, 그 접근이 자기 업무의 본질적인 부분을 차지하는 근로자가 다른 근로자들의 임금 정보를 그러한 정보에 대한 접근이 불가능한 다른 개인에게 공개하였을 경우에는, 그러한 공개가 고소나 고발에 응한 것이 아니거나 고용주에 의해 수행된 조사를 포함한 조사, 소송, 청문회나 제6조(d)에 근거한 조치를 증진시키는 것이 아닌 한, 적용되지 않는다. 이 조의 내용상 어떠한 사항도 다른 법률에 의하여 근로자에게 부여된 권리들을 침해하지 아니한다."

(c) 강화된 제재 조치 ― 동등노동기준법(1938)[29 U.S.C. 216(b)] 16(b)

항은 다음과 같이 개정되었다.

(1) 첫번째 문장 뒤에 다음을 삽입: "제6조(d)항을 위반한 어떤 고용주도 추가적인 배상, 또는 근로자가 고용주가 고의 또는 주의를 기울이지 않고 무관심으로 행동하였다는 점을 입증한 경우에는, 적절한 징벌적 손해에 대하여 책임을 져야 한다. 다만 미합중국은 징벌적 손해에 대해서는 법적 책임을 지지 않는다."

(2) "어떤 행위, ~을 위한"으로 시작하는 문장에서, "선행하는 두 문장의 어느 경우라도"를 삭제하고, "이 세부조항의 선행하는 문장의 어느 경우라도"를 삽입.

(3) "그 어떤 근로자도 ~하지 않아야 한다"라고 시작하는 문장에서, "그 어떤 근로자도"를 삭제하고, "제6조(d)항을 준수하기 위하여 진행하는 공동소송을 제외하고, 그 어떤 근로자도"를 삽입.

(4) 문단(3)에서 언급된 문장 뒤에 다음의 '연방법의 어떠한 규정에도 불구하고, 제6조(d)항을 집행하기 위한 어떤 행동은 연방 민사소송법에 따라 공동소송으로 유지될 것이다'를 삽입, 그리고

(5) "~에 있는 법원"으로 시작하는 문장에서

  (A) "그러한 행위 속에서"를 삭제하고, "이 세부조항의 선행하는 문장들 중의 어떠한 책임이라도 회복하기 위하여 진행되는 조치"를 삭제하고,

  (B) "전문가 비용을 포함하면서"를 마침표 전에 삽입.

(d) 장관에 의한 조치 ― 동등노동기준법(1938)[29 U.S.C. 216(c)]의 제16조(c)항은 다음과 같이 개정되었다.

(1) 첫번째 문장

  (A) "그리고 그 협정" 부분 바로 전에, "또는 제6조(d)항을 위반한 경우, 세부항목(b)에 규정된 것과 같은 추가적인 배상 내지 징벌적 손해"를 삽입, 그리고

(B) 마침표 전에 다음을 삽입: "또는 그러한 적절한 배상 또는 징벌적 손해"

(2) 두번째 문장, 마침표 전에 다음을 삽입: "그리고, 제6조(d)항을 위반한 경우, (b) 세부항목에 규정된 것과 같은, 배상 또는 징벌적 손해"

(3) 세번째 문장에, "첫번째 문장"을 삭제, 그리고 "첫번째 문장 또는 두번째 문장을 삽입" 그리고

(4) 마지막 문장

(A) "사안에서 시작된"을 삭제하고 "시작된~

"(1) 사안에서"

(B) 마침표를 삭제하고, "또는" 삽입, 그리고

(C) 마지막 부분에 다음을 덧붙임

"(2) 제6조(d)항을 실행하기 위한 공동소송의 경우, 개인이 공동소송의 소송 당사자가 되는 날짜에."

제4조. 연수

평등고용보장위원회와 연방계약준수프로그램 사무국은, 제10조에 근거한 적법한 자금의 유용을 조건으로 하여, 위원회의 직원들과 임금 차별 문제와 관련된 사람들 및 주체들에게 연수를 제공하여야 한다.

제5조. 여성과 미성년자인 여성들을 위한 협상 기술

(a) 인가받은 프로그램

(1) 원칙적으로 노동부 장관은 교육부 장관과 협의 후 프로그램을 만들고 수행할 권한을 부여받는다.

(2) 자격 수여: 프로그램을 수행하면서, 노동부 장관은 자격 있는 주체들에게 경쟁에 기초하여 여성 및 미성년자인 여성들을 상대로

협상 연수 프로그램을 개설할 수 있는 권한을 줄 수 있다.

(3) 자격 있는 주체들: 본 조항의 자격 수여를 위한 요건으로서, 그 주체는 국가, 대도시의 지방자치단체(이는 기획재정부에 의해 정의된다), 국가교육기관, 또는 지역교육기관, 사적인 비영리기관 또는 지역에 기초한 기관으로서, 공공기관이어야 한다.

(4) 신청: 본 조항의 자격 수여를 위해서는, 주체는 노동부 장관에게, 노동부 장관이 요청하는 특정 시기에, 특정한 방법으로, 특정한 정보를 담고 있는 신청서를 제출하여야 한다.

(5) 후원의 활용: 본 조항의 자격을 수여받은 주체는 효과적인 협상기술 프로그램을 수행하기 위하여, 자격 수여를 통하여 받은 후원을 활용할 수 있다. 이 프로그램을 통하여 제공되는 연수는 성년인 여성과 미성년자인 여성의 협상기술을 강화할 것이며, 동일한 상황에 있는 남성과 동등한 수준의, 높은 임금과 높은 비율의 보상을 받을 수 있도록 할 것이다.

(b) 이미 존재하는 프로그램과의 통합연수: 노동부 장관과 교육부 장관은 법규명령 또는 정책적 행정규칙을, 실행가능한 범위의, 협상기술연수를 다음 이하에 근거하여 권한을 부여받은 프로그램으로 통합할 수 있도록 한다.

(1) 교육부 장관의 경우, 초등 및 중등교육법(1965)(20 U.S.C. 6301 et seq.), Carl D. Perkins 직업 및 전문교육법(1998)(20 U.S.C. 2301 et seq.), 고등교육법(1965)(20 U.S.C. 1001 et seq) 그리고 교육부 장관이 적절하다고 결정하여 교육부에 의하여 수행되는 다른 프로그램들

(2) 노동부 장관의 경우, 노동인력 투자법(1998)(29 U.S.C 2801 et seq.) 그리고 노동부 장관이 적절하다고 결정하여 노동부에 의하여 수행되는 다른 프로그램들

(c) 보고: 이 법이 제정되고 난 후 1년 이내에, 그 후에는 연례로 노동부 장

관과 교육부 장관은 의회에 본 조항에 의하여, 이 법의 목적을 달성하기 위하여 수행된 활동들과 그 활동들에 의한 효과를 평가한 보고서를 준비하여 의회에 제출하여야 한다.

제6조. 연구, 교육 그리고 기타 업무 범위

노동부 장관은 성별차이에 따른 임금 차별을 철폐할 수 있는 수단을 강구하는 연구를 하여 이에 대한 정보를 고용주, 노동기구들, 일반 대중에게 제공하여야 하며, 이는 다음을 포함한다.

(1) 임금 격차를 초래하는 상황들을 신속하게 개설할 수 있는 수단들에 대한 연구를 수행하고 촉진하는 사무

(2) 출판 및 고용주, 노동기구, 전문협회, 교육기관, 언론, 일반 대중에게 임금 차별 철폐와 관련된 연구와 다른 자료들 속에서 얻은 성과를 제공하는 사무

(3) 국가와 공동체에 정보와 교육 프로그램을 후원하고 보조하는 사무

(4) 고용주, 노동기구, 전문협회 그리고 다른 이해관계 있는 자들에게 임금 차별 철폐에 대한 정보를 제공하는 사무

(5) 고용주, 노동기구, 전문협회들이 임금 차별 철폐에 대하여 얻은 성과를 기록하고 촉진하는 사무

(6) 임금 차별을 수정하기 위한 조치들에 대하여 토의하고 토론하기 위한 국가정상회담을 개최하는 사무

제7조. 직장 내에서 동등임금 실현에 대한 국가포상 제도

(a) 일반원칙: 노동부 장관의 직장 내 임금 평등 실현에 대한 국가포상은, 제6조(d)항의 1938년의 동등노동기준법[29 U.S.C. 206(d)]을 적극적으로 적용하고자 한 노력들을 장려하고 적절하게 포상하기 위해 설립된 제도다.

(b) 자격을 위한 기준: 노동부 장관은 포상 수여 기준을 제시하며, 그 기준은 고용주가 성별 간의 임금 격차를 전면수정하기 위하여 실질적인 노력을 하였고, 그 결과 특별한 인정을 받을 만한 자격이 있어야 한다. 노동부 장관은 포상 수여의 적용과 공고를 위한 절차를 규정한다.

(c) 고용주: 이 조에서, 용어 "고용주"는 다음을 포함한다.

   (1) (A) 회사, 비영리회사를 포함한다.

      (B) 조합

      (C) 전문협회

      (D) 노동 기구, 그리고

      (E) (A) 내지 (D)의 주체들에 준하는 사업주체

   (2) 교육 소개 프로그램, 견습 프로그램·경영 연수 프로그램과 같은 연수 프로그램, 또는 이와 유사한 프로그램을 수행하는 주체

   (3) (1) 내지 (2)에 규정되어 있는 어떤 주체들 간의 협력에 의하여, 공동 프로그램을 수행하는 주체

제8조. 평등고용기회위원회에 의한 임금정보 수집

1964년의 시민권리법 제709조(42 U.S.C. 2000e-8) 마지막 후단에 다음을 추가하면서 개정한다.

"(f)(1) 이 추가 세부조항이 제정된 후 18개월이 지나지 않은 시점에서 위원회는

   (A) 연방정부가 수령 가능한, 임금 차별을 금지하는 연방 법률의 실효성 확보를 위해 사용될 수 있는 근로임금에 대한 정보 조사를 마쳐야 하며, 다른 연방 기관들과의 협조를 통해, 이러한 법률의 실효성 확보에 도움을 줄 수 있는 추가적인 정보를 수집하여야 한다.

   (B) 세부항목 (A)에 근거한 조사와 상담 결과들을 기초로 하여, 고용주들로부터 근로자들의 성별, 인종, 국적이 표시된 임금지불정보

를 제공하기 위한 규정들을 발할 것이다."

"(2) 세부사항 (1)을 이행하는 데, 위원회는 그 주된 관심을 가장 효과적인 방법으로 연방임금 차별 방지법의 실효성을 제고하기 위한 방법에 두어야 하며, 이러한 목적을 위하여 위원회는 고용주들의 세금 부담과 보고 횟수(고용주들이 준비하도록 요구되는 보고서를 포함한다), 자료 비밀을 유지하기 위한 적절한 보호, 자료 수집 및 보고를 위한 가장 효과적 방법들을 고려 요소로 한다.

제9조. 공정임금 프로그램의 복구와 공정임금 자료 수집

(a) 노동 통계 자료 수집: 사무국 노동부 통계위원은 현재 고용 통계조사 The Current Employment Statistics를 통해 여성 근로자에 대한 자료를 계속적으로 수집한다.

(b) 연방계약준수 프로그램: 사무국 연방계약준수 프로그램의 사무장은 사무실 직원들이

(1) (A)지불등급 방법을 포함하여, 사무실 뜻대로 조사 도구들을 충분히 사용할 수 있도록 보장한다.

(B) 가능한 보상차별에 대한 증거들을 고려하면서,

(i) 소수의 증거만으로 판단의 범위를 제한하지 아니한다.

(ii) 그 증거 조사의 방법을 소수 유형의 증거조사 방식으로 제한하지 아니한다.

(C) 보상차별 사건의 증거로서 복수의 회귀분석이나 일화 증거를 요구하지 아니한다.

(2) 조사, 준법, 강제행동의 목적을 위하여 "비슷한 처지에 있는 고용인들"을 평등고용기회위원회 준수 매뉴얼(2000)의 제10조의 세부 조항 (A)III의 항목 1에 정의했던 것과 같은 일관성이 있지만 너무 엄격하지 않게 개념을 정의할 것이며, 보상 결정에 사용되었던 것

으로 사무국의 조사 결과가 공개한 요소들만을 유일한 요소로서 고려할 것이다.

(3) 제60조–2.18의 41장, 연방규정법전Code of Federal Regulations(2006년 9월 7일에 효력 발생)에서 요구한 동등보장조사를 복구할 것이고, 모든 비건설계약자 제도의 반 이상이 매년 그런 조사를 준비하고 제출하도록 하며, 앞으로의 평가와 적법한 다른 목적을 위해 계약자 제도를 확인하는 그러한 조사에서 나온 답변들을 검토하고 활용해야 한다.

(c) 임금 차별 정보와 노동 분배 부서: 노동부 장관은 통계수치, 고용인 권리 설명, 차별의 역사적 분석, 수락에 대한 고용주들을 위한 지시 사항, 대중들이 차별을 이해할 수 있도록 돕는 기타 정보들을 포함하는 보상차별에 대한 정확한 정보들을 (문서로, 노동부 웹사이트와, 노동부가 차별정보를 확산 보급할 수 있는 또 다른 포럼을 통해) 준비해서 이용 가능하게 해야 한다.

제10조. 세출예산의 허가

(a) 세출예산의 허가: 이 법률을 시행하기 위해 1500만 달러를 지출하도록 허가되었다.

(b) 배당 금지: 하원 규정 XXI의 제9조(d)항에서 정의된 것과 같이 제5조의 이 법률 프로그램 목적으로, 세부항목(a)에 따르는 기금은 의회의 배당을 위해 사용할 수 없다.

제11조. 소기업 지원

(a) 시행일: 이 법률과 이 법률에 의한 수정안은 이 법률의 제정일로부터 6개월이 지난 시점부터 효력이 있다.

(b) 전문 기술 지원 자료: 노동부 장관과 평등고용기회위원회 위원장은 협

력하여, 이 법률과 이 법률에 의해 만들어진 수정안의 요구 조건에 상응하기 위해, 소기업들을 보조하기 위한 전문 기술적 지원 재료들을 개발해야 한다.

(c) 소기업들: 소기업은, 동등노동기준법의 제3조 (s)(1)(A)(i)와 (ii)에 따르는 요구 조건들로부터 사업이 면제 받는 정도와 동일하게, 이 법률의 규정들로부터 적용이 배제된다.

제12조. 해석에 대한 원칙

이 법률에 의해 발생하는 권리, 의무 또는 이 법률을 통해서 수정되는 법률들은 고용주와 근로자에 적용가능한 모든 이민법과 형벌, 벌금, 여타다른 제재가 가지는 의무에 영향을 미치지 않는다.

감사의 말

긴 여정을 지나왔습니다. 가장 가난한 지역으로 손꼽히는 앨라배마 촌구석에서 시작한 여행은 대법원과 미국연방의회를 거쳐 백악관으로 이어졌습니다. 이 험난한 여정은 저 혼자서는 결코 걸을 수 없는 길이었습니다. 그 길에서 만난 셀 수 없이 많은 분들과 단체들이 함께하여 주었기에, 2009년 1월 '릴리레드베터 공정임금반환법'이 통과되었습니다.

공정한 임금을 위해 많은 분들이 헌신했습니다. 여성과 남성, 젊은 사람과 나이든 사람, 부자와 가난한 자 모두 내 오랜 여행을 지지해주었습니다. 법률단체, 정치단체, 비영리단체, 사업단체, 전문단체들까지 모두들 제가 해온 노력이 수포로 돌아가지 않도록 실제적인 지도와 경제적인 도움을 베풀었습니다.

열정이 가득한 많은 분들이 없었다면 제 이야기는 다른 결말을 얻었을지도 모릅니다. 모든 분께 온 마음을 담아 감사를 전합니다. 영원토록 고맙습니다.

기나긴 승리

1판 1쇄	2014년 9월 29일
1판 2쇄	2015년 8월 21일

지은이	릴리 레드베터, 러니어 스콧 아이솜
옮긴이	이수경 김다
펴낸이	강성민
편집	이은혜 박민수 이두루 곽우정
편집보조	이정미 차소영 백설희
마케팅	정민호 이연실 정현민 양서연 지문희
홍보	김희숙 김상만 한수진 이천희
부록 감수	강성민

펴낸곳	(주)글항아리	출판등록 2009년 1월 19일 제406-2009-000002호
주소	413-120 경기도 파주시 회동길 210
전자우편	bookpot@hanmail.net
전화번호	031-955-1934(편집부) 031-955-8891(마케팅)
팩스	031-955-2557

ISBN	978-89-6735-131-1 03330

글항아리는 (주)문학동네의 계열사입니다.

이 도서의 국립중앙도서관 출판시도서목록(CIP)은 e-CIP홈페이지(http://www.nl.go.kr/ecip)와
국가자료공동목록시스템(http://www.nl.go.kr/kolisnet)에서 이용하실 수 있습니다.
(CIP제어번호 : CIP2014026840)